Methodik zur Interaktion von F&E und Marketing in den frühen Phasen des Innovationsprozesses

Von der Fakultät für Maschinenwesen der
Rheinisch-Westfälischen Technischen Hochschule Aachen
zur Erlangung des akademischen Grades eines
Doktors der Ingenieurwissenschaften
genehmigte Dissertation

vorgelegt von
Diplom-Ingenieur Diplom-Wirtschaftsingenieur
Anne Gerhards
aus Bonn

Berichter:
Univ.-Prof. Dr.-Ing. Dipl.-Wirt.Ing. Dr.h.c.mult. Walter Eversheim
Prof. Dr.-Ing. Klaus Brankamp

Tag der mündlichen Prüfung: 7. Dezember 2001

„D 82 (Diss. RWTH Aachen)"

Fraunhofer Institut
Produktionstechnologie

Berichte aus der Produktionstechnik

Anne Gerhards

Methodik zur Interaktion von F&E und Marketing in den frühen Phasen des Innovationsprozesses

Herausgeber:

Prof. Dr.-Ing. Dipl.-Wirt. Ing. Dr. h. c. mult. W. Eversheim
Prof. Dr.-Ing. F. Klocke
Prof. Dr.-Ing. Dr. h. c. Prof. h. c. T. Pfeifer
Prof. Dr.-Ing. Dr.-Ing. E. h. M. Weck

Band 1/2002
Shaker Verlag
D 82 (Diss. RWTH Aachen)

Die Deutsche Bibliothek - CIP-Einheitsaufnahme

Gerhards, Anne:
Methodik zur Interaktion von F&E und Marketing in den frühen Phasen des Innovationsprozesses / Anne Gerhards.
Aachen: Shaker, 2002
   (Berichte aus der Produktionstechnik; Bd. 2002,1)
   Zugl.: Aachen, Techn. Hochsch., Diss., 2001
ISBN 3-8265-9769-9

Copyright Shaker Verlag 2002
Alle Rechte, auch das des auszugsweisen Nachdruckes, der auszugsweisen oder vollständigen Wiedergabe, der Speicherung in Datenverarbeitungsanlagen und der Übersetzung, vorbehalten.

Printed in Germany.

ISBN 3-8265-9769-9
ISSN 0943-1756

Shaker Verlag GmbH • Postfach 1290 • 52013 Aachen
Telefon: 02407 / 95 96 - 0 • Telefax: 02407 / 95 96 - 9
Internet: www.shaker.de • eMail: info@shaker.de

Vorwort

Die vorliegende Arbeit entstand neben meinen Tätigkeiten als wissenschaftlicher Mitarbeiter am Fraunhofer-Institut für Produktionstechnologie IPT in Aachen.

Herrn Professor Eversheim, dem Leiter der Abteilung Planung und Organisation des Fraunhofer IPT und Inhaber des Lehrstuhls für Produktionssystematik an der RWTH Aachen, danke ich für die Möglichkeit zur Promotion. Der fordernde wie fördernde Arbeitsstil war eine wichtige Grundlage für die tägliche Projektarbeit und das Anfertigen der Dissertation. Ebenso danke ich Herrn Professor Klaus Brankamp für die eingehende Durchsicht der Arbeit und der Übernahme des Korreferats.

Dr. Frank Döpper, Dr. Jens-Uwe Heitsch, Andrea Hürfeld, Dr. Martin Mutz und nicht zuletzt „mein" Frank machten sich die Mühe der Durchsicht des Manuskripts. Ich danke ihnen für ihre konstruktiven Vorschläge und die anregenden Diskussionen, die das Gelingen der Arbeit maßgeblich beeinflußten. Bernd Bresseler, Steffen Knodt und Udo Schneider trugen ebenso durch Informationen wie auch durch Zuspruch wesentlich zu meinem Vortrag bei. Bei Elke Baessler, Rita Bommers, Erik Deutsch, Andrea Dillitzer, Heidi Peters, Amirali Poorvash, Christian Thiede und Inna Veromurm bedanke ich mich für die tatkräftig Unterstützung in den unterschiedlichsten Phasen meiner Dissertation.

Viele Kolleginnen und Kollegen am Fraunhofer IPT haben mich während meiner Zeit dort durch ihre Einsatz, Hilfs- und Diskussionsbereitschaft unterstützt. Ohne sie hätte ich das nicht so schaffen können. Die Atmosphäre ist wohl einmalig, sowohl was die Arbeit im, um als auch neben dem Institut betrifft.

Danken möchte ich vor allem meinen Eltern und meinem Bruder, die mir die Ausbildung ermöglichten und auf deren Rückhalt ich mich immer verlassen konnte.

Mein besonderer Dank gilt „meinem" Frank. Ohne Deine liebevolle und tatkräftige Unterstützung in allen Lebenslagen wäre das Gelingen dieser Arbeit schier unmöglich gewesen. Ich danke Dir für Deine Kritik, Deine Motivation, Deine Toleranz, Dein Verständnis sowie insbesondere das Vertrauen und die Freiräume, die Du mir immer gegeben hast.

Aachen, im Dezember 2001   *Anne Gerhards*

Verzeichnisse

I	Inhaltsverzeichnis	I
II	Abbildungsverzeichnis	IV
III	Abkürzungs- und Symbolverzeichnis	VI
IV	Literaturverzeichnis	XIII

I Inhaltsverzeichnis

1 Einleitung 1
    1.1 Ausgangssituation 1
    1.2 Zielsetzung 3
    1.3 Forschungsstrategie und Aufbau der Arbeit 5

2 Grundlagen und Kennzeichnung der Situation 7
    2.1 Grundlegende Begriffe und Eingrenzung 7
        2.1.1 Objektbezogene Abgrenzung 7
        2.1.2 Prozeßbezogene Abgrenzung 10
        2.1.3 Subjektbezogene Abgrenzung 13
    2.2 Analyse und kritische Würdigung relevanter Ansätze 18
    2.3 Analyse adaptierbarer Konzepte 21
        2.3.1 TRIZ-Methodik 22
        2.3.2 Conjoint Analyse 27
        2.3.3 Portfolio-Analysen 28
        2.3.4 Quality Function Deployment 30
    2.4 Zwischenfazit: Ist-Situation und Forschungsbedarf 31

3 Konzeption der Methodik ... 33

- 3.1 Voraussetzungen für die Methodikanwendung ... 34
  - 3.1.1 Zielsystem der Methodik ... 34
  - 3.1.2 Inhaltliche Anforderungen an die Methodik ... 35
  - 3.1.3 Formale Anforderungen an die Methodik ... 37
- 3.2 Modellsystem der Methodik ... 38
  - 3.2.1 Aspekte von Regelkreisansätzen ... 38
  - 3.2.2 Systemtechnische Aspekte ... 39
  - 3.2.3 Aspekte der Modelltheorie ... 41
  - 3.2.4 Aspekte der Kommunikationstheorie ... 42
- 3.3 Modellierung der Aufbaustruktur ... 47
  - 3.3.1 Aufbaustruktur der Methodik ... 47
  - 3.3.2 Aufbau der einzelnen Modelle ... 50
- 3.4 Modellierung der Ablaufstruktur ... 56
  - 3.4.1 Ablaufstruktur der Methodik ... 56
  - 3.4.2 Auswahl einer Modellierungssprache ... 61
- 3.5 Zwischenfazit: Grundkonzept der Methodik ... 62

4 Detaillierung der Methodik ... 64

- 4.1 Zielbildung und Zukunftsanalyse ... 66
  - 4.1.1 Erfassung der generellen Unternehmensziele und -strategien ... 66
  - 4.1.2 Ermittlung der Unternehmenssituation ... 67
  - 4.1.3 Analyse der Unternehmenspotentiale ... 69
  - 4.1.4 Ableitung innovationsbezogener Strategien und Ziele ... 70
  - 4.1.5 Identifikation von Gestaltungsfeldern ... 72
  - 4.1.6 Zukunftsanalyse ... 74
  - 4.1.7 Zwischenfazit: Zielbildung und Zukunftsanalyse ... 76
- 4.2 Ideenfindung und 1. Überprüfung der Ergebnisse ... 77
  - 4.2.1 Analyse der Innovationsaufgabe ... 78
  - 4.2.2 Ideenfindung, -strukturierung und -bewertung ... 82

  4.2.3 Überprüfung der Ergebnisse der Ideenfindung 85

  4.2.4 Zwischenfazit: Ideenfindung und 1. Überprüfung der Ergebnisse 89

 4.3 Ideendetaillierung und 2. Überprüfung der Ergebnisse 90

  4.3.1 Vorgehen bei der Ideendetaillierung 90

  4.3.2 Überprüfung der Ergebnisse der Ideendetaillierung 96

  4.3.3 Zwischenfazit: Ideendetaillierung und Überprüfung der Ergebnisse .. 97

 4.4 Umsetzungsplanung und 3. Überprüfung der Ergebnisse 98

  4.4.1 Umsetzungsplanung 99

  4.4.2 Überprüfung der Ergebnisse des Innovationsprozesses 101

  4.4.3 Dokumentation der Ergebnisse 105

  4.4.4 Zwischenfazit: Umsetzungsplanung und Überprüfung der Ergebnisse des Innovationsprozesses 106

5 Anwendung der Methodik 108

 5.1 Konzept zur Evaluierung der Methodik 108

 5.2 Methodikanwendung 108

 5.3 Weitere Praxisanwendungen der Methodik 115

6 Zusammenfassung 118

7 Anhang A-1

 A Interaktionsmodell der Planungsmethodik A-2

 B Aufgaben im Planungsprozeß A-28

 C Beispiele für die Dokumentationsstruktur A-36

 D Datenblätter zu ausgewählten Methoden A-46

 E Elemente der TRIZ-Methodik A-86

II Abbildungsverzeichnis

Bild 1.1: Hemmnisse und Potentiale im Innovationsprozeß 2
Bild 1.2: Ausgangssituation und Zielsetzung der Arbeit 4
Bild 1.3: Forschungsstrategie und Aufbau der Arbeit...6
Bild 2.1: Festlegung des Betrachtungsbereiches..7
Bild 2.2: Phasen des Innovationsprozesses..12
Bild 2.3: Zusammenhang zwischen Technologieentwicklung, Technikentstehung, F&E und Innovation [vgl. BUER96, S. 15; BULL94, S. 46] 15
Bild 2.4: Der Marketing-Prozeß in Anlehnung an H. Meffert.......................................18
Bild 2.5: Angrenzende Konzepte und Forschungsarbeiten 21
Bild 2.6: Überblick über die TRIZ-Werkzeuge 26
Bild 3.1: Vorgehensweise zur Konzeption der Methodik...33
Bild 3.2: Anforderungen an eine Methodik zur Interaktion von F&E und Marketing 38
Bild 3.3: Modell des technischen Regelkreises 39
Bild 3.4: Das Grundmodell der Kommunikation..43
Bild 3.5: Das Transmissionsmodell von Shannon & Weaver 44
Bild 3.6: Das Generalmodell von Gerbner...45
Bild 3.7: Die Einordnung der Kommunikationsmodelle 47
Bild 3.8: Überführung des Systems in die Modelltheorie..48
Bild 3.9: Aufbaustruktur der Methodik 49
Bild 3.10: Prozeßmodell der Methodik 50
Bild 3.11: Regelungsmodell der Steuerung und Überwachung in Anlehnung an G. Patzak 51
Bild 3.12: Vorgehensmodell der Methodik 52
Bild 3.13: Das Informationsmodell der Methodik 53
Bild 3.14: Das Kommunikationsmodell 54
Bild 3.15: Das Mikromodell der Aktivitäten und Aufgaben von F&E und Marketing 55
Bild 3.16: Ablaufstruktur der Methodik 60

Abbildungsverzeichnis

Bild 3.17: Modellierungssprache der Methodik nach WENGLER [vgl. WENG96, S. 61] 62
Bild 4.1: Knotenverzeichnis des entwickelten Interaktionsmodells 65
Bild 4.2: Vorgehensweise bei der Ermittlung der Unternehmenspotentiale 70
Bild 4.3: Aktivitäten von F&E und Marketing bei der Identifizierung von Gestaltungsfeldern 73
Bild 4.4: Interaktion und Einzelaktivitäten von F&E und Marketing innerhalb der Zukunftsanalyse 75
Bild 4.5: Vorgehen bei der Zukunftsanalyse in Anlehnung an F. Brandenburg 76
Bild 4.6: Aktivitäten von F&E und Marketing innerhalb der Analyse von Innovationsaufgaben 78
Bild 4.7: Vorgehensweise zur Anforderungsstrukturierung 81
Bild 4.8: Ideenfindung, -strukturierung und -bewertung 84
Bild 4.9: Vorgehensweise bei der Anwendung der Conjoint Analyse [vgl. BACK96, S. 502 ff.] 85
Bild 4.10: Vorgehensweise bei der Ideendetaillierung 91
Bild 4.11: Prinzip der Stoff-Feld-Analyse 93
Bild 4.12: Identifizierung von Widersprüchen innerhalb der Problemstellung 94
Bild 4.13: Anwendung der Contradiction-Matrix und der Separationsprinzipien 95
Bild 4.14: Vorgehensweise bei der Umsetzungsplanung 99
Bild 4.15: Struktur der erweiterten InnovationRoadMap 100
Bild 4.16: Vorgehensweise bei der Überprüfung der zu verfolgenden Produktkonzepte 102
Bild 4.17: Leistungs-Kostenniveau-Portfolio 104
Bild 5.1: Anforderungsmatrix für ein Fahrradfederbein mit bereits skalierten Gewichtungen 110
Bild 5.2: Eigenschaftsprofil für die Durchführung der Conjoint Analyse 111
Bild 5.3: Relative Gewichtung der funktionalen Anforderungen 112
Bild 5.4: Ausschnitt aus dem HoQ für Federbeine 113
Bild 5.5: Umfang und Schwerpunkte der Planungsaktivitäten innerhalb der industriellen Anwendung 116

III Abkürzungs- und Symbolverzeichnis

Σ	Summe
&	und
{A1}	Ordnungsnummer einer Planungsaktivität im SADT-Modell
a	Jahr
AG	Aktiengesellschaft
AHP	Analytic Hierarchy Process
aktual.	aktualisiert
ARIS	Architektur Integrierter Informationssysteme
ATZ	Automobiltechnische Zeitschrift
Aufl.	Auflage
AWK	Aachener Werkzeugmaschinen-Kolloquium e. V.
Bd.	Band
BDI	Bundesverband der deutschen Industrie e. V.
bearb.	bearbeitete
bez.	bezüglich
BMBF	Bundesministerium für Bildung und Forschung
bspw.	beispielsweise
BVW	Betriebliches Vorschlagswesen
bzw.	beziehungsweise
ca.	circa
CIRP	Collège International pour l'Etude Scientifique des Techniques de Production Mécanique (Internationale Forschungsgemeinschaft für mechanische Produktionstechnik)
DBW	Die Betriebswirtschaft
d.h.	das heißt
DIN	Deutsches Institut für Normung e. V.
Diss.	Dissertation

Abkürzungs- und Symbolverzeichnis

DL	Detaillösung
DL_d	Detaillösung d
dt.	deutscher
ed.	edition
EN	Europäische Norm
erg.	ergänzte
erw.	erweiterte
et al.	et alii (und andere)
etc.	et cetera (und so weiter)
ETH	Eidgenössische Technische Hochschule
EU	Europäische Union
e. V.	eingetragener Verein
evtl.	eventuell
ext	extern(e)
f.	folgende (Seite)
FA	funktionale Anforderung
FAST	Function Analysis System Technique
FAZ	Frankfurter Allgemeine Zeitung
FDB	Funktionsdatenblatt
F&E	Forschung und Entwicklung
ff.	fortfolgende (Seiten)
FhG	Fraunhofer Gesellschaft e. V.
FTK	Fertigungstechnisches Kolloquium
G	Gewichtung
g	relative Gewichtung
GDL	Gewichtung bzw. Nutzenwert einer Detaillösung
GDL_d	Gewichtung bzw. Bedeutung der Detaillösung d
GDL_j^{min}	minimale Gewichtung einer Detaillösung bei der funktionalen Anforderung j
GDL_{jd}	Gewichtung der Detaillösung d der funktionalen Anforderung j
gDL	relative Gewichtung bzw. Bedeutung einer Detaillösung
gDL_d	relative Gewichtung bzw. Bedeutung der Detaillösung d
gestalt.	gestaltet

gFA	relative Gewichtung der in einem Produktkonzept enthaltenen funktionalen Anforderungen
gFA_j	relative Gewichtung der funktionalen Anforderungen j
gFA_x	relative Gewichtung der im Produktkonzept X enthaltenen funktionalen Anforderungen
gfmt	Gesellschaft für Management und Technologie AG
ggf.	gegebenenfalls
GH	Gesamthochschule
GLI	Gewichtung einer Lösungsidee
GLI_A	Gewichtung der Lösungsidee a
GLI_B	Gewichtung der Lösungsidee b
GLI_j^{min}	minimale Gewichtung einer Lösungsidee bei der funktionalen Anforderung j
GLI_m	Gewichtung der Lösungsidee m
GLI_{jm}	Gewichtung der Lösungsidee m der funktionalen Anforderung j
gLI	relative Gewichtung einer Lösungsidee
gLI_m	relative Gewichtung der Lösungsidee m
GLK	Gewichtung eines Lösungskonzeptes
GLK_k	Gewichtung des Lösungskonzeptes k
gLK	relative Gewichtung eines Lösungskonzeptes
gLK_k	relative Gewichtung des Lösungskonzeptes k
GmbH	Gesellschaft mit beschränkter Haftung
GPK	Gewichtung eines Produktkonzeptes
GPK_x	Gewichtung des Produktkonzeptes x
gPK	relative Gewichtung eines Produktkonzeptes
gPK_x	relative Gewichtung des Produktkonzeptes x
HNI	Heinz Nixdorf Institut
HoQ	House of Quality (in der QFD-Methode)
Hrsg.	Herausgeber
HWO	Handwörterbuch der Organisation
IA	Innovationsaufgabe
ICAM	Integrated Computer Aided Manufacturing
IDEF	ICAM-Definition (Language)
i. d. R.	in der Regel
i. e. S.	im engeren Sinne

Abkürzungs- und Symbolverzeichnis

IM	Innovationsmanagement
insb.	insbesondere
int	intern(e)
IP	Innovationspotential
IPT	Fraunhofer-Institut für Produktionstechnologie
IRM	InnovationRoadMap
i. S.	im Sinne
ISATA	International Symposium on Automotive Technology and Automation
ISI	Fraunhofer-Institut für Systemtechnik und Innovationsforschung
ISO	International Organization for Standardization
IT	Informationstechnologie
i. w. S.	im weiteren Sinne
j	Variable
Jg.	Jahrgang
k	Variable
Kap.	Kapitel
Kfz	Kraftfahrzeug
KMU	kleine und mittelständische Unternehmen
KN	Kostenniveau
lfd.	laufend(e)
LI	Lösungsidee
LK	Lösungskonzept
LN	Leistungsniveau
LN_x	Leistungsniveau des Produktkonzeptes x
m	Variable
max	maximal
min	minimal
Mitarb.	Mitarbeit
Nachdr.	Nachdruck
NIFA	Neue Informationstechnologien und flexible Arbeitssysteme
Nr.	Nummer

Abkürzungs- und Symbolverzeichnis

o. ä.	oder ähnliche(s)
o. g.	oben genannt(e)
ON	Österreichisches Normungsinstitut
o. O.	ohne Ortsangabe
o. S.	ohne Seitenangabe
o. V.	ohne Verfasserangabe
PLDB	Prinziplösungsdatenblatt
PLZ	Produktlebenszyklus
PM	Produktmerkmal
QFD	Quality Function Deployment
QM	Qualitätsmanagement
Red.	Redaktion
RWTH	Rheinisch-Westfälische Technische Hochschule
S.	Seite
s.	siehe
SA	Structured Analysis
s. a.	siehe auch
SADT	Structured Analysis and Design Technique
SE	Systems Engineering
SFB	Sonderforschungsbereich
s. o.	siehe oben
sog.	sogenannt
Sp.	Spalte
s. u.	siehe unten
t	Zeit(punkt)
TM	Technologiemanagement
TRIZ	Theorie zur Lösung technischer Probleme
u.	und
u. a.	unter anderem
überarb.	überarbeitete
Übers.	Übersetzung

unver.	unveröffentlicht
unvoll.	unvollständige
UP	Unternehmenspotential
usw.	und so weiter
v.	von
VDA	Verband der Deutschen Automobilindustrie e. V.
VDI	Verein Deutscher Ingenieure e. V.
VDI-EKV	VDI-Gesellschaft Entwicklung Konstruktion Vertrieb
VDI-GSP	VDI-Gesellschaft Systementwicklung und Projektgestaltung
VDI-Z	VDI-Zeitschrift
VDW	Verein Deutscher Werkzeugmaschinenfabriken e. V.
verb.	verbesserte
vgl.	vergleiche
Vol.	Volume
vollst.	vollständig
WGP	Wissenschaftliche Gesellschaft Produktionstechnik e. V.
WISU	Das Wirtschaftsstudium
WHU	Wissenschaftliche Hochschule für Unternehmensführung
x	Variable
y	Variable
z. B.	zum Beispiel
ZfB	Zeitschrift für Betriebswirtschaft
zfbf	Zeitschrift für betriebswirtschaftliche Forschung
zfo	Zeitschrift Führung und Organisation
zit.	zitiert
ZP	Zukunftsprojektionen
z. T.	zum Teil
ZWF	Zeitschrift für wirtschaftlichen Fabrikbetrieb
z. Z.	zur Zeit

1 Einleitung

Die zunehmende Internationalisierung sowie die damit verbundene steigende Komplexität und Dynamik der Märkte führen zu einem gravierenden Wettbewerbsdruck für produzierende Unternehmen. Darüber hinaus verursacht die wachsende Geschwindigkeit des technischen Fortschritts in vielen Technologiebereichen eine Verkürzung der Produktlebenszyklen [AWK99, S. 100; STIP99, S. 1 f.; BOUT97, S. 16].

Innovationen haben in diesem Zusammenhang für den Erfolg eines Unternehmens eine zentrale Bedeutung. Sie dienen als Differenzierungsmöglichkeit im zunehmenden Wettbewerb und stellen ein zentrales Mittel zu Realisierung von Unternehmenszielen wie bspw. Unternehmenswachstum und Gewinnsteigerung dar [ZAHN98, S. 100; BOUT97, S. 15; MUEM98, S. 4 ff.; STAU96, S. 2 ff.].

1.1 Ausgangssituation

Verschiedene Untersuchungen zeigen, daß trotz vieler Ideen die Erfolgsquote von Produktinnovationen branchenübergreifend gering ist [BERT99; FHG98; AGAM98, S. 172; SEID96, S. 1 ff.; LITT94]. Ursachen hierfür liegen in personellen, organisatorischen oder finanziellen Hemmnissen [vgl. STAU96, S. 3 f.; HAUS97, S. 85 ff.]. Insbesondere durch den Mangel an Entwicklungsressourcen aufgrund von Rationalisierungen im Unternehmen können nur wenige Ideen umgesetzt werden. Darüber hinaus ist durch personelle Engpässe die notwendige Informationsbeschaffung und –bereitstellung unzureichend. Dies führt meist zu einer intuitiven Auswahl von Alternativen, die auf bereits bestehenden technologischen Lösungen basieren, da die Kenntnisse über neue Technologien noch zu gering sind [vgl. MP99; LENK94, S. 27]. Einen Überblick über Hemmnisse bei der Umsetzung von Produktinnovationen ist in Bild 1.1 dargestellt.

In Verbindung mit dem hohen Erfolgsrisiko von Produktentwicklungen stehen die innovierenden Unternehmen unter dem Druck, die hohen Entwicklungsaufwendungen in immer kürzeren Zeiträumen amortisieren zu müssen. Die betroffenen Unternehmen befinden sich in einem „Innovations-Dilemma" [vgl. AWK99, S. 4; STIP99, S. 1; BERA94, S. 21 f.]. Einerseits ist eine kontinuierliche Produktentwicklung für den Erhalt der Wettbewerbsfähigkeit notwendig, andererseits droht den Unternehmen durch ungesteuerte Innovationsaktivitäten eine existenzgefährdende Liquiditätsbelastung.

Einleitung

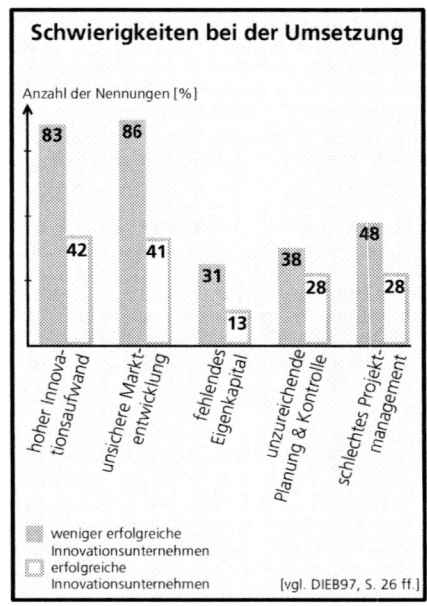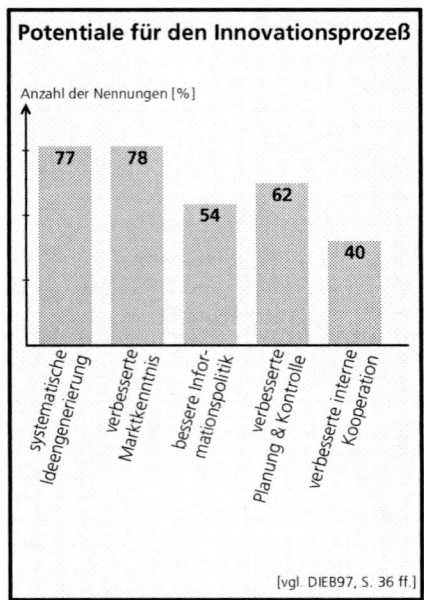

Bild 1.1: Hemmnisse und Potentiale im Innovationsprozeß

In diesem Sinne forderte J. HAUSCHILDT bereits Anfang der 90er Jahre ein „kritisches Innovationsbewußtsein" [vgl. HAUS93, S. 67]. Dies bedeutet, daß die Aktivitäten bezogen auf Produktinnovationen und deren Auswahl nicht dem Zufall überlassen bleiben, sondern einer übergreifenden systematischen Planung, Steuerung und Kontrolle unterliegen müssen [vgl. STIP99, S. 1 f.; GAUS97, S. 4 ff.; SCRO96; GAIS93, S. 2]. Dies setzt die Kenntnis der Erfolgsfaktoren neuer Produkte voraus. Im Rahmen der Studie NewProd III wurden Merkmale und Prozeßcharakteristika von Innovationsprojekten erfaßt und analysiert [vgl. KLEI96, S. 4 ff.]. Dabei stellte sich heraus, daß der Erfolg eines neuen Produktes abhängig war von

- Differenzierung im Kundennutzen,
- Systematik und Qualität im Entwicklungsprozeß,
- Informationsgehalt und Entwicklungsaktivitäten im technologischen Bereich,
- Informationsgehalt und Aktivitäten im Marketingbereich,
- Nutzung von Synergien sowie
- Berücksichtigung der Marktattraktivität.

Insbesondere die Funktionsbereiche F&E und Marketing sind für die Umsetzung dieser Faktoren verantwortlich. Deren systematische Zusammenarbeit trägt wesentlich zur Sicherstellung der Marktorientierung von Produktinnovationen bei [vgl. SEID96, S. 2 ff.;

EURI95, S. 5 ff.; THOM83, S. 4 ff. BOOZ91, S. 13 ff.; BROC90 S. 32 ff.]. Diese ist gerade in den frühen Phasen des Innovationsprozesses von entscheidender Bedeutung, da bis zur Bestimmung des Produktkonzeptes ca. 80% der Entwicklungskosten festgelegt werden [vgl. BRAF01, S. 2; AWK99, S. 101 f.; DROE99, S. 22, GESC99, S. 21; BRAN71, S. 16 ff.].

Speziell zwischen F&E und Marketing werden in der Praxis jedoch Divergenzen bspw. hinsichtlich der Planungshorizonte, der Zeitaufteilung auf lang- und kurzfristige Aktivitäten, der verwendeten Sprache, der Referenzsysteme etc. offensichtlich [vgl. BROC95, S. 439]. Subsystemisches Denken und langwierige Entscheidungsprozesse behindern eine rasche und kooperative Verarbeitung von marktseitigen und technologischen Impulsen, die zu Innovationen führen können [vgl. KLOC97, S. 199; BLEI95b, S. 590]. Die beschriebenen Defizite werden verursacht durch die:

- ungleichmäßige Verteilung von Informationen,
- unzureichende methodische Unterstützung der Interaktion von F&E und Marketing,
- mangelnde Berücksichtigung der Dynamik der Markt- und Technologieentwicklung und –anforderungen.

In diesem Zusammenhang wurden bereits Methoden entwickelt und in der Praxis umgesetzt. Diese unterstützen jedoch in frühen Phasen des Innovationsprozesses nur einzelne Aspekte [vgl. MM99, S. 112; MP99, S. 3; VDIZ99, S. 6; GAUS97, S. 6; LINU97, S. 178]. Eine integrative Verknüpfung von Kommunikation sowie Koordination und Überwachung der Aktivitäten von F&E und Marketing in den frühen Phasen des Innovationsprozesses wird bislang nicht ausreichend berücksichtigt.

1.2 Zielsetzung

Vor dem Hintergrund der skizzierten Ausgangssituation ist es erforderlich, bereichsübergreifende Produktinnovationsaktivitäten methodisch zu unterstützen und zu gestalten. Dabei müssen die frühen Phasen des Innovationsprozesses ganzheitlich betrachtet werden, da gerade hier eine Verknüpfung zukunftsorientierter Marketing- und Entwicklungsaufgaben von F&E und Marketing notwendig ist [vgl. DROE99, S. 22; GESC99, S. 21; ZAHN95b, S. 18 f.; BRAN71, S. 16 ff.]. Es gilt, die zielorientierte Planung, Steuerung und Kontrolle der Innovationsaktivitäten unter der Berücksichtigung der Umweltdynamik sicherzustellen (vgl. Bild 1.2).

Mit der vorliegenden Arbeit wird daher das Ziel verfolgt, eine Methodik zu entwickeln, die die effektive Zusammenarbeit zwischen F&E und Marketing in den frühen Phasen des Innovationsprozesses unterstützt. Hierzu können folgende Teilziele formuliert werden:

Einleitung

- Entwicklung einer Methodik zur interaktiven Planung von Produktinnovationen durch F&E und Marketing, die insbesondere die frühen Phasen des Produktinnovationsprozesses ganzheitlich berücksichtigt.
- Unterstützung des Informationsaustausches und der Kommunikation von F&E und Marketing für eine anforderungsbasierte Entwicklung und Auswahl von Produktideen.
- Erarbeitung eines Modells zur Steuerung und Überwachung der Innovationsaktivitäten im dynamischen Umfeld unter Berücksichtigung sich ändernder Markt- und Technologieentwicklungen.
- Bereitstellung und Verknüpfung von Methoden und Hilfsmitteln zur Unterstützung und Koordination des Entwicklungsprozesses mit effizienter, prozeßbegleitender Dokumentation der Ergebnisse.

Ausgangssituation
- Wachsende Geschwindigkeit des technischen Fortschritts
- Verkürzung der Produktlebenszyklen
- Verschärfter globaler Wettbewerbsdruck

⇒ **hoher Innovationsbedarf**

Problemstellung
- Ungleichmäßige Verteilung von Informationen
- Fehlende methodische Unterstützung der Interaktion von F&E und Marketing
- Mangelnde Berücksichtigung der Dynamik von Entwicklungen und Anforderungen

⇒ **geringer Innovationserfolg**

Aufgabenstellung und Zielsetzung

Methodik zur Interaktion von F&E und Marketing im Innovationsprozeß

- Unterstützung des Informationsaustausches und der Kommunikation von F&E und Marketing für eine
  - anforderungsbasierte Entwicklung
  - anforderungsbasierte Auswahl von Produktideen
- Erarbeitung eines Modells zur Steuerung der Innovationsaktivitäten im dynamischen Umfeld
- Bereitstellung und Verknüpfung von Methoden und Hilfsmitteln zur Unterstützung und Koordination des Entwicklungsprozesses

⇒ **Interaktionsplan als Leitfaden für die bereichsübergreifende Zusammenarbeit von F&E und Marketing in den frühen Phasen des Innovationsprozesses**

Bild 1.2: Ausgangssituation und Zielsetzung der Arbeit

1.3 Forschungsstrategie und Aufbau der Arbeit

Aus wissenschaftstheoretischer Sicht werden Forschungsprozesse durch den Entdeckungs-, den Begründungs- und den Anwendungszusammenhang charakterisiert [vgl. ULRP76, S. 306 ff.]. Die vorliegende Arbeit ist dabei gekennzeichnet durch den Praxisbezug im Entdeckungszusammenhang, die praktische Anwendbarkeit im Begründungszusammenhang und den Bezug zu komplexen Systemen im Verwendungszusammenhang. Nach der Wissenschaftssystematik nach P. ULRICH ET AL. ist die Unterstützung der Interaktion von F&E und Marketing im Innovationsprozeß den Realwissenschaften zuzuordnen [ULRP76, S. 305], da die zu lösenden Probleme in der Praxis entstehen, nur interdisziplinär lösbar sind und im Ergebnis Handlungsanweisungen für die Praxis abgeleitet werden sollen. Aus diesem Grund lehnt sich die gewählte Forschungsstrategie eng an die von H. ULRICH konzipierten Phasen für die angewandte Wissenschaft an [ULRH81, S. 19 f.]. Demnach wird das Zusammenwirken der unterschiedlichen Aufgabenstellungen dieses Forschungsprozesses durch die Klassifizierung in terminologisch-deskriptive, empirisch-induktive sowie analytisch-deduktive Aufgaben verdeutlicht. Darauf basierend werden entsprechende Forschungsaktivitäten nach P. ULRICH ET AL. abgeleitet [ULRP76, S. 347 f.].

Im Sinne der angewandten Wissenschaft ist der Ausgangspunkt der vorliegenden Arbeit die Darstellung der Problemfelder in der Praxis der Unternehmen bei der Interaktion von F&E und Marketing im Innovationsprozeß (Kapitel 1).

In Kapitel 2 werden zunächst grundlegende Begriffe zum Themenbereich definiert. Durch eine Einordnung in den Zusammenhang der Produktplanung sowie des Innovationsmanagement wird der Untersuchungsbereich der Arbeit definiert. Darauf aufbauend werden im Untersuchungsbereich existierende Arbeiten und Konzepte sowie adaptierbare Ansätze eingehend beurteilt. Die Analyse mündet in einem theoretisch und empirisch-induktiv konkretisierten Forschungsbedarf.

Basierend auf dem Zielsystem der Methodik sowie den Erkenntnissen aus den Analysen in Kapitel 1 und 2 werden in Kapitel 3 zunächst die inhaltlichen und formalen Anforderungen an die Methodik abgeleitet. Nach einer analytisch-deduktiven Analyse des Untersuchungsbereiches wird das Grundkonzept der Methodik entwickelt. Dabei erfolgt die Modellierung sowohl der Aufbaustruktur, die verschiedene Teilmodelle zur Abbildung des Gesamtsystems beinhaltet, als auch der Ablaufstruktur, die den durch die Methodik unterstützten Problemlösungsprozeß in verschiedene Phasen strukturiert.

Für alle Planungsphasen, von der Ziel- und Strategiedefinition bis zur Umsetzungsplanung[1], werden in Kapitel 4 entsprechend der Zielsetzung der Untersuchung und den abgeleiteten Anforderungen Lösungsbausteine entwickelt bzw. ausgewählt und zu ei-

---

[1] Den Umsetzungsplan im Innovationsprozeß stellt F. BRANDENBURG in Form einer InnovationRoadMap dar [vgl. BRAF01, S. 26 ff.].

ner durchgängigen Gesamtmethodik verknüpft. Dabei werden die in Kapitel 3 entwikkelten Teilmodelle sukzessive konkretisiert.

Die Verifizierung der Funktionsfähigkeit der entwickelten Methodik im Rahmen praktischer Anwendung erfolgt in Kapitel 5 und schließt die Untersuchung ab. Zu diesem Zweck werden ein Evaluierungskonzept vorgestellt und die Nutzenpotentiale der Methodik anhand des praktischen Zusammenwirkens ausgewählter Methodikbausteine an Fallbeispielen demonstriert. Die Arbeit schließt mit einer Zusammenfassung der zentralen Ergebnisse und einem Ausblick auf künftige Entwicklungen ab.

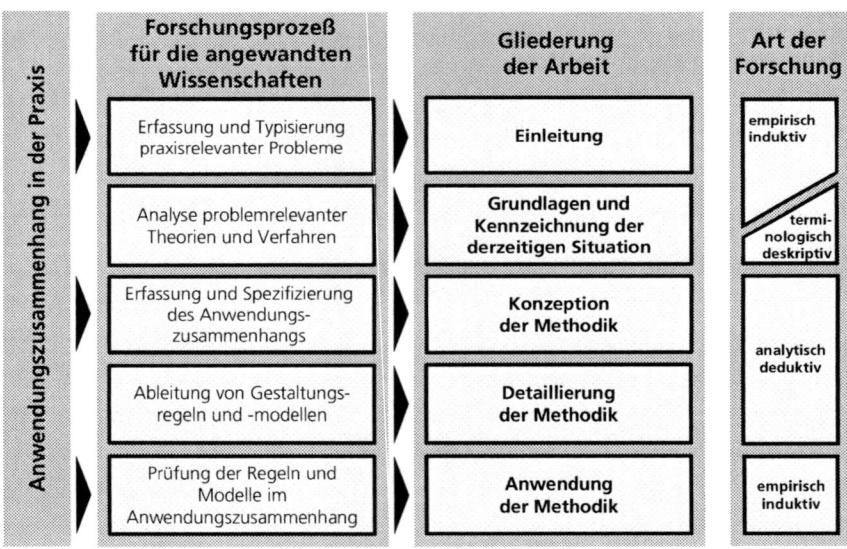

Bild 1.3:   Forschungsstrategie und Aufbau der Arbeit

2 Grundlagen und Kennzeichnung der Situation

Angesichts des in Kapitel 1 dargestellten Problembereiches und der Zielsetzung werden zunächst der Betrachtungsraum eingegrenzt und die durch die Aufgabenstellung tangierten Begriffe eindeutig definiert. Anschließend werden bestehende Ansätze sowie relevante Methoden und Modelle kritisch gewürdigt. Die hieraus gewonnenen Erkenntnisse münden in der Ableitung des Handlungsbedarfs.

2.1 Grundlegende Begriffe und Eingrenzung

Durch die terminologisch-deskriptive Einordnung und Abgrenzung des Untersuchungsbereiches wird das Betrachtungsfeld der vorliegenden Arbeit festgelegt. Zur Strukturierung wird dabei eine Modellierung auf Makroebene vorgenommen. Ein Überblick hierzu ist in Bild 2.1 gegeben. Bei der Analyse werden folgende Teilschritte durchlaufen:

- Analyse der Spezifika des Untersuchungsobjektes PRODUKTINNOVATION (objektbezogen),
- Betrachtung des INNOVATIONSPROZESSES und dessen Bedeutung aus Unternehmenssicht vor dem Hintergrund der INTERAKTION (prozeßbezogen),
- Beschreibung der Methodenanwender F&E und MARKETING (subjektbezogen).

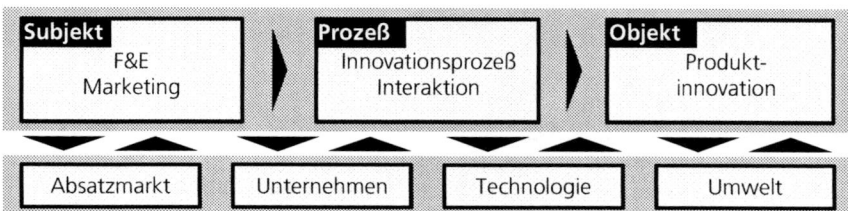

Bild 2.1: Festlegung des Betrachtungsbereiches

2.1.1 Objektbezogene Abgrenzung

Der Begriff INNOVATION leitet sich aus dem lateinischen Substantiv „innovatio" ab, das sich mit Erneuerung, Neuerung oder Einführung von etwas Neuem übersetzen läßt. Das

Substantiv selbst geht auf das Adjektiv „novus" zurück, was neu heißt. Dieses Merkmal der Neuheit läßt sich in allen Definitionsansätzen als wichtigstes gemeinsames Kriterium für eine Innovation wiederfinden. Des weiteren ist für die Charakterisierung des Innovationsbegriffes der marktwirtschaftliche Verwertungsaspekt oder der innerbetriebliche Nutzungsaspekt ausschlaggebend [vgl. HAUS97, S. 7].

Als Ausgangspunkt der Innovationsforschung gilt die Theorie der wirtschaftlichen Entwicklung von J. Schumpeter[1]. Darin unterscheidet er fünf Arten der Durchsetzung neuer Kombinationen [vgl. SCUM64, S. 100 ff.]:

- „Herstellung eines neuen, d.h. dem Konsumentenkreis noch nicht vertrauten Gutes oder einer neuen Qualität eines Gutes"
- „Einführung einer neuen, d.h. dem betreffenden Industriezweig noch nicht praktisch bekannten Produktionsmethode, die keineswegs auf einer wissenschaftlich neuen Entdeckung zu beruhen braucht und auch in einer neuartigen Weise bestehen kann, mit einer Ware kommerziell zu verfahren"
- „Erschließung eines neuen Absatzmarktes, d.h. eines Marktes, auf dem der betreffende Industriezweig des betreffenden Landes bisher noch nicht eingeführt war, mag dieser Markt schon existiert haben oder nicht"
- „Eroberung einer neuen Bezugsquelle von Rohstoffen oder Halbfabrikaten, wiederum: gleichgültig, ob diese Bezugsquelle schon vorher existiert hat – und bloß sei es nicht beachtet wurde, sei es für unzugänglich galt – oder ob sie erst geschaffen werden muß"
- „Durchführung einer Neuorganisation"

Darauf aufbauend entwickelte sich der Innovationsbegriff, wie er heute verwendet wird. Dabei werden insbesondere die drei folgenden Arten unterschieden [vgl. THOM80, S. 32 f.; FRES92, S. 297 f.; MARR73, Sp. 949]:

- PRODUKTINNOVATION
- PROZEß- BZW. VERFAHRENSINNOVATION
- STRUKTUR- BZW. SOZIALINNOVATION

Ziel der PRODUKTINNOVATION ist der Ausbau und der Erhalt der Wettbewerbsfähigkeit des Unternehmens sowie die effektive Bearbeitung des Marktes durch neue Produkte [vgl. TROM90, S. 4][2]. Dabei kann es sich sowohl um eine Sach- als auch um eine Dienstleistung handeln [vgl. TEBB90, S. 7]. Folge der Einführung neuer oder verbesserter Produk-

---

[1] Schumpeter selber verwendet den Begriff der Innovation nicht.

[2] Ausführliche Erläuterungen zum Produktbegriff finden sich in der Literatur [vgl. ZELE99, S. 62; STEF00, S. 23 ff.; KOPP93, S. 3 f.].

te auf dem Markt ist eine Ergänzung oder Umstrukturierung des Produktions- und Absatzprogramms.

PROZEß- ODER VERFAHRENSINNOVATIONEN zielen auf die Effizienzsteigerung von administrativen und technologischen Prozessen [vgl. HAUS97, S. 11]. Diese Innovationen können bspw. durch Rationalisierung, Steigerung der Flexibilität, Erhöhung der Sicherheit des Produktionsprozesses oder durch Änderungen im Produktprogramm initiiert werden. Daraus ist ersichtlich, daß eine eindeutige Kategorisierung von Produkt- und Prozeßinnovationen schwierig ist, da diese Innovationstypen häufig gleichzeitig vorliegen bzw. sich gegenseitig bedingen können [vgl. GERY93, S. 40 ff.; HAUS97, S. 3 ff.]. Eine Unterscheidungsmöglichkeit der beiden Innovationsarten ist die hinsichtlich des Durchsetzungsaspektes. Während neue oder verbesserte Produkte und Dienstleistungen am Markt durchgesetzt werden müssen, um als Innovationen gelten zu können, sind Prozesse entsprechend meist „nur" innerbetrieblich durchzusetzen. Die Produktinnovation wird somit mit wesentlich größeren Durchsetzungsproblemen konfrontiert als die Prozeßinnovation [vgl. HAUS97, S. 9].

STRUKTUR- BZW. SOZIALINNOVATIONEN beinhalten insbesondere Neuerungen im Humanbereich und im Beziehungsgefüge von Individuen und damit Änderungen in der Organisationsstruktur [vgl. STIP99; S. 10; THOM83, S. 6]. Sie stehen mit den beiden anderen Innovationsarten insofern in Beziehung, als daß sie einerseits Produkt- und Prozeßinnovationen erst ermöglichen und andererseits gerade diese Innovationsarten Organisationsinnovationen bedingen.

Darüber hinaus wird der Begriff Innovation sowohl ergebnis- als auch prozeßorientiert verwendet. Im Rahmen dieser Arbeit werden beide Orientierungen der Innovation betrachtet. Im Sinne einer Abgrenzung soll im folgenden nur noch das vollständige Ergebnis als Innovation, der Prozeß zu ihrer Entstehung hingegen als Innovationsprozeß bezeichnet werden.

Wird die Innovation als Ergebnis betrachtet, so wird ihr Neuheitsgrad sowohl intensitätsbezogen als auch subjektbezogen gemessen [STIP99, S. 11]. Die Messung der Intensität einer Innovation erfolgt gemäß ihres Neuheitsgrades im Vergleich zum bisherigen Zustand. Für diesen Vergleich wird eine Innovation als Zweck-Mittelkombination aufgefaßt. Dies bedeutet, daß einerseits die Technologie die Mittel determiniert und die Nachfrage am Markt die zu erfüllenden Zwecke der Innovation bestimmt. Erfolgreich sind Innovationen jedoch nur dann, wenn Zweck und Mittel bzw. Anforderungen und angebotene Lösungen in Übereinstimmung gebracht werden können [vgl. EVER00]. Es werden dabei folgende Innovationsausprägungen unterschieden [vgl. HAUS97, S. 9 ff.]:

- INKREMENTAL
  Die Neuartigkeit besteht allein in einem besseren Zweck-Mittelverhältnis.

- MITTELINDUZIERT
  Ein bereits bestehender Zweck wird mit neuen Mitteln erfüllt.

Grundlagen und Kennzeichnung der Situation

- ZWECKINDUZIERT
  Ein neuer Zweck wird mit vorhandenen Mitteln erfüllt
- RADIKAL
  Ein neu definierter Zweck wird mit neuen Mitteln erfüllt.

Zusammenfassend kann Innovation objektorientiert als neuartige Problemlösung durch eine neue Zweck-Mittel-Kombination definiert werden.

Bei der subjektbezogenen Messung des Neuheitsgrades einer Innovation stellt sich die Frage, für wen ein Produkt neu sein muß, um als innovativ zu gelten. Wird ein Produkt erstmalig auf einem räumlich begrenzten Markt eingeführt, wird von einer regionalen Innovation gesprochen [vgl. HAUS97, S. 15 f.]. Eine industrieökonomische Innovation ist jede innerhalb einer Unternehmensbranche eingebrachte Neuerung [vgl. STIP99, S. 12]. Letztlich ist die Neuartigkeit immer von subjektiven Bewertungskriterien abhängig, die vom Unternehmen bzw. vom Markt herangezogen werden [vgl. TEBB90, S. 11].

Das Betrachtungsobjekt dieser Arbeit bezieht sich auf die spezielle Form der Produktinnovation. Dementsprechend werden sich die Ergebnisse im wesentlichen auf diese Innovationsart beziehen. Es werden aber Schnittstellen und Interdependenzen zu den anderen Innovationsarten berücksichtigt. Darüber hinaus werden insbesondere die mittelinduzierte, die zweckinduzierte sowie die radikale Innovation im Rahmen der zu entwickelnden Methodik berücksichtigt.

2.1.2 PROZEßBEZOGENE ABGRENZUNG

Die Abläufe von Innovationsprozessen sind vergleichbar mit denen von Managementprozessen, die entlang der Phasen Planung, Bewertung, Realisierung und Kontrolle gegliedert sind [vgl. STAU96, S. 4 ff.]. Ähnlich wie bei Innovationen ist der Zweck dieser Managementprozesse die Veränderung der herzustellenden Produkte, der angewandten Produktionstechnologien oder der gewählten Organisationsformen [vgl. SCMR92, S. 30, BRAF01, S. 11 f.]. Jedoch besteht der Unterschied bei Innovationsprozessen in der

- Unsicherheit und Unschärfe des Innovationsobjektes, intensiviert durch die Dynamik der Umwelt,
- Komplexität aufgrund der generellen Komplexität unternehmerischer Zielsysteme sowie der
- Zielpluralität aufgrund der Vielzahl der aktiv und passiv an Innovationsprozessen beteiligten inner- und außerbetrieblichen Gruppen [vgl. HAUS97, S. 278 f.; SCRO96, S. 490 f.].

In der vorliegenden Arbeit wird insbesondere die Phase der PLANUNG – mit besonderem Augenmerk auf das Zusammenwirken von F&E und Marketing – hervorgehoben. Aus inhaltlicher Sicht ist neben dem bereits definierten Fokus der Produktinnovation eine Erläuterung der Begriffe INNOVATIONSPROZEß und INTERAKTION erforderlich.

2.1.2.1 INNOVATIONSPROZEß

In der wissenschaftlichen Literatur werden unterschiedlichste Phasenmodelle des Innovationsprozesses diskutiert[1]. Die Unterschiede liegen meist im Detaillierungsgrad und Betrachtungsschwerpunkt. Es handelt sich jedoch bei den Modellen häufig um eine Detaillierung der klassischen Modelle des Innovationsprozesses, nach denen der Prozeß in die drei Phasen Ideenfindung, Ideenakzeptierung und Ideenrealisierung unterteilt wird (siehe Bild 2.2) [vgl. HERZ91, S. 21; TEBB90, S. 18; THOM80, S. 53].

In der Phase der IDEENGENERIERUNG werden in auf Basis der Innovationsstrategie des Unternehmens definierten Suchfeldern Funktions-, Abnehmer- oder Technologiebereiche identifiziert, in denen innoviert werden soll [vgl. TEBB90, S. 20 f.]. Daran schließt sich die Ideenfindung an. Es handelt sich hierbei um einen kreativen Prozeß, der spontan stattfindet oder systematisch geplant wird [vgl. TROM90, S. 9]. Wesentlich für eine gezielte Ideenfindung ist eine fundierte Informationsbasis über das definierte Suchfeld sowie die unternehmensinternen und -externen Anforderungen und Randbedingungen. Diese Informationsbasis sowie eine umfassende Kommunikation der am Innovationsprozeß Beteiligten sind entscheidende Erfolgsfaktoren [vgl. KOPP93, S. 83 ff., CRAW92, S. 97 ff., BRAN71, S. 43 ff.]. Die Phase der Ideenfindung schließt mit Beschreibungen und dem Vorschlag vielversprechender Ideen ab [vgl. THOM80, S. 53].

Innerhalb der Phase der IDEENAKZEPTIERUNG sind die Ideen einer ersten Bewertung zu unterziehen. Ziel dieser Bewertung ist eine möglichst frühzeitige Konzentration auf die erfolgversprechendsten Ideen. Im Anschluß an eine grobe Realisierungsplanung werden diese Ideen z.B. anhand von Wirtschaftlichkeitsanalysen und dem strategischen Fit bewertet [vgl. TEBB90, S. 21; TROM90, S. 10]. Das Ende dieser Phase bildet die Auswahl der zu realisierenden Produktideen [vgl. KNOB92, S. 59].

Die IDEENREALISIERUNG bildet die letzte Phase des Innovationsprozesses. Auf Basis der in der Ideenakzeptierung erstellten Pläne werden die Produktideen im Rahmen der Entwicklung konkretisiert und bis zum fertigen Produkt detailliert [vgl. HERZ91, S. 110; VDI92, S. 1 ff.]. Aufgrund der Erkenntnisse während der technischen Entwicklung, der Markterprobung und der Akzeptanzkontrolle sind diese Pläne zu bestimmten Zeitpunk-

---

[1] Aufgrund der Vielzahl der Ansätze wird auf eine ausführliche Darstellung und Diskussion verzichtet. Es wird an dieser Stelle auf die umfangreiche Literatur verwiesen [vgl. z. B. VAHS99, S. 128 ff.; WALT97, S. 14 ff.; PLES96, S. 24 ff.; COOP93, S. 95 ff.; SABI91, S. 15 ff.; TEBB90, S. 16 ff.; THOM80, S. 45 ff.; SCMJ72, S. 49 ff.]. Der Prozeß der Produktplanung nach VDI 2220 kann hierbei als Subprozeß des Innovationsprozesses angesehen werden, da er nicht die Phasen der Produktrealisierung umfaßt [VDI80, S. 3; MUEM98, S. 14].

Grundlagen und Kennzeichnung der Situation

ten zu überprüfen und ggf. zu revidieren, bevor das Produkt letztendlich am Markt eingeführt wird [vgl. VDI80, S. 8; COOP93, S. 10; PLES96, S. 26].

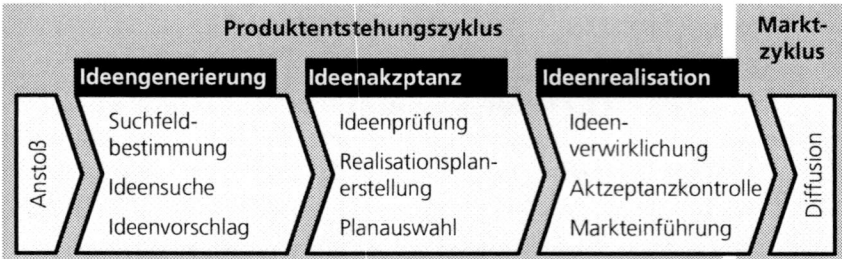

Bild 2.2: Phasen des Innovationsprozesses

Dieser idealtypische Ablauf eines Innovationsprozesses unterscheidet sich teilweise erheblich von den Abläufen in der Praxis, da die abstrakt benannten Phasen unternehmens- und fallspezifisch nicht mit der gleichen Bedeutung und meist bedarfsdefinierter Reihenfolge durchlaufen werden. Das Phasenschema stellt somit eine idealisierte Abbildung der Realität dar [vgl. TEBB90, S. 17].

2.1.2.2 INTERAKTION

In der Psychologie und der Soziologie wird als Interaktion „das aufeinander bezogene Handeln zweier oder mehrerer Personen, z.B. in Form sprachlicher Kommunikation", verstanden. „Dabei orientieren sich die Handelnden i.d.R. an einander komplementären Erwartungen (Rollenvorstellungen u.a.), Verhaltensweisen und Aktionen" [vgl. BROA96a, S. 594]. Eine weitere Definition findet sich bei W. STAEHLE: „Unter Interaktion als dem grundlegendem Phänomen gegenseitigen Verhaltens zwischen Menschen versteht man zweckgerichtete wechselseitige soziale Beziehungen zwischen mindestens zwei Interaktionspartnern" [vgl. STAE90, S. 132]. Werden beide Definitionen zusammengefaßt, so ist Interaktion gekennzeichnet durch

- mindestens zwei Personen oder Personengruppen,
- die sich an komplementären Erwartungen orientieren,
- gegenseitigen Austausch, insbesondere durch Kommunikation sowie
- aufeinander bezogene zweckgerichtete Handlungen[1].

---

[1] Entsprechende Definitionen finden sich in der Kommunikationstheorie beispielsweise von H. BLUMER: „Eine Gesellschaft besteht aus Individuen, die miteinander interagieren. Die Aktivitäten der Mitglieder erfolgen vorwiegend in Reaktion oder in bezug aufeinander" [vgl. BLUM92, S. 28].

Grundlagen und Kennzeichnung der Situation

Im Kontext dieser Arbeit sind die beiden sich austauschenden Unternehmensbereiche F&E und Marketing. Sie orientieren sich an dem gemeinsamen Ziel der Produktinnovation. Hierzu ist ein wechselseitiger Austausch notwendig, der beispielsweise durch Kommunikation erfolgen kann. Durch diesen Austausch sollen die Handlungen und Aufgaben im Innovationsprozeß aufeinander abgestimmt und koordiniert werden.

Dementsprechend wird hier Interaktion als arbeitsteilige, zu koordinierende Durchführung von Aktivitäten im Rahmen des Innovationsprozesses verstanden. Diese wird durch den Austausch von relevanten Informationen durch Kommunikation unterstützt[1].

2.1.3 SUBJEKTBEZOGENE ABGRENZUNG

Produktinnovationen können grundsätzlich aus verschiedenen subjektiven Blickwinkeln betrachtet werden wie beispielsweise aus der Sicht der Abnehmer oder der Unternehmen [vgl. BERG98, S. 27]. In dieser Arbeit werden die Mitarbeiter des Unternehmens als die handelnden Subjekte betrachtet. Die Sicht der Abnehmer wird bei der Gestaltung der Produktinnovation durch eine Anforderungsermittlung berücksichtigt. Die übrigen Umwelteinflüsse werden als Prämissen gebende Randbedingungen betrachtet.

Produktinnovationen sind insbesondere durch eine Interessen- und Zielpluralität gekennzeichnet. Die damit einhergehende Zielkomplexität ist ebenso Ausdruck der generellen Komplexität unternehmerischer Zielsysteme wie die Vielzahl der aktiv an Innovationsprozessen beteiligten innerbetrieblichen Gruppen [vgl. SCRO96, S. 492]. Aus der Vielzahl und Vielfalt von Aktivitäten, die im Innovationsprozeß anfallen, resultiert eine Aufgabenkomplexität, die insbesondere durch die vergebenen, spezialisierten Teilerfüllungsprozesse hervorgerufen wird [vgl. EURI95, S. 2; SCMG70, S. 2]. Dabei hat die Zusammenarbeit zwischen F&E und Marketing die größte Wirkung auf den Innovationserfolg [vgl. THOM83, S. 4 ff.; BROC84, S. 337 ff.; BROC90, S. 32 ff.]. Vor diesem Hintergrund werden im folgenden beide Funktionsbereiche näher erläutert.

2.1.3.1 FORSCHUNG UND ENTWICKLUNG

Obwohl sich im Sprachgebrauch Forschung und Entwicklung (F&E) als ein einheitlicher Begriff darstellt, umfaßt er verschiedene Arten von Tätigkeiten. Klassisch und heute überwiegend verbreitet ist eine Aufteilung von F&E in drei Teilaktivitäten [vgl. BROC99, S. 50 f.]. Vor allem beeinflußt durch F&E-statistische Klassifikationsvorschläge staatlicher Institutionen (OECD, BMBF/BMFT) wird zumeist nach dem zunehmenden Grad der unmittelbaren wirtschaftlichen Anwendbarkeit der Ergebnisse in GRUNDLAGENFORSCHUNG, ANGEWANDTE FORSCHUNG und ENTWICKLUNG differenziert [vgl. GERP99; S. 31 f.; BUER96, S. 9 ff.; BULL94, S. 37 ff.; OECD94, S. 68 ff.]. Innerhalb der Entwicklung kann eine wei-

---

[1] Ein ähnliches Verständnis von Interaktion findet sich bei C. EURINGER [vgl. EURI95, S. 13].

tere Unterteilung in experimentelle und konstruktive Entwicklung vorgenommen werden [vgl. BUER96, S. 11 ff.; BULL94, S. 46 f.].

- GRUNDLAGENFORSCHUNG
  Experimentelle oder theoretische Arbeit, die vorwiegend zur Gewinnung neuen Wissens über die Grundlagen von Phänomenen und beobachtbaren Tatsachen durchgeführt wird, ohne an einer besonderen Anwendung orientiert zu sein. Dabei kann noch zusätzlich unterschieden werden in reine Grundlagenforschung, bei der jede Art von Zweckorientierung fehlt (der Untersuchungsgegenstand wird allein durch das wissenschaftliche Interesse des Forschers bestimmt) und in zweckorientierte Grundlagenforschung (der Untersuchungsgegenstand wird vom Zweck bzw. der Organisation, in der der Forscher tätig ist, vorgegeben).

- ANGEWANDTE FORSCHUNG
  Erstmalige Untersuchung zur Erlangung neuen Wissens, d.h. neuer wissenschaftlicher oder technischer Erkenntnisse mit vornehmlich praktischer Zielrichtung.

- EXPERIMENTELLE ENTWICKLUNG
  Systematische Arbeit, die auf bestehende praktische und forschungsbedingte Erfahrungen aufbaut und auf die Herstellung oder die wesentliche Verbesserung bestehender oder installierter neuer Materialien, Produkte, Verfahren, Systeme und Dienstleistungen gerichtet ist. Die Aktivitäten sind darauf ausgerichtet, technische Erzeugnisse zu realisieren, die bislang noch nicht genutzte Realphänomene beinhalten und/oder denen eine neue Kombination von bereits genutzten Realphänomenen zugrunde liegt.

- KONSTRUKTIVE ENTWICKLUNG
  Aktivitäten zur Realisierung technischer Erzeugnisse, denen eine Kombination von bereits genutzten Realphänomenen zugrunde liegt, die eine größere Anwendungsbreite in der Technik aufweisen und deren Kombination aus bekannten Konstruktionsprinzipien abgeleitet werden kann.

Eine eindeutige Klassifizierung von F&E-Vorhaben in die drei Kategorien ist oft mit Schwierigkeiten behaftet, da die Aktivitäten innerhalb eines Vorhabens oftmals ineinander übergreifen können [vgl. GERP99, S. 33 f.; BULL94, S. 46]. Unabhängig von der Zugehörigkeit zu einer der erläuterten Kategorien können diese Vorhaben jeweils als Problemlösungsprozesse aufgefaßt werden, in denen die Phasen Zieldefinition, Problemformulierung, Generierung von Lösungsvarianten, Evaluation und Entscheidung durchlaufen werden [vgl. BULL94, S. 45 ff.]. Diese Vorhaben bzw. Problemlösungsprozesse dienen somit der TECHNIKENTSTEHUNG[1] bzw. TECHNOLOGIEENTWICKLUNG[1] [vgl. GERP99,

---

[1] Der Begriff TECHNIK umfaßt die Menge der nutzenorientierten, künstlichen, gegenständlichen Gebilde (Artefakte oder Sachsysteme), die Menge menschlicher Handlungen und Einrichtungen, in denen Sachsysteme entstehen, und die Menge menschlicher Handlungen, in denen Sachsysteme verwendet werden [vgl. VDI91].

S. 31 ff.; BUER96, S. 13 ff.; BULL94, S. 45 ff.]. Den Zusammenhang zwischen Technologie, Technik, F&E und Innovation verdeutlicht Bild 2.3.

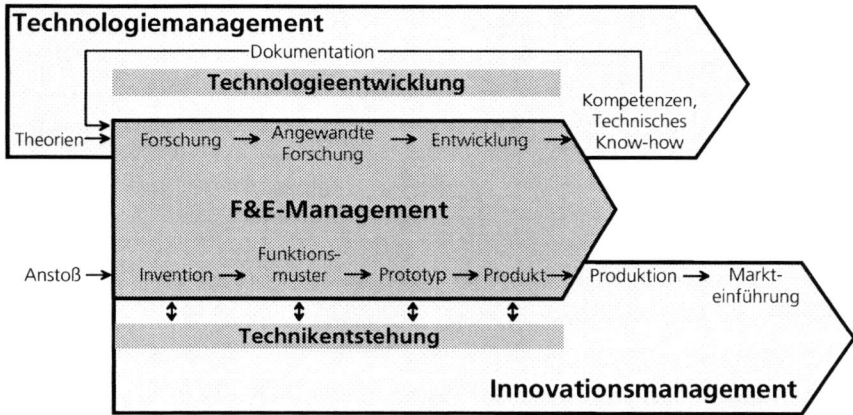

Bild 2.3: Zusammenhang zwischen Technologieentwicklung, Technikentstehung, F&E und Innovation [vgl. BUER96, S. 15; BULL94, S. 46]

Der Technologieentwicklung vorgelagert sind die Aktivitäten der Grundlagenforschung, deren Ergebnisse bspw. in Form von veröffentlichten wissenschaftlichen Forschungsberichten allgemein zugänglich sind, da sie i.a. noch vorwettbewerblichen Charakter haben. Der Prozeß der Technologieentwicklung beinhaltet weitgehend die F&E-Tätigkeiten der angewandten Forschung und die der Entwicklung. Als Input werden theoretisches Wissen aus der Grundlagenforschung, problemlösungsrelevante Nachrichten und Informationen aus unternehmensinternen und –externen Quellen, vorliegende Problemlösungen im eigenen Unternehmen oder bei Wettbewerbern, Rohstoffe, Anlagen und technisches Know-how der Mitarbeiter genutzt. Als Output entstehen Technologien, greifbares technisches Know-how und technische Problemlösungen.

In der vorliegenden Arbeit ist das Betrachtungsobjekt die technologische Produktinnovation. Dementsprechend werden die Aufgaben von F&E, die im Rahmen des Innovationsprozesses relevant sind, auf die Entwicklung von Produkttechnologien gerichtet sein. Die Technologieentwicklung im Bezug auf Verfahren und Prozesse soll in dieser Arbeit nur in sofern Berücksichtigung finden, als daß eine Produktinnovation eine Technologieentwicklung bedingt.

---

[1] Bei TECHNOLOGIE handelt es sich um die „Wissenschaft von Technik", d.h. um das gesammelte ingenieurwissenschaftliche/naturwissenschaftliche Expertenwissen, welches allein auf theoretischer Basis aufbaut und dieses in den Kategorien Ursache und Wirkung bzw. Ziel und Mittel theoretisch weiterzutreiben versucht [vgl. BULL94, S. 32; CHMI79, S. 13 f.].

2.1.3.2 Marketing

Nach der ON-Richtlinie 53 wird Marketing im weiteren Sinne als „unternehmenspolitische Grundhaltung (Unternehmensphilosophie)" verstanden, „der zufolge der Markt (die Kunden) im Mittelpunkt aller unternehmerischen Entscheidungen und Maßnahmen steht" [vgl. ON89, S. 4]. Eine ähnliche Definition findet sich bei R. Nieschlag: „Marketing wird heute als Ausdruck eines marktorientierten unternehmerischen Denkstils verstanden" [vgl. NIES91, S. 8]. H. Meffert präzisiert diese Aussage in seiner klassischen Marketing-Definition: „Marketing bedeutet ... Planung, Koordination und Kontrolle aller auf die aktuellen und potentiellen Märkte ausgerichteten Unternehmensaktivitäten. Durch eine dauerhafte Befriedigung der Kundenbedürfnisse sollen die Unternehmungsziele im gesamtwirtschaftlichen Güterversorgungsprozeß verwirklicht werden" [vgl. MEFF98, S. 31]. Nach H. Meffert sind für diese Konzeption acht Merkmale typisch [vgl. MEFF98, S. 31 f.]. Diese bestimmen den absatzpolitischen Erfolg und beeinflussen die strategische Analyse von Systemzusammenhängen:

- Philosophieaspekt
  Alle Unternehmensbereiche orientieren sich bewußt am Absatz und am Kunden.

- Verhaltensaspekt
  Die für ein Unternehmen relevanten Umweltschichten (Käufer, Konkurrent, Staat etc.) werden erfaßt, beobachtet und auf ihr Verhalten hin analysiert. Dies bedingt eine interdisziplinäre Ausrichtung des Marketing.

- Informationsaspekt
  Der Markt wird systematisch und planmäßig erforscht und erschlossen als Voraussetzung für kundengerechtes Verhalten.

- Strategieaspekt
  Die marktorientierten Unternehmensziele und die Marketingstrategie werden festgelegt. Dabei handelt es sich um einen Entwurf eines längerfristigen, auf die Marktteilnehmer und die relevante Umwelt ausgerichteten Verhaltensplans sowie die Schwerpunktfestlegung bei der Auswahl und Bearbeitung von Märkten.

- Aktionsaspekt
  Der Markt wird planmäßig gestaltet, d.h. alle Instrumente des Marketingmixes[1] werden zielgerichtet und ausgewogen eingesetzt.

- Segmentierungsaspekt
  Der Gesamtmarkt des Unternehmens ist nach bestimmten Kriterien zu segmentieren, so daß eine bewußte und intensitätsmäßig abgestufte Marktbearbeitung vorgenommen werden kann.

---

[1] Nach H. Meffert kommt dem Marketingmix die Aufgabe zu, die Zielerreichung durch die Umsetzung der Marketingstrategie in operative Maßnahmen sicherzustellen. Es beinhaltet die zu einem bestimmten Zeitpunkt getroffene Auswahl von Marketinginstrumenten in einer bestimmten Ausprägung [vgl. MEFF94, S. 116].

Grundlagen und Kennzeichnung der Situation

- KOORDINATIONS-/ORGANISATIONSASPEKT
  Alle marktgerichteten Unternehmensaktivitäten müssen koordiniert und das Marketingkonzept organisatorisch innerhalb des Unternehmens verankert werden.

- SOZIALASPEKT
  Alle Marketingentscheidungen müssen in größere soziale Systeme eingeordnet werden.

Das Tätigkeitsfeld des Marketing bezieht sich auf den Güterversorgungsprozeß. Dabei wird als Gut ein Mittel zur Anspruchsbefriedigung bezeichnet. Es wird zwischen freien Gütern, die für jeden ohne weiteres erhältlich sind, und knappen Gütern unterschieden. Letztere lassen sich wie folgt unterteilen [vgl. KOPP93, S. 3]:

- SACHGÜTER
  Dabei handelt es sich um materielle Ergebnisse durchgeführter Faktorkombinationen.

- DIENSTLEISTUNGEN
  Es handelt sich dabei um die immaterielle Bereitstellung und den Vollzug von Faktorkombinationen.

- ENERGIELEISTUNGEN
  Es handelt sich um das immaterielle Ergebnis durchgeführter Faktorkombinationen.

- RECHTE
  Rechte sind Verfügungsgewalten über Sachen, Dienste und Energien.

Das Betrachtungsobjekt in der vorliegenden Arbeit ist die Produktinnovation. Vor diesem Hintergrund liegt der Schwerpunkt der Betrachtung auf dem Marketing der Sachgüter und dabei insbesondere dem von Produkten. Produkte sind Güter, die Ergebnisse von Produktionsprozessen darstellen und hergestellt werden, um zur Lösung von Problemen bzw. zur Befriedigung von Bedürfnissen der Abnehmer beizutragen [vgl. ZELE99, S. 62]. In dieser Arbeit werden insbesondere die Aufgaben des Marketing betrachtet, die im Rahmen des Innovationsprozesses relevant sind. Diese Aufgaben stehen in einem prozessualen Zusammenhang. Einen Überblick über den Marketing-Prozeß gibt Bild 2.4 wieder[1].

---

[1] Eine detaillierte Aufschlüsselung der Aufgaben befindet sich im Anhang.

Grundlagen und Kennzeichnung der Situation

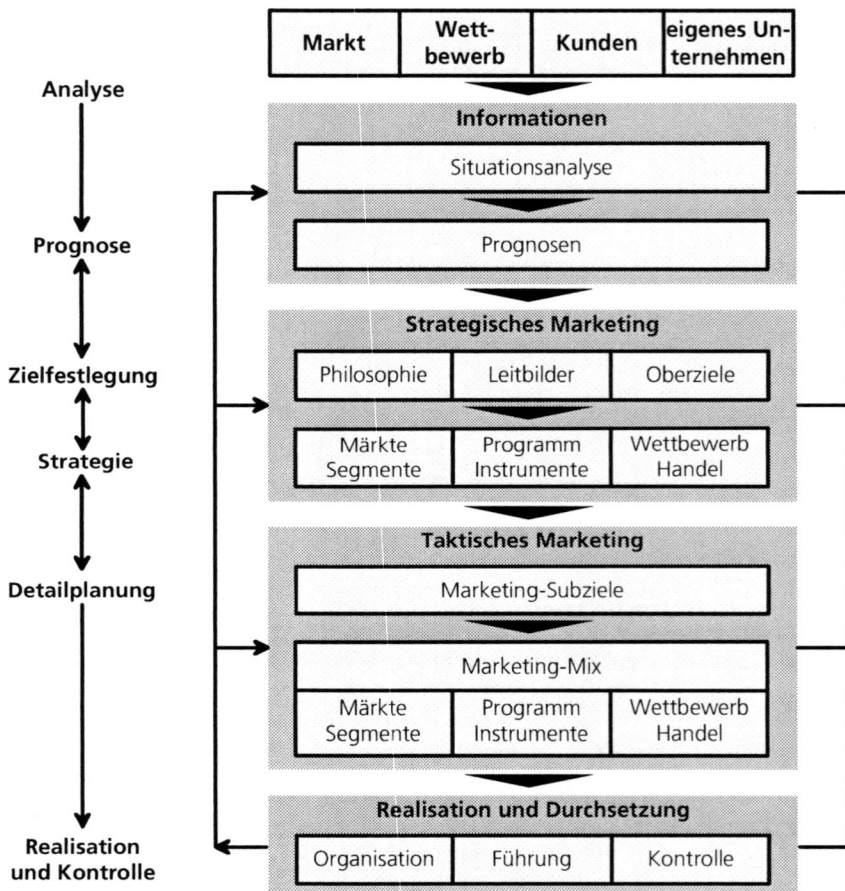

Bild 2.4: Der Marketing-Prozeß in Anlehnung an H. MEFFERT

2.2 ANALYSE UND KRITISCHE WÜRDIGUNG RELEVANTER ANSÄTZE

Im Bereich des Innovationsmanagement haben einige Autoren bereits Ansätze und Konzepte zur Lösung der Problematik der Planung und Überwachung technologischer Produktinnovationen vorgeschlagen. Methoden wie die Conjoint Analyse, Kreativitätstechniken und Prognosemethoden wurden überwiegend in der wirtschaftswissenschaftlichen Literatur behandelt [vgl. z.B. BERG98, MART95, HERZ91]. Target Costing, QFD, FMEA und Wertkettenanalyse werden als Lösungskonzepte im Bereich F&E genannt [vgl.

z.B. MUEM97, HART94, KEHR72]. Auch finden sich Ansätze zur Gestaltung der Schnittstellen zwischen F&E und Marketing [vgl. z.B. EURI95, GAIS93]. Eine Differenzierung der vorliegenden Arbeit gelingt anhand der Kriterien Planungsobjekt, Zielrichtung, Phase im Innovationsprozeß, Planungsrichtung sowie Methodikschwerpunkte (vgl. Bild 2.5).

Im Fokus des Vorhabens steht das PLANUNGSOBJEKT „Produkt" bzw. „Produkttechnologie". Darüber hinaus wird durch die Interdependenzen zwischen Produkt- und Prozeßinnovationen auch die Produktionstechnologie berücksichtigt.

In der Vergangenheit lag die ZIELRICHTUNG fast ausschließlich in der Steigerung der Effizienz im Produktinnovationsprozeß. Erst in jüngerer Zeit rückt die Effektivitätssteigerung in den Vordergrund der Betrachtungen [vgl. BRAF01; SPIE01]. Diese ist auch Schwerpunkt der vorliegenden Arbeit.

Unter den frühen PHASEN DES INNOVATIONSPROZESSES sollen alle Schritte vom Markt- bzw. Technologie-Monitoring bis hin zu ersten Produktkonzeptionen bzw. zum Bau technischer Demonstratoren verstanden werden [vgl. MISC00; AWK99, S. 105 ff.; HAUS97; HERS91; BROS82; THOM80]. Die späten Phasen beinhalten die Entwicklungsschritte eines ausgewählten Produktkonzeptes bis zur Serienreife. Eine ganzheitliche Betrachtung wurde bereits mit den in den 70er Jahren entstandenen Arbeiten zur Produktplanung angestrebt. Diese Arbeiten waren Grundlagen für den VDI-Leitfaden „Systematische Produktplanung" [VDI83] sowie für die VDI-Richtlinie 2220 [vgl. BRAN71; KEHR72; MICW72: MEWE73; FRIE75; VDI80; VDI83]. Als Vertreter dieser Arbeiten werden BRANKAMP [BRAN71], dessen Arbeit die Basis für die nachfolgenden darstellt, sowie KEHRMANN [KEHR72] und FRIESE [FRIE75] verwendet. Jedoch wurden bei diesen wie auch bei anderen späteren Arbeiten [vgl. BERG98; WALT97] die frühen Phasen nur einzeln und nicht ganzheitlich behandelt. Dagegen fokussieren sich andere insbesondere auf die späten Phasen und somit auf die Unterstützung der Ideenrealisierung [vgl. HART94; EHRL95; SCMW96]. Nur HERZHOFF regte Anfang der 90er Jahre eine umfassende, ganzheitliche Betrachtung und Fokussierung früher Phasen an [vgl. HERZ91]. Erst in jüngster Zeit wurde dies von BRANDENBURG umgesetzt [vgl. BRAF01]. Der Fokus der vorliegenden Arbeit liegt ebenfalls in den frühen Phasen des Innovationsprozesses. Das Vorhaben ist als Ergänzung zu der Arbeit von F. Brandenburg zu sehen, der den Schwerpunkt im Bereich der Bewertung von Produktinnovationen legte. Im Gegensatz dazu ist der Fokus hier in der Interaktion zu sehen.

Viele Produktinnovationen werden häufig vom Markt ausgehend angestoßen. Dementsprechend ist auch die PLANUNGSSICHT UND -AUSRICHTUNG marktorientiert und vom Marketing her bestimmt. Dabei werden systematisch die Kunden- und Marktanforderungen analysiert und entsprechende Produktinnovationen gestaltet [vgl. GEID99; MUEM98; HART94]. In wirtschaftswissenschaftlichen Arbeiten werden vorrangig die Marketingaufgaben wie Kunden- und Wettbewerbsanalyse hervorgehoben und bearbeitet [vgl. STIP99; BERG98]. In ingenieurwissenschaftlichen Ansätzen wird dagegen insbesondere auf die Aufgaben im Bereich F&E fokussiert [vgl. KEHR72; FRIE75; SCMW96; PELZ99]. Durch die vielfältigen und dynamischen Impulse sowohl aus der Markt- als auch der Technologieentwicklung ergibt sich die Notwendigkeit eines operativen Integrationsansatzes, denn eine einseitige Betrachtung von Innovationsaufgaben birgt unweigerlich Probleme und Gefahren [vgl. BLEI95b, S. 590; SERV92, S. 27 f.; ZAHN92, S. 22]. Dies bedeutet, daß die Sichtweisen von F&E und Marketing miteinander verknüpft und in gemeinsamen Entwicklungsvorhaben integriert werden müssen. Dies wurde in einigen Ansätzen bereits aufgegriffen [vgl. STIP99; SEID96; EURI95]. Bspw. wurde von EVERSHEIM ET AL. unter dem Begriff des „House of Innovation" ein Lösungsansatz erarbeitet [vgl. AWK96, S. 3-65 ff.]. Jedoch weisen diese Arbeiten keine konkrete operative Integration der Aktivitäten von F&E und Marketing in den frühen Phasen des Innovationsprozesses auf.

Insbesondere in den frühen Phasen des Innovationsprozesses sind ein intensiver Informationsaustausch und eine enge Zusammenarbeit von F&E und Marketing unerläßlich, um rechtzeitig markt- und technologieseitige Potentiale aufdecken und im Falle sich ändernder Entwicklungstendenzen im Umfeld regulierend in den Innovationsprozeß eingreifen zu können [vgl. GAUS97, S. 6 ff.]. Ein transparenter Informationsaustausch und damit eine zielgerichtete Koordination der Innovationsaktivitäten von F&E und Marketing unter Berücksichtigung der dynamischen Umweltentwicklungen wurde bisher nur unzureichend unterstützt. Die METHODIKSCHWERPUNKTE in der vorliegenden Arbeit sind sowohl das Steuerungs- und Überwachungsmodul als auch insbesondere die methodische Unterstützung der Interaktion zwischen F&E und Marketing. Zwar befassen sich einige Ansätze mit einem Controlling des Innovationsprozesses, jedoch wird dabei weniger in die frühen Phasen als viel mehr in die späteren steuernd eingegriffen [vgl. STIP99; BOUT99; EILH93; SCME92]. Darüber hinaus sind in der Literatur bereits Ideen zur Koordination von F&E und Marketing und zur Gestaltung der Schnittstellen zwischen den beiden Funktionsbereichen zu finden, aber auch diese sind stark auf die späteren Phasen des Innovationsprozesses fokussiert [vgl. MUEM98; SEID96; EURI95; BROC93; GAIS93; SCME91]. Die durchgehende methodisch unterstützte Interaktion und damit auch die entscheidungsorientierte Informationsbereitstellung für eine Bearbeitung und Überwachung gerade der frühen Phasen ist bisher nur unzureichend behandelt worden.

Vor diesem Hintergrund kann festgehalten werden, daß bei allen Ansätzen jeweils nur ein begrenzter Ausschnitt des Untersuchungsbereiches tangiert wird und keine der Arbeiten ganzheitlich die Interaktion zwischen F&E und Marketing in den frühen Phasen des Innovationsprozesses methodisch unterstützt[1]. Um die methodische Unterstützung entwickeln zu können, werden im folgenden einige bereits bestehende Konzepte hinsichtlich ihrer Adaptierbarkeit eingehender analysiert. Dabei handelt es sich um die TRIZ-Methodik, die Conjoint Analyse, die Portfolio-Analysen und das Quality Function Deployment.

---

[1] Der Überblick über angrenzende Arbeiten zum geplanten Vorhaben ist aufgrund der vielfältigen Beiträge zum Innovationsmanagement als Ausschnitt des Standes der Forschung in diesem Bereich zu interpretieren.

Grundlagen und Kennzeichnung der Situation

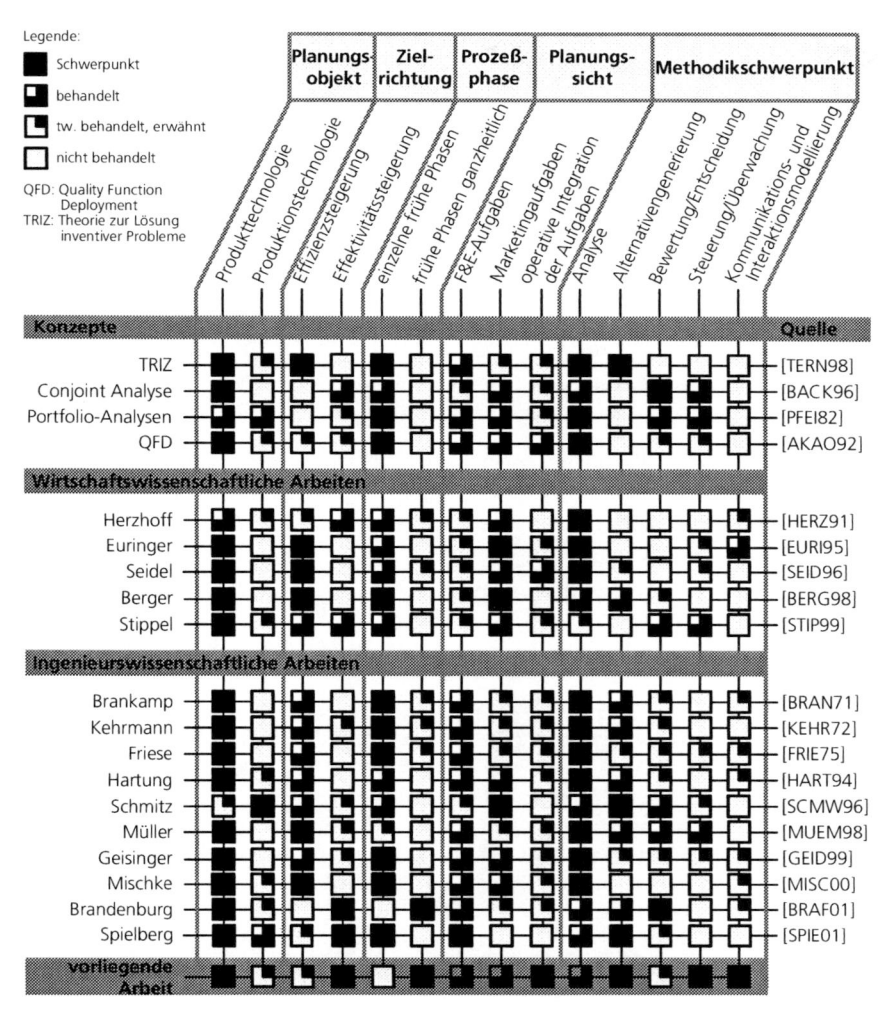

Bild 2.5: Angrenzende Konzepte und Forschungsarbeiten

2.3 ANALYSE ADAPTIERBARER KONZEPTE

Aus wissenschaftstheoretischer Sicht besteht in zweifacher Hinsicht die Notwendigkeit, die genannten Konzepte zu untersuchen. Zum einen sind die Ansätze und ihre Leistungsmerkmale im Anwendungszusammenhang kritisch zu diskutieren. Zum anderen sind aufbauend auf diesen Erkenntnissen Schnittstellen für die Integration dieser Ansätze in die zu entwickelnde Methodik zu schaffen [vgl. SCMW96, S. 21].

2.3.1 TRIZ-Methodik

TRIZ ist ein in der ehemaligen Sowjetunion entwickelter Ansatz, der den technischen Problemlösungsprozeß in Form einer Heuristik unterstützt. TRIZ ist dabei das russische, international gebräuchliche Akronym für „Theorie zur Lösung inventiver Probleme". Die Grundlagen der Methodik beruhen auf den Arbeiten und empirischen Studien des russischen Wissenschaftlers Genrich Altschuller. Er nahm an, daß der Weg zu einer Erfindung bestimmten Gesetzmäßigkeiten und Regeln folgt. Um diese Annahme zu beweisen, analysierte Altschuller zahlreiche Patente[1] und kam zu folgenden Feststellungen [vgl. TERN98, S. 17 f.]:

- Die präzise Beschreibung eines Problems führt häufig schon zu kreativen Problemlösungen.
- Viele Probleme wurden bereits in anderen naturwissenschaftlichen Gebieten und Branchen unter anderem Namen, aber durchaus inhaltlich vergleichbar gelöst.
- Der Widerspruch ist das zentrale, immer wieder Innovationen produzierende Element zahlreicher Patentschriften.
- Die Weiterentwicklung technischer Systeme folgt bestimmten Grundregeln.

Das generelle Vorgehen der TRIZ-Methodik basiert auf der Identifikation und Nutzung von Analogien und erfolgt im Grundmuster in vier Schritten. Zunächst wird das spezifische Problem analysiert und abstrahiert. In der abstrahierten Form der Problembeschreibung werden Analogien zu früheren Problemstellungen genutzt, um die Lösungsprinzipien dieser Probleme auf das spezifische Problem zu übertragen. Zur methodischen Unterstützung haben Altschuller und seine Mitarbeiter verschiedene Werkzeuge entwickelt, die im folgenden kurz beschrieben werden.

IDEALITÄT

Ein ideales System ist dann erreicht, wenn es kein System mehr gibt, seine Funktion aber ausgeübt wird [vgl. ALTS84, S. 52]. Die Idealität ist definiert als das Verhältnis der Summe aller nützlichen Funktionen (N) eines Systems zur Summe aller schädlichen Funktionen (S). Die Formulierung des idealen Produktes soll den Anwender bei der Zieldefinition unterstützen. Dadurch ist die Möglichkeit gegeben, sich am Ideal zu orientieren und somit zielgerichtet und effizient zu arbeiten [vgl. ALTS84, S. 73]. Hierdurch werden im

---

[1] Die Angaben über die Anzahl der analysierten Patente sind unterschiedlich. Altschuller selbst soll 200.000 Patente analysiert haben. In der Weiterentwicklung der Methodik sollen mittlerweile zwischen 1,5 Millionen und 2,5 Millionen Patente in die TRIZ-Wissensbasis eingeflossen sein [vgl. TERN98, S. 15, S. 38].

Vergleich zum bestehenden System Schwachstellen erkennbar und Funktionen offensichtlich, die nicht zum eigentlichen Zweck der Maschine beitragen, sondern durch Kompromißlösungen für Teilprobleme notwendig geworden sind.

STOFF-FELD-(S-FELD)ANALYSE

Die S-Feld-Analyse beruht auf der Annahme, daß jedes Grundelement technischer Systeme drei Komponenten hat: Eine Energiequelle (F), die auf eine Systemkomponente (S1) in der Art einwirkt, daß eine andere Systemkomponente (S2) eine Veränderung erfährt [vgl. TERN98, S. 45]. Sie wird meist eingesetzt, um Probleme existenter technischer Systeme zu modellieren und darauf basierend Lösungsideen – beispielsweise aus der Effektesammlung (s.u.) – zu analysieren und zu vergleichen [vgl. TERN98, S. 177].

ANALYSE TECHNISCHER WIDERSPRÜCHE: CONTRADICTION-MATRIX

Ein anspruchvolles technisches Problem zeichnet sich durch einen nicht lösbaren Zielkonflikt aus, d.h. durch mindestens zwei zu optimierende Parameter, deren gleichzeitige Realisierung mit bekannten technischen Mitteln nicht möglich ist bzw. keinen zufriedenstellenden Kompromiß erlaubt [vgl. ALTS84, S. 23]. Zur Beschreibung der Widersprüche wurden 39 Systemparameter bzw. technische Standardparameter benannt, mit deren Hilfe sich die meisten Widersprüche bei hinreichender Abstraktion beschreiben lassen. Diese Standardparameter wurden in der sogenannten Widerspruchsmatrix bzw. Contradiction-Matrix einander gegenübergestellt. Bei der Lösungssuche wird in den Zeilen der Parameter ausgesucht, der eine Verbesserung erfahren soll. In der Spalte wird der Parameter ausgewählt, der eine Verschlechterung erfährt. Altschuller identifizierte 40 Innovationsprinzipien, die in den analysierten Patenten zur Problemlösung herangezogen wurden und ordnete sie den entsprechenden Widersprüchen in der Widerspruchsmatrix zu. Es gibt Felder, die mehrere Prinzipen enthalten, aber es existieren auch leere Felder, d.h. bis dato wurde zur Lösung des betreffenden Widerspruchs kein aussagekräftiges und abstrahierbares Patent gefunden [vgl. TERN98, S. 124]. Die vorgeschlagenen Lösungen werden dann auf das konkrete Problem adaptiert (vgl. Anhang E).

ANALYSE PHYSIKALISCHER WIDERSPRÜCHE: SEPARATIONSPRINZIPIEN

Ein physikalischer Widerspruch liegt vor, wenn die Existenz eines definierten Zustandes zusammen mit seiner gegenteiligen Einstellung gefordert ist (z.B. ein Gegenstand soll heiß und gleichzeitig kalt sein). Prinzipiell wird ein technischer Widerspruch in einen physikalischen transformiert, indem diejenige Charakteristik identifiziert wird, die sowohl das gewünschte als auch das ungewünschte Resultat beeinflußt. Genau diese Charakteristik definiert dann den physikalischen Widerspruch [vgl. TERN98, S. 131].

Grundlagen und Kennzeichnung der Situation

Technischer Widerspruch	Physikalischer Widerspruch
Erhitzen von Bauteil „A" verbessert „A", zerstört aber „B".	„A" muß heiß sein und „A" muß kalt sein!

Bietet die Contradiction-Matrix keine geeignete Lösung an, kann die Transformation eines technischen in einen physikalischen Widerspruch hilfreich sein. Die physikalischen Widersprüche sind besonders geeignet für das Auffinden nahezu idealer Lösungen auf physikalischem Niveau für zunächst völlig widersprüchliche Anforderungen [vgl. TERN98, S. 244]. Sie werden durch die Separation der Anforderungen aufgelöst. Es existieren für die Auflösung vier SEPARATIONSPRINZIPIEN [vgl. TERN98, S. 134 f.; TEUF98, S. 74 f.]:

- SEPARATION IM RAUM: Lösung der Problemstellung durch die örtliche Trennung von Komponenten oder Aufteilung eines Bauteils in mehrere Bauteile, die in Summe das gleiche Ergebnis erzielen (Beispiel Brille: bifokale Gläser, d.h. zwei verschiedene Gläser in einem).

- SEPARATION IN DER ZEIT: Die Funktionsweise des Systems wird zeitlich so unterteilt, daß die sich widersprechenden Anforderungen, Funktionen oder Bedingungen zu verschiedenen Zeitpunkten benötigt werden. D.h. ein Vorgang wird in mehrere zeitlich nacheinander ablaufende Vorgänge aufgeteilt. Die gewünschte Funktion wird dadurch aber nicht beeinflußt.

- SEPARATION INNERHALB EINES OBJEKTS UND SEINER TEILE: Wenn ein System sich widersprechende Funktionen erfüllen soll oder unter sich widersprechenden Bedingungen arbeiten muß, wird das System in Subsysteme unterteilt und eine der sich widersprechenden Funktionen einem anderen Subsystem zugeordnet.

- SEPARATION DURCH BEDINGUNGSWECHSEL: Die sich widersprechenden Anforderungen werden getrennt durch die Modifikation der Bedingungen, unter denen zeitgleich ein nützlicher und ein schädlicher Prozeß ablaufen. Das System oder die Umgebung kann so modifiziert werden, daß nur noch der nützliche Prozeß ablaufen kann.

76 STANDARDLÖSUNGEN

Die Sammlung der derzeit 76 „Physical Effects and Phenomena" basiert auf dem Ziel, Erkenntnisse aus Wissenschaft und Technik außerhalb der Fachbereiche zu nutzen, in denen sie entdeckt wurden. Die Effektesammlung soll den Anwender dabei unterstützen, die Problemlösung außerhalb seines Fachgebietes zu suchen und psychologische (Denk-)Barrieren zu durchbrechen. Da die Effekte auf einem abstrakten Niveau dargestellt sind, bietet sich die S-Feld-Analyse zur Problemaufbereitung an (s.o.).

Grundlagen und Kennzeichnung der Situation

GRUNDGESETZE TECHNISCHER EVOLUTION

Altschuller entdeckte bei seinen Untersuchungen, daß technische Konstruktionen den sog. Standardentwicklungsmustern der technischen Evolution folgen. Ein solches Standardentwicklungsmuster beschreibt im Sinne einer allgemein gültigen Regel die Sequenz von Veränderungen, die bei der Weiterentwicklung vieler verschiedener Systeme übereinstimmend auftreten. Kenntnis und Anwendung dieser Standardentwicklungsmuster erlauben es bereits heute, die technische Weiterentwicklung von morgen zu finden [vgl. TERN98, S. 46]. Die Entwicklungsmuster im einzelnen sind [vgl. TERN98, S. 205-228]:

STUFENWEISE EVOLUTION: Jedes technische System durchläuft verschiedene Entwicklungsstadien, die den Reifegrad eines Designs oder die Güte des Systems als Funktion der Zeit beschreiben.

ERHÖHUNG DER IDEALITÄT: Jedes System führt nützliche und schädliche Funktionen aus. Die generelle evolutionäre Weiterentwicklung von Systemen zu größerer Idealität basiert auf der Verbesserung des Verhältnisses aller positiven und aller negativen Funktionen.

UNTERSCHIEDLICHE ENTWICKLUNG EINZELNER SYSTEMTEILE: Ein Produkt besteht meist aus verschiedenen Systemelementen, die sich isoliert gesehen jeweils in einem anderen Lebenszyklusstadium befinden. Die Komponente, die zuerst die Reifephase hinter sich läßt, bremst das Gesamtsystem. Auch ein unterentwickeltes Teil limitiert bis zur eigenen Fertigentwicklung das Gesamtsystem. Das Verständnis, wie die Gesamtfunktion durch das Zusammenspiel vieler Teilfunktionen entsteht, ist der Schlüssel zur Weiterentwicklung.

ERHÖHTE DYNAMIK UND REGELBARKEIT: Erhöhte Dynamik meint die Entwicklung eines statischen Systems hin zu einem dynamischen und in weiterer Folge eine Verbesserung der Dynamik. Unter erhöhter Regelbarkeit ist die Entwicklung eines Systems von ‚von außen unbeeinflußbar', über ‚steuerbar', bis hin zur Regelbarkeit im Sinne von ‚Steuern und Regeln' zu verstehen.

ZUERST ERHÖHTE KOMPLEXITÄT, DANN VEREINFACHUNG: Die Weiterentwicklung eines einfachen (Mono-)Systems führt über ein zweiteiliges System hin zu mehrteiligen Systemen, um in einem weiteren Schritt alle diese Funktionen als einteiliges System einer höheren Idealität zu erfüllen.

WECHSEL VON SYMMETRIE UND ASYMMETRIE: Versuch der Lösungsfindung, indem einzelne Systemteile gezielt passend oder nicht-passend gestaltet werden, um unerwünschte Effekte auszuschließen und die Gesamtleistung zu verbessern.

MINIATURISIERUNG UND VERSTÄRKTER EINSATZ VON FELDERN: Dieses Muster beschreibt die Entwicklung von großen, starren Systemen über kleiner werdende, leichtere Systeme bis hin zu immateriellen Systemen, den Feldern.

Grundlagen und Kennzeichnung der Situation

GERINGERE MENSCHLICHE INTERAKTION: Darunter wird die Entwicklung weg von der manuellen hin zur überwachenden und rein intellektuellen Tätigkeit von Menschen in Systemen verstanden.

Um die verschiedenen Bausteine der TRIZ-Methodik in einem systematischen Ablaufplan zur Problemlösung zu integrieren, wurde der sog. ARIZ[1]-Algorithmus entwickelt. Die Vorgehensweise, die zunächst nur vier Schritte enthielt, wurde von 1959 bis heute immer komplexer, so daß die aktuelle Version, der ARIZ 93, fast 100 Einzelschritte enthält. Dabei handelt es sich um einen sehr anspruchsvollen Weg der Problemlösung, der nur eingesetzt wird, wenn der Einsatz der anderen TRIZ-Werkzeuge zu keinem Ergebnis führt. [vgl. TERN98, S. 193]. In Bild 2.6 ist ein Überblick über die TRIZ-Werkzeuge gegeben.

Patentanalyse		
Systematik	**Wissen**	**Analogien**
Innovationscheckliste	Widerspruchsanalyse	Innovationsprinzipien
Funktionenanalyse	Stoff-Feld-Analyse	Separationsprinzipien
Ideales Produkt	Datenbanken	76 Standardlösungen
Weitere Werkzeuge "Anticipatory Failure Detection" (analog: FMEA)	Algorithmus zur Lösung inventiver Probleme ARIZ	Grundgesetze technischer Evolution

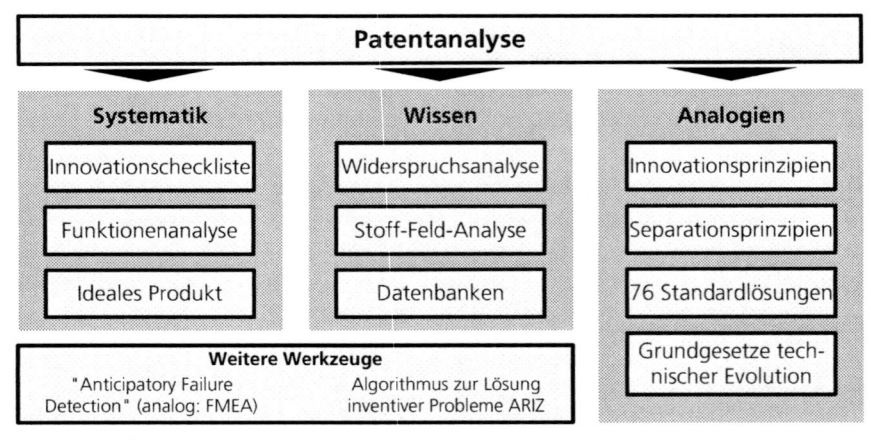

Bild 2.6: Überblick über die TRIZ-Werkzeuge

Das Konzept der widerspruchsorientierten Methoden wurde von H. LINDE und B. HILL für die Unterstützung des Produktinnovationsprozesses dahingehend weiterentwickelt, daß zum einen die Phase der Ideenfindung stärker unterstützt wird. Zum anderen wurden ausgewählte Prinzipien aus der Konstruktionssystematik und der Bionik als weitere Instrumente für die Lösungsfindung integriert [LINH93, S. 153 ff.].

Mit dem empirischen Ansatz bei der ursprünglichen Methodenentwicklung kann begründet werden, daß widerspruchsorientierte Methoden geeignet sind, den Innovationsprozeß zu unterstützen. Im weiteren Verlauf der Arbeit werden bei der Detaillierung der zu entwickelnden Methodik die widerspruchsorientierten Werkzeuge der TRIZ-Methodik berücksichtigt.

---

[1] ARIZ: Algorithmus zur Lösung von Erfindungsaufgaben (Abkürzung nach dem russischen Akronym) [vgl. ALTS73, S. 93].

2.3.2 Conjoint Analyse

Die Conjoint Analyse, auch als Conjoint Measurement oder konjunkte Analyse bezeichnet, wurde von LUCE und TURKEY im Jahre 1964 unter dem Begriff „Simultaneous Conjoint Measurement" in den USA entwickelt. Sie entwickelten ein Verfahren zur simultanen Messung des Gesamteffektes von zwei oder mehreren Variablen auf der Ebene von Intervallskalen unter Verwendung ordinalskalierter Ausgangsdaten. Der erste Algorithmus für die Auswertung conjointanalytischer Daten geht auf KRUSKAL zurück, dessen 1965 entwickeltes Verfahren der monotonen Varianzanalyse auch heute noch zu den am häufigsten eingesetzten Skalierungsverfahren bei der Conjoint Analyse zählt. GREEN und RAO veröffentlichten 1971 einen ersten Beitrag, der die Conjoint Analyse mit dem Anwendungsgebiet des Marketing in Verbindung brachte [vgl. BOEC86].

Obwohl diese Analyse somit erst vor kürzerer Zeit in Forschung und Praxis eingegangen ist, wurde sie schon bei einer Vielzahl von Problemstellungen der Produktgestaltung, der Preiselastizität der Nachfrage, der Gestaltung von Serviceleistungen und ähnlichem angewandt. Das Feld der Einsatzgebiete schließt dabei Sachgüter und Dienstleistungen, Konsumgüter-, Investitionsgüter- und Kapitalmärkte ein [vgl. GREE82, S. 462]. Heute gehört die Conjoint Analyse zu den in der Markt- und Marketingforschung am häufigsten angewandten multivariat-quantitativen Analyseverfahren[1], mittels derer der Zusammenhang zwischen der Gesamtbeurteilung einer Produktalternative und den sie bestimmenden Produktmerkmalen festgestellt werden kann [vgl. BOEH96, S. 96 f.].

Basis der Conjoint Analyse ist das Verständnis, daß Produkte sich grundsätzlich aus der Kombination einzelner Merkmale ergeben sowie globale Produktpräferenzen in merkmalspezifische Teilpräferenzen zerlegt werden können, und daß sich der Gesamtnutzen eines Produktes additiv aus den Teilnutzwerten der einzelnen Ausprägungen zusammensetzt [vgl. BOEH96, S. 96 f.]. Dementsprechend handelt es sich bei der Conjoint Analyse um einen dekompositionellen Ansatz, bei dem die Messung der Teilnutzen indirekt erfolgt.

Die Durchführung der Conjoint Analyse kann in drei Phasen untergliedert werden. In der Konzeptionsphase werden die Eigenschaften der Produkte ausgewählt und deren Ausprägungen festgelegt. Innerhalb der Phase der Datenerhebung wird ein Erhebungsdesign entwickelt und die fiktiven Produktkonzepte, die sogenannten Stimuli in einer Befragung präsentiert und von den Auskunftspersonen bewertet. Anschließend werden in der Phase der Datenauswertung mittels eines Schätzverfahrens die Teilnutzenwerte bzw. Gewichtungen der Eigenschaften bestimmt, die Daten ausgewertet sowie die Ergebnisse interpretiert.

---

[1] Unter den multivariaten Analyseverfahren werden solche verstanden, die die Beziehungsstruktur von mehr als zwei Variablen gleichzeitig betrachten, um dem mehrdimensionalen Charakter von Marketingproblemen gerecht zu werden [vgl. BERE96, S. 207].

Eines der wichtigsten Anwendungsgebiete der Conjoint Analyse ist die Neuproduktplanung. Hier soll mittels dieser Methode die Frage beantwortet werden, „wie eine Neuproduktidee im Hinblick auf die Bedürfnisse der potentiellen Kunden optimal auszugestalten ist" [vgl. MEFF98, S. 387]. Dementsprechend gilt es zu analysieren, welche Eigenschaften oder Merkmale des potentiellen neuen Produktes relevant sind. Dabei ist zu beachten, daß diese Eigenschaften insbesondere unabhängig und beeinflußbar sind [vgl. BACK96, S. 501]. Dadurch können zum einen Eigenschaften gewichtet werden, zum anderen ein Schwerpunkt auf die Entwicklung dieser besonders wichtigen Eigenschaften im Rahmen des Innovationsprozesses gelegt werden. Vor diesem Hintergrund läßt sich die Conjoint Analyse mit dem Kano-Modell und der QFD-Methodik (vgl. Kapitel 2.3.4) verbinden [vgl. GEID99, S. 54]. Dieser Ansatz der Verknüpfung kann zu einem späteren Zeitpunkt für die anforderungsgerechte Generierung von Produktideen ggf. verwendet werden.

2.3.3 PORTFOLIO-ANALYSEN

Portfolio-Analysen gehören zu den wichtigsten Methoden der Strategieentwicklung und -formulierung [vgl. BULL94, S. 144]. Der Begriff Portfolio wurde dabei aus dem finanzwirtschaftlichen Bereich entliehen, wo er die konkrete Realisation einer Mischung unterschiedlicher Anlagemöglichkeiten bezeichnet [vgl. WERN93, S. 201]. Ein Portfolio ist die matrixorientierte, grafische Veranschaulichung der aktuellen Unternehmenssituation mit dem Ziel, differenzierte Unternehmensstrategien für alle strategischen Geschäftsfelder bzw. Produkte abzuleiten [vgl. NITZ96, S. 60]. Die Matrix wird dabei von zwei Dimensionen aufgespannt: Die eine stellt vom Unternehmen zu beeinflussende Größen dar, während die andere exogen vorgegebene Chancen und Risiken des Marktes abbildet [OSTE94, S. 48]. In das Portfoliofeld werden Produkte, Geschäftseinheiten oder Technologien eines Unternehmens eingetragen, woraus sich die Geschäfts- oder Technologiepositionen eines Unternehmens ergeben. Häufig wird mit dem Durchmesser der jeweiligen Positionskreise die Bedeutung eines Geschäftsfeldes, eines Produktes oder einer Technologie wiedergegeben. [vgl. BULL94, S. 144 f.]. So lassen sich je nach Bedarf verschiedene Arten von Portfolios erstellen wie bspw. Marktanteil-Marktwachstums-Portfolio, Geschäftsfeld-Ressourcen-Portfolio, Marktattraktivität-Wettbewerbsvorteil-Portfolio, Marktattraktivität-Technologieattraktivität-Portfolio.

Historisch gesehen wurde zuerst die Marktportfolio-Methode entwickelt. Annahme hierbei war, daß sich Produkt- und Prozeßtechnologien relativ konstant entwickeln und daher nicht explizit zu berücksichtigen sind [vgl. BULL94, S. 145 ff.]. Da davon in vielen Branchen und Märkten heute i.d.R. nicht mehr auszugehen ist, wurden infolge dieser Erkenntnis neue Formen von speziellen Technologieportfolios als Entscheidungshilfen im Bereich des strategischen Technologiemanagement und der Technologieplanung entwickelt [vgl. BULL94; SERV85; PFEI82].

In TECHNOLOGIEPORTFOLIOS werden externe und interne Erfassungsgrößen zu zwei Dimensionen verdichtet [vgl. PFEI86, S. 115]. Dabei bezeichnet die Technologieattraktivität als externe Erfassungsgröße die Summe der technischen und wirtschaftlichen Vorteile, die durch die Anwendung der Technologie realisiert werden können. Die Ressourcenstärke als interne Größe ist dagegen Ausdruck der technischen und wirtschaftlichen Beherrschung des Technologiegebietes. Neben diesem „reinen" Technologieportfolio [vgl. WOLF94, S. 246] existieren auch Weiterentwicklungen dieser Methode, die einen Bezug zu markt- und technologiestrategischen Aspekten herstellen. Insbesondere die Konzepte der Beratungsgesellschaften verfolgen diesen erweiterten Ansatz [vgl. SCMW96, S. 24]. Eine ausführliche Aufzählung der verschiedenen Ansätze findet sich bei B. WOLFRUM [vgl. WOLF94, S. 246].

Es sei an dieser Stelle darauf hingewiesen, daß das Technologieportfolio nur ein Hilfsmittel der Portfolio-Methodik ist. Diese umfaßt die Schritte Identifikation der Technologie, Ermittlung der Positionen, Transformation der gegenwärtigen in den zukünftigen Zustand und Ableiten von Handlungsempfehlungen [vgl. EVER96, S. 4-49]. Dabei werden Handlungsempfehlungen zumeist direkt aus der Position einer Technologie innerhalb des Portfolios abgeleitet, weshalb auch von Normstrategie gesprochen wird (die Handlungsanweisung ist für die einzelnen Felder „genormt"). Die vorgeschlagene Strategie sollte allerdings hinterfragt werden, da die Spezifika der jeweiligen Branche nicht berücksichtigt werden und eine starre Übernahme häufig wie eine selbsterfüllende Prognose wirkt [vgl. WOLF94, S. 243]. WOLFRUM unterscheidet dabei zwei grundsätzliche Varianten von Technologieportfolios [vgl. WOLF92]: Zum einen reine Technologieportfolios, in denen ausschließlich technologische Aspekte erfaßt und verarbeitet werden; zum anderen solche Portfolios, in denen ein Bezug markt- und technologiestrategischer Aspekte hergestellt wird.

Es erscheint generell problematisch, in einem dynamischen Umfeld mittels trivialgeometrischer Lösungsmuster zu einer adäquaten Entscheidung zu gelangen [vgl. SCMW96, S. 26]. Ferner kann bei der Positionierung die sehr hohe Aggregation der Einzelbeurteilungen auf nur zwei Auswertaspekte kritisiert werden [vgl. WERN93, S. 203], was in der Praxis meist den Rückgriff auf detailliertere Daten erzwingt [vgl. DANG92, S. 37]. Dem ursprünglichen Portfolio-Gedanken zuwider ist auch die isolierte Zuordnung von Normstrategien zu einzelnen Technologien, da so die vorhandenen Interdependenzen zwischen diesen nicht berücksichtigt werden [vgl. ROBE86, S. 323]. Neben den aufgeführten Kritikpunkten der Methode sei hier ferner auf die Problematik der Einordnung der eigenen Position und auch der Technologieattraktivität hingewiesen. Ist die Bestimmung der Technologieposition ein Problem des jeweiligen Unternehmens, so ist die Einschätzung der Potentiale einer Technologie, zumal einer neuen, ein Problem aller Anwender der Methode.

Bei aller Kritik muß jedoch anerkannt werden, daß die Portfolio-Analyse ein geeignetes Instrument sowohl zur gedanklichen Strukturierung als auch zur Visualisierung komplexer Sachverhalte darstellt. Dementsprechend unterstützen Portfolios die leichte Verständlichkeit sowie die Transparenz des Planungsprozesses. Schließlich bietet die Portfolio-Analyse gerade heterogen zusammengesetzten Gremien einen geeigneten Bezugsrahmen und eine Kommunikationsbasis für eine intensive Diskussion über die gegenwärtige Lage sowie zukünftige Ausrichtungen des Unternehmens bzw. seiner Teilbereiche. So wird die Portfolio-Methode in verschiedenen Unternehmen in interdisziplinären Teams verwendet und verhilft diesen zu einer systematischen Betrachtung der Situation [vgl. HERZ91, S. 173 f.]. Diese Eigenschaft kann zu einer Unterstützung der Interaktion von F&E und Marketing beitragen.

2.3.4 QUALITY FUNCTION DEPLOYMENT

Das erstmals Ende der sechziger Jahre durch Y. AKAO in Japan vorgestellte und 1972 in der Schiffswerft der Mitsubishi Heavy Industries Kobe angewandte Qualitätsentwicklungskonzept des Quality Function Deployment (QFD) ist erst seit Ende der siebziger Jahre unter dieser Bezeichnung bekannt. QFD ist eine Methode, die ausgehend von meist nicht technisch und komplex formulierten Kundenanforderungen eine Prozeßdarstellung bis hin zu kritischen Herstellungsschritten erlaubt. Demnach werden mittels der QFD-Methodik die Kundenwünsche in eine technische Sprache übersetzt und so die Entwicklung anforderungsgerechter Produkte über alle Prozeßschritte hinweg unterstützt [vgl. AKAO92, S. 16]. Hierzu dient eine Abfolge mehrerer Übersetzungsmatrizen, die als Qualitätstabellen oder Houses of Quality (HoQ) bezeichnet werden. In einem einfach strukturierten Ansatz findet diese Übersetzung in vier Phasen statt[1]. In jeder Phase werden Matrizen zur Herleitung, Darstellung und Bewertung der Zusammenhänge benutzt.

In der ersten Phase werden die Kundenanforderungen aufgenommen und in Produktmerkmale transformiert. Anschließend werden in der zweiten Phase die ermittelten Produktmerkmale in Baugruppen und Einzelteile übersetzt. Im Rahmen der dritten Phase werden die zur Erfüllung der Merkmale wichtigen Prozeßstufen und -parameter ermittelt. Die vierte Phase dient zur Übersetzung der Herstellvorschriften in Produktionsanweisungen bzw. Qualitätssicherungsmaßnahmen [vgl. AKAO92, S. 19 f.].

Insbesondere für die frühen Phasen der Produktplanung ist die erste Phase der QFD-Methodik besonders geeignet, da dort die Kundenanforderungen in lösungsneutrale Produktmerkmale bzw. Leistungsmerkmale übersetzt werden [GEID99, S. 21]. Hierzu werden zunächst die Kundenanforderungen ermittelt, strukturiert und gewichtet. D. GEISINGER empfiehlt zur Forderungsgewichtung den Einsatz der Conjoint-Analyse [vgl. GEID99, S. 53 ff.]. Darüber hinaus kann eine Gewichtung mittels Paarvergleich vorgenommen werden [vgl. WENG96, S. 65]. Für die Strukturierung der Kundenanforderungen bietet das Kano-Modell einen Ansatz. Dabei wird die Zufriedenheit des Kunden in

---

[1] In detaillierten Ansätzen der QFD-Methode werden bis zu 30 Matrizen bearbeitet [vgl. KING94, S. 338].

Abhängigkeit vom Erfüllungsgrad der jeweiligen Kundenanforderung aufgetragen [vgl. KANO95][1]. Kano unterscheidet drei Arten von Anforderungsfaktoren. Die Basisfaktoren werden vom Kunden als selbstverständlich vorausgesetzt. Die Leistungsfaktoren tragen proportional zur Kundenzufriedenheit bei. Die Begeisterungsfaktoren werden vom Kunden nicht erwartet, aber tragen in hohem Maße zu seiner Zufriedenheit bei. Die empirische Grunderkenntnis ist, daß der Kunde in Befragungen nur einen bestimmten Teil seiner Anforderungen artikuliert [vgl. KING94, S. 80]. Dabei ist zu beachten, daß aufgrund zeitlicher Dynamik Begeisterungsanforderungen, die sich am Markt etabliert haben, zu Leistungsanforderungen und später zu Basisanforderungen werden. Für den Erfolg eines Produktes ist die Ausgewogenheit dieser drei Faktoren von entscheidender Bedeutung [TEUF98, S. 33].

Für die Umsetzung von Kundenanforderungen in objektiv meßbare technische Parameter werden im zweiten Schritt die Produktmerkmale identifiziert [vgl. EVER94; HART94, S. 12]. H. TEUFELSDORFER und A. CONRAD schlagen hierzu eine Funktionsanalyse vor [vgl. TEUF98, S. 40]. Anschließend werden die Korrelationen zwischen den Merkmalen ermittelt und im Dach des HoQ eingetragen. Zur Einschätzung der Korrelation wird zu jedem Produktmerkmal eine Optimierungsrichtung angegeben. Der Zusammenhang zwischen Kundenanforderungen und Produktmerkmalen wird in der Zusammenhangsmatrix bewertet und somit werden auch die Merkmale gewichtet. [vgl. AKAO92, S. 66]. Neben diesen obligatorischen Vorgehensschritten können im HoQ wahlweise noch Wettbewerbsvergleiche aus Kundensicht rechts in den Zeilen und aus technischer Sicht unten in den Spalten abgebildet werden.

Der Aufwand bei der Durchführung der QFD-Methodik ist beträchtlich. Darüber hinaus ist der Ansatz auf einer sehr stark technisch-operativen Ebene angesiedelt und reicht bis weit in die Serienentwicklung bzw. die Produktionsplanung. Vorteilhaft ist die klare Dokumentationsstruktur, welche die funktionsübergreifende Kommunikation sowie die Konsensbildung unterstützt. Die systematische, marktorientierte Ableitung der „richtigen" Produktmerkmale und die damit verbundene Zieltransparenz, ist durchaus auf die vorliegende Aufgabenstellung übertragbar und wird bei der Detaillierung der Methodik wieder aufgegriffen.

2.4 ZWISCHENFAZIT: IST-SITUATION UND FORSCHUNGSBEDARF

Zu Beginn des Kapitels wurde der Betrachtungsraum der vorliegenden Arbeit eingegrenzt. Hierzu wurden die für die Aufgabenstellung relevanten Begriffe PRODUKTINNOVATION, INNOVATIONSPROZEß, INTERAKTION, F&E sowie MARKETING definiert, in ihr Umfeld

---

[1] Das Kano-Modell wurde benannt nach NORIAKI KANO, einem japanischen Professor und Unternehmensberater [vgl. KANO95; KANO84].

eingeordnet und Grundlagen dieser Themengebiete behandelt. Der damit eingegrenzte Untersuchungsbereich der vorliegenden Arbeit bezieht sich auf die Interaktion von F&E und Marketing in den frühen Phasen des Innovationsprozesses.

Im zweiten Teil des Kapitels wurden für diesen Untersuchungsbereich relevante Forschungsarbeiten analysiert. Dabei konnte festgestellt werden, daß in der ingenieur- und wirtschaftswissenschaftlichen Literatur eine große Anzahl von Modellen, Konzepten und Ansätzen existiert, welche Erkenntnisse und Lösungen im definierten Untersuchungsbereich liefern. Jedoch wurde durch die Diskussion deutlich, daß in den Beiträgen jeweils nur einzelne Felder des Themenbereiches bearbeitet wurden. Darüber hinaus fehlen sowohl Lösungsansätze für eine durchgängige operative Integration der Aufgaben von F&E und Marketing als auch Möglichkeiten der Überwachung der Planungsergebnisse in den frühen Phasen des Innovationsprozesses. Die Analyse und Diskussion bereits bestehender Methoden hat gezeigt, daß Teile dieser Ansätze für die methodische Unterstützung der Interaktion von F&E und Marketing adaptierbar sind.

Aus den dargelegten Defiziten und der in Kapitel 1 aufgezeigten Bedeutung von Produktinnovationen resultiert der Handlungsbedarf für ein durchgängiges und praxisorientiertes Interaktionsmodell. Dabei soll die Interaktion von F&E und Marketing für die systematische Planung und Überwachung von Produktinnovationen in den frühen Phasen des Innovationsprozesses methodisch unterstützt werden. Mit der Analyse des Entdeckungs- und Begründungszusammenhangs in Kapitel 2 und den in Kapitel 1 empirisch induktiv aus dem Anwendungszusammenhang ermittelten Erkenntnissen kann hierauf aufbauend entsprechend der einleitend gewählten Forschungsstrategie im nächsten Kapitel die Methodik konzipiert werden.

3 KONZEPTION DER METHODIK

Nachdem der Untersuchungsbereich zu Beginn des Kapitels 2 der vorliegenden Arbeit auf Basis der grundlegenden Begriffe und Zusammenhänge analysiert und eingegrenzt wurde, erfolgte eine kritische Diskussion der für die Thematik relevanten Ansätze. Aus den Defiziten dieser Ansätze wurde im letzten Teil des zweiten Kapitels der Handlungs- und Forschungsbedarf für eine Methodik zur Steuerung der Interaktion zwischen F&E und Marketing in den frühen Phasen des Innovationsprozesses abgeleitet. Im folgenden Kapitel wird ein Grundkonzept für eine solche Methodik erarbeitet. Der Konzeptionsprozeß ist in Bild 3.1 dargelegt.

3.1	Voraussetzungen für die Methodikanwendung		
3.1.1 Zielsystem der Methodik	**3.1.2** Inhaltliche Anforderungen	**3.1.3** Formale Anforderungen	
3.2	Modellsystem der Methodik		
3.2.1 Aspekte von Regelkreisen	**3.2.2** Aspekte der Systemtheorie	**3.2.3** Aspekte der Modelltheorie	**3.2.4** Aspekte der Kommunikation
3.3	Modellierung der Aufbaustruktur		
3.3.1 Aufbaustruktur der Methodik	**3.3.2** Aufbau der einzelnen Modelle		
3.4	Modellierung der Ablaufstruktur		
3.4.1 Ablaufstruktur der Methodik	**3.4.2** Auswahl der Modellierungssprache		
3.5	Grundkonzept der Methodik		

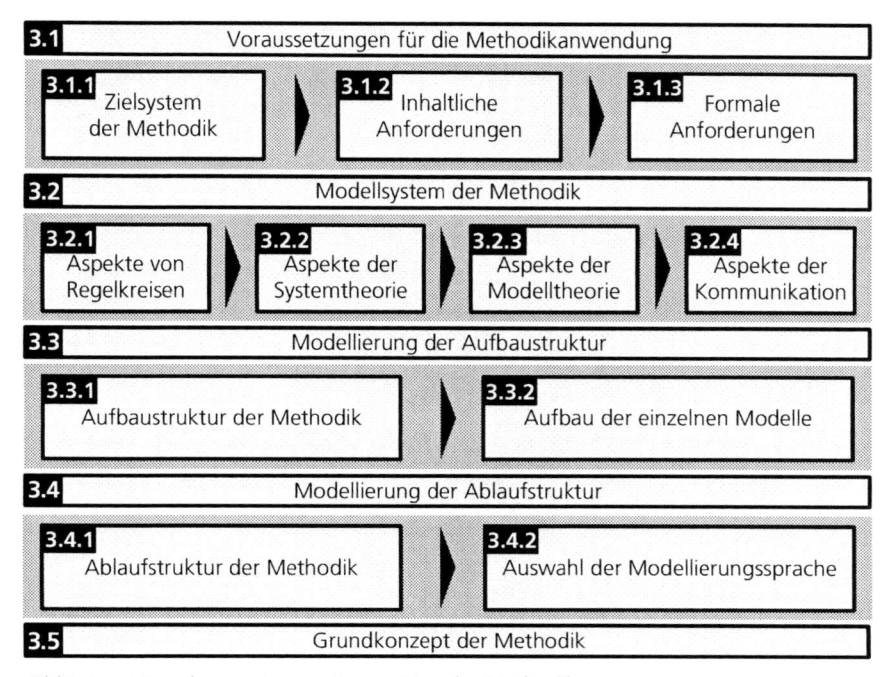

Bild 3.1: Vorgehensweise zur Konzeption der Methodik

Zunächst werden die Voraussetzungen für die Methodikanwendung auf Basis der Erkenntnisse aus den vorhergehenden Kapiteln abgeleitet. Nach einer Analyse des Modellsystems werden die Aufbau- sowie die Ablaufstruktur der Methodik modelliert. Anschließend wird eine Modellierungssprache ausgewählt. Somit ist die Basis für die Detaillierung der Methodik in Kapitel 4 gelegt.

3.1 Voraussetzungen für die Methodikanwendung

Zur systematischen Konzeption der Methodik ist es erforderlich, ein forschungsleitendes und für die komplexe Themenstellung hinreichendes Anforderungsprofil zu erstellen. Zu diesem Zweck wird zunächst ein Zielsystem definiert, auf dessen Basis anschließend die inhaltlichen und die formalen Anforderungen sowohl analytisch deduktiv aus den Spezifika von Planungsobjekt und –prozeß als auch empirisch induktiv aus der industriellen Praxis abgeleitet werden.

3.1.1 Zielsystem der Methodik

Zur Definition des Zielsystems der Methodik wird eine kombinierte deduktiv-induktive Vorgehensweise nach G. PATZAK angewandt [vgl. PATZ82, S. 171]. Dabei sind Ziele angestrebte Handlungsergebnisse im Endzustand, deren Beziehung durch Zielsysteme in Form einer Zielhierarchie sowie unter Umständen als zeitliche Folge von Teilzielen dargestellt werden können [vgl. PATZ82, S. 31; BRUN91, S. 41]. Für eine systematische Zieldefinition muß das Oberziel des Systems in Unterziele operationalisiert werden [vgl. WOEH96, S. 126].

Ziel dieser Arbeit ist die Entwicklung einer Methodik, mit deren Hilfe die Interaktion zwischen F&E und Marketing in den frühen Phasen des Innovationsprozesses unterstützt wird (vgl. Kapitel 1). Existierende Instrumente und Methoden zur Unterstützung der Produktentwicklung (vgl. Kapitel 2.3) werden berücksichtigt, sofern sie für den hier dargestellten Betrachtungsbereich von Bedeutung sind.

Mit der Methodik werden zwei Teilziele verfolgt: Erstens die ZIELGERICHTETE INFORMATIONSBEREITSTELLUNG UND –GEWINNUNG zwischen den und innerhalb der beiden Funktionsbereiche F&E und Marketing entlang des Innovationsprozesses; zweitens die STEUERUNG UND KONTROLLE sowohl der angestrebten Ergebnisse des Innovationsprozesses als auch der Interaktion der beiden Funktionsbereiche. Beide Teilziele dienen der Steigerung von Effektivität und Effizienz. Dabei wird die Effizienzsteigerung insbesondere durch die erhöhte Transparenz und durch die Wiederverwendung von bereits akquirierten Informationen unterstützt, damit Doppel- und Fehlentwicklungen vermieden bzw. rechtzeitig abgebrochen werden. Darüber hinaus wird durch eine wirksame Steuerung und Kontrolle des Innovationsprozesses die Effektivitätssteigerung unterstützt.

Den Schwerpunkt dieser Arbeit bildet die Ausgestaltung der Arbeitsschritte innerhalb des Methodensystems, die im Anwendungsfall zur Verbesserung der Zusammenarbeit von F&E und Marketing und damit zur Synchronisation und Verknüpfung von Markt- und Technologiesicht genutzt werden sollen.

3.1.2 Inhaltliche Anforderungen an die Methodik

Vor dem Hintergrund der einleitend formulierten Zielsetzung, eine Unterstützung für die Planung technologischer Produktinnovationen basierend auf der Interaktion von F&E und Marketing zu bieten, werden im folgenden die inhaltlichen Anforderungen abgeleitet.

Produktinnovationen sind ein wesentlicher Bestandteil erfolgreicher Unternehmensstrategien, da sie ein zentrales Mittel zur Realisierung von Umsatzwachstum darstellen [vgl. WARN97, S. 3]. Zwar verfügen Unternehmen oftmals über eine hohe Anzahl dieser meist zufällig entstandenen Produktideen [vgl. ALBE91, S. 47], der Anteil der brauchbaren Ideen ist dabei aber äußerst gering [vgl. DROE99].

Ebenso intuitiv wie die Ideenentstehung ist auch die Beurteilung und Auswahl von Innovationsideen [vgl. MP99]. Dabei ist die grundsätzliche Gefahr gegeben, bestehende technologische Lösungen als höherwertig einzustufen, weil die Kenntnisse über neue Technologien noch zu gering sind [vgl. LENK94, S. 27]. Denn je einfacher es ist, sich etwas vorzustellen, d. h. je verfügbarer die Informationen zu bestimmten Alternativen sind, desto wahrscheinlicher werden entsprechende Alternativen positiv bewertet [vgl. TVER86, S. 4 ff.]. In der Praxis führt das dazu, daß bevorzugt Alternativen mit augenscheinlich hoher Informationsverfügbarkeit weiterverfolgt werden, statt für möglicherweise geeignetere Alternativen weitere Informationen zu beschaffen [vgl. DYCK98, S. 56 f.; EISE99, S. 74]. Eine ungleichmäßige Verteilung von Informationen kann somit zu subjektiven und damit objektiv gesehen zu abweichenden Beurteilungen von Handlungsalternativen führen, und zwar selbst dann, wenn rationale Entscheidungsmodelle unterstellt werden [vgl. SEID96, S. 26]. Zwingende Voraussetzung für zweckrationale Entscheidungen, wie sie bei der Produktinnovation getroffen werden müssen, ist somit eine plausible Zukunftsprognose [vgl. SEID96, S. 26]. In dieser notwendigen Langfristprognose von Markt- und Technologieentwicklungen und den damit verbundenen Anforderungen sowie der Auswahl entsprechender Produktinnovationsideen liegt also ein Schlüsselproblem. Die zu entwickelnde Methodik muß demnach eine markt- und technologieentwicklungsbasierte Kontrolle und Auswahl der entwickelten Innovationsideen beinhalten.

Desweiteren müssen bei technologischen Produktinnovationen sowohl markt- als auch technologieseitige Einflußfaktoren und Entwicklungspotentiale vor dem Hintergrund unternehmerischer Teilziele berücksichtigt werden. Dementsprechend ist eine Produktinnovation keine Entscheidung im Sinne der klassischen Betriebswirtschaftslehre, wo Alternativen bestimmt, Merkmale festgestellt und nach Zielen bewertet werden können. Das zu entscheidende System ist komplex und dynamisch [vgl. TROM99, S. 28]. Um der Komplexität und Dynamik begegnen sowie markt- und technologierelevante Aspekte berücksichtigen zu können, ist ein informatorischer Austausch zwischen den am Entwicklungsprozeß Beteiligten als auch eine Abstimmung der jeweiligen Aktivitäten notwendig. Entsprechend muß die Methodik eine Koordination der einzelnen Aktivitäten beinhalten.

Folglich unterliegen sowohl Planungsobjekt als auch Planungsprozeß vielfältigen Unsicherheiten, die insbesondere auf Innovationshöhe, Produktkomplexität und Umfelddynamik zurückzuführen sind [vgl. DESC96, S. 66 f.; UTTE94, S. 91 ff.; CLAR92, S. 20 ff.]. Es gilt im Rahmen einer strategiebestimmten Produktinnovationsplanung, vor allem die latenten und zukünftigen Kunden- bzw. Marktanforderungen zu erkennen, sowohl markt- als auch technologieseitige Einflußfaktoren und Entwicklungspotentiale gleichermaßen zu berücksichtigen [vgl. KLEI96, S. 109] und die Entwicklungsaktivitäten entsprechend darauf abzustimmen. Jedoch zeigt dabei die derzeitige Planungspraxis erhebliche Hemmnisse in den frühen Phasen des Innovationsprozesses, die für den Erfolg von Produktinnovationen von entscheidender Bedeutung sind [vgl. GAUS97, S. 6; LINU97, S. 178]. Diese Schwierigkeiten sind insbesondere auf erhebliche methodische Defizite zurückzuführen [vgl. AWK99, S. 99 ff.; AGAM98; FHG98; NIGG97; COLL95]. Dementsprechend muß eine die frühen Phasen des Innovationsprozesses umfassende, systematische Methodik entwickelt werden.

Ein ganzheitlicher, strategischer Ansatz des Innovationsmanagement muß daher explizit folgende Aspekte miteinander verknüpfen:

- ANFORDERUNGSBASIERTE KONTROLLE UND AUSWAHL VON INNOVATIONSIDEEN
Der Innovationsprozeß soll vor dem Hintergrund der Umweltdynamik gesteuert werden. D.h. durch die notwendige Langfristprognose von Markt- und Technologieentwicklungen soll die Methodik eine regelmäßige und damit aktuelle Bestandsaufnahme der Anforderungen ermöglichen, anhand derer die bisher gewonnenen Erkenntnisse im Innovationsprozeß überprüft werden können.

- INFORMATIONS- UND KOMMUNIKATIONSBASIERTE KOORDINATION DER AKTIVITÄTEN VON F&E UND MARKETING
Für eine erfolgversprechende Produktinnovation müssen markt- sowie technologieseitige Einflußfaktoren und Entwicklungspotentiale erkannt und entsprechende technologie- sowie marktrelevante Aspekte integriert werden. Somit soll durch die Methodik der Informationsaustausch über Ergebnisse der Produktinnovations- bzw. Technologieentwicklungsaktivitäten sowie über Erkenntnisse von Umfeld- und Marktanforderungen gefördert und eine Abstimmung aufeinander ermöglicht werden.

- SYSTEMATISCHER METHODENEINSATZ ZUR UNTERSTÜTZUNG DES GESAMTEN PLANUNGSPROZESSES
Durch die Nutzung vorhandener bzw. Entwicklung neuer Methoden sollen sowohl die Generierung von Produktideen als auch die Abstimmung von markt- und technologieseitigen Aktivitäten unterstützt werden. Die Methodik soll modular aufge-

baut sein, die isolierte Nutzung bestimmter Bausteine ermöglichen sowie den Einstieg bei unterschiedlichen Methodenschritten erlauben.

3.1.3 FORMALE ANFORDERUNGEN AN DIE METHODIK

Die bisher vorgestellten inhaltlichen Anforderungen beschreiben die angestrebte Leistungsfähigkeit der Methodik. Daneben müssen zur Gewährleistung einer strukturierten und systematischen Konzeption auch formale Anforderungen berücksichtigt werden (vgl. Bild 3.2). Dabei werden für die Modellierung der Methodik die Anforderungen in Anlehnung an die von G. PATZAK geforderte Wirksamkeit von Modellen abgeleitet [vgl. PATZ82, S. 309 f.].

FORMALE UND EMPIRISCHE RICHTIGKEIT sind systemische Grundanforderungen. Die Bedingungen für die formale Richtigkeit sind Ordnung und Konsistenz. Darunter wird verstanden, daß die Beziehungen zwischen den einzelnen Elementen des Modells sowie zwischen den hinterlegten Informationen klar geregelt sind, keine Widersprüche aufweisen und die Modellaussagen reproduzierbar und damit nachprüfbar sind [vgl. PATZ82, S. 310]. Empirisch richtig bedeutet, daß das Systemverhalten mit der Realität hinsichtlich Systemstruktur und -elementen möglichst gut übereinstimmt [vgl. PATZ82, S. 310].

Die Forderung nach VOLLSTÄNDIGKEIT UND TRANSPARENZ gewährleistet, daß bei der Modellentwicklung keine wesentlichen Punkte unberücksichtigt bleiben, die zu falschen Prioritäten oder verdeckten Konflikten führen könnten [vgl. SCIE98, S. 76]. Darüber hinaus wird durch die Vollständigkeit und die Transparenz sichergestellt, daß alle Informationen und Werkzeuge zur Verfügung stehen oder beschafft bzw. ermittelt werden, um ein Projekt bzw. eine Aufgabe gänzlich bearbeiten zu können. Hierzu ist neben einer durchgängigen vollständigen Methodik auch eine durchgängige und adäquate Datenstrukturierung und -dokumentation vorzusehen, die eine gute Nachvollziehbarkeit und Auffindbarkeit im Sinne der Transparenz ermöglicht. Darüber hinaus kann eine fehlende Dokumentation zu einem schleichenden Informationsverlust führen[1].

Zentrale Nutzungsvoraussetzung ist eine gute HANDHABBARKEIT DER METHODIK [vgl. PATZ82, S. 309]. Ein standardisiertes Vorgehen erhöht zwar die Akzeptanz, sollte jedoch in Anbetracht der spezifischen Anforderungen bei Innovationsvorhaben insbesondere den notwendigen Freiraum für Kreativität gewährleisten. Darüber hinaus finden Produktinnovationen meist in einem dynamischen Umfeld statt, so daß eine Tendenz, Optionen offen zu halten, zu erkennen ist [vgl. HABE99, S. 230 ff.]. Dementsprechend ist die ERWEITERBARKEIT der Methodik notwendig, um ggf. Veränderungen erfassen sowie situative Anpassungen und Ergänzungen von Methoden vornehmen zu können. Für die

---

[1] Nicht alle Ansätze können parallel verfolgt werden. Die „Speicherung" von kreativen Ideen ist dadurch von hoher Bedeutung, denn werden bspw. Ideen nicht vollständig dokumentiert, geraten möglicherweise zu einem späteren Zeitpunkt wichtige Ansätze in Vergessenheit.

Konzeption der Methodik

Unterstützung der Umsetzbarkeit der Methodik in die betriebliche Praxis ist eine Umsetzungsplanung in die Methodik notwendig, um ein systematisches, zuverlässiges und damit gleichzeitig effizientes Arbeiten zu ermöglichen.

Inhaltliche Anforderungen

Systematischer Methodeneinsatz	Informations- und kommunikationsbasierte Koordination	Anforderungsbasierte Kontrolle und Auswahl
Formale und empirische Richtigkeit	Vollständigkeit und Transparenz	Handhabbarkeit und Erweiterbarkeit

Formale Anforderungen

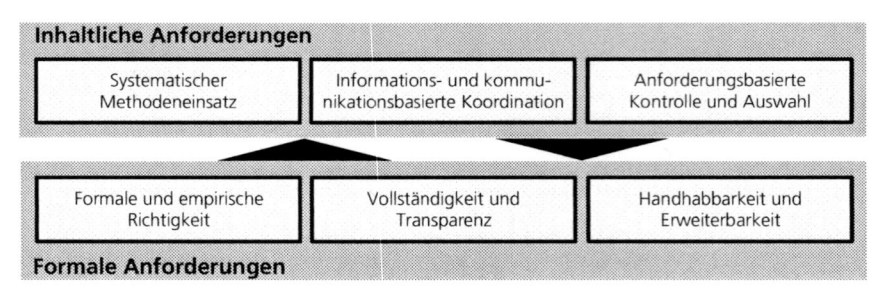

Bild 3.2: *Anforderungen an eine Methodik zur Interaktion von F&E und Marketing*

3.2 MODELLSYSTEM DER METHODIK

Auf Grundlage der Anforderungen wird die Struktur die Methodik nun allgemeingültig abgeleitet, da sie nicht auf Sonderfälle beschränkt sein darf. Dabei ist zu beachten, daß der Innovationsprozeß komplexe und vielschichtige Aufgaben beinhaltet. Für die systematische und erfolgreiche Bearbeitung solcher Aufgaben sind allgemeine Konzepte wie Regelkreisansätze, die Systemtechnik und die Modelltheorie entwickelt worden, die durch Anpassung und Interpretation für die spezifischen Anforderungen der vorliegenden Arbeit genutzt werden können. Darüber hinaus sind in der Kommunikationstheorie Ansätze zu finden, die für die Gestaltung der interaktiven Bearbeitung der Aufgaben im Innovationsprozeß genutzt werden können. Zum besseren Verständnis werden daher zunächst grundlegende Aspekte von Regelkreisansätzen, Systemtechnik und Modelltheorie sowie Kommunikationsmodellierung erläutert.

3.2.1 ASPEKTE VON REGELKREISANSÄTZEN

Wesentliches Merkmal von Innovationen ist ihre Neuheit[1] (vgl. Kapitel 2.1.1). Daraus resultieren insbesondere in den frühen Phasen des Innovationsprozesses sowohl Unschärfe- als auch Unsicherheitsprobleme. Diese werden durch die zunehmende Dynamik der Umwelt, die wachsende Geschwindigkeit von Entwicklungsprozessen und die stetige Verkürzung von Produktlebenszyklen intensiviert [vgl. z.B. SCMA86, S. 6 ff.; BOUT97, S. 16; SCRO96, S. 490]. Folglich müssen auch die auf die Produktentwicklung bezogenen Aktivitäten verstärkt einer übergreifenden zukunftsorientierten Steuerung und Kon-

---

[1] Zu den Merkmalen von Innovationen vgl. N. THOM [THOM80] und H. SABISCH [SABI91].

trolle unterliegen, welche die dynamischen Randbedingungen berücksichtigen [vgl. GAUS97, S. 4 ff.; GAIS93, S. 2; HORV92, S. 4; STIP99, S. 1].

Als Grundlage dieser Steuerung und Kontrolle eignet sich das Modell des technischen Regelkreises [vgl. DIN94]. Innerhalb dieses Modells stellt die durch Störgrößen beeinflußte Regelstrecke einen Prozeß dar, dessen Ergebnis durch die Regelgröße gemessen wird. Der gewünschte Ergebniswert wird durch die Sollgröße vorgegeben. Werden durch einen Vergleich zwischen Regelgröße und Sollgröße Abweichungen ermittelt, wird durch den Regler eine Stellgröße bestimmt. Diese Stellgröße beeinflußt die Regelgröße im Sinne einer Anpassung an die Sollgröße.

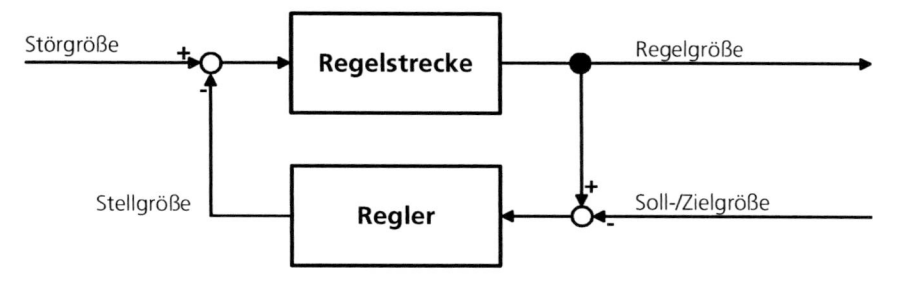

Bild 3.3: Modell des technischen Regelkreises

Dieses Modell des technischen Regelkreises läßt sich auf die frühen Phasen der Produktentwicklung übertragen (vgl. Bild 3.3). Die angestrebte Produktinnovation bildet die Regelgröße, die anhand der Ziele ausgewählt wird. Aus der Abweichung von Ist- und Sollwerten dieser Größe werden durch den Regler Maßnahmen als Stellgrößen abgeleitet. Die Regelstrecke bilden alle Aktivitäten und Tätigkeiten im Innovationsprozeß. Auf diesen wirken Störgrößen wie beispielsweise veränderte Umweltbedingungen. In Anlehnung an das kybernetische Grundmodell der zweckrationalen Handlung nach G. PATZAK ist die Aufgabe des Reglers dabei die Überwachung und Steuerung sowohl der Planung als auch der Durchführung der Tätigkeiten im Innovationsprozeß [vgl. PATZ82, S. 86 f.]. Das Modell des technischen Regelkreises eignet sich demnach als Grundlage für eine Konzeption eines Regelungsmodells zur Steuerung des Innovationsprozesses.

3.2.2 Systemtechnische Aspekte

Für die Gestaltung der Interaktion zwischen F&E und Marketing in den frühen Phasen des Innovationsprozesses wird zum einen ein methodisches Vorgehen als organisatorischer Rahmenprozeß benötigt. Zum anderen ist die Integration bestehender innovationsspezifischer Komponenten (Fachwissen, Methoden, Instrumente, Informationen) erforderlich. Die Systemtechnik eignet sich hierfür, denn „die Systemtechnik stellt eine gemeinsame formale Sprache bereit, die es gestattet, ingenieurmäßige Methoden auf Nachbargebiete und umgekehrt zu übertragen und legt somit tragfähige Grundlagen für interdisziplinäre Problemlösungen. Das Hauptanliegen der Systemtechnik ist es, Entwicklungsvorhaben zur Realisierung und zum erfolgreichen Betrieb zu bringen" [vgl. BRUN91, S. 1]. Folglich wird systemorientiertes Denken meist dann angewandt, wenn komplexe Erscheinungen, die als System bezeichnet und verstanden werden können, analysiert und gestaltet werden sollen [vgl. HABE99, S. 25].

Der Begriff SYSTEM wird etymologisch von dem griechischen Wort SYSTEMA abgeleitet und beinhaltet „das aus mehreren Teilen zusammengesetzte und geordnete Ganze" [vgl. BRUN91, S. 2]. In der Systemtechnik wird unter einem SYSTEM eine geordnete Gesamtheit von Elementen verstanden, zwischen denen Beziehungen (Relationen) bestehen oder hergestellt werden können [vgl. BRUN91, S. 31; ULRH68, S. 105]. Ein Element eines Systems kann seinerseits als Untersystem betrachtet werden, indem es durch weitere Elemente auf einer untergeordneten Ebene detailliert wird. Umgekehrt wird von einem Übersystem gesprochen, wenn mehrere Systeme zu einem zusammengefaßt werden [vgl. HABE99, S. 7 f.]. Ein System liegt dann vor, wenn ein Übergewicht der inneren Bindung vorliegt, d.h. wenn innerhalb einer Gesamtheit von Elementen ein größeres Maß von Interaktion oder Beziehungen besteht als nach außen [vgl. HABE99, S. 6].

Ein System wird durch die Systemgrenze von seinem Umfeld abgegrenzt. Findet kein materieller, energetischer oder informatorischer Austausch über die Systemgrenzen hinaus statt, handelt es sich um ein geschlossenes System. Offene Systeme sind durch eben diesen Austausch gekennzeichnet, wobei vom Umfeld nur der Teil betrachtungsrelevant ist, der das definierte System beeinflußt [vgl. BRUN91, S. 43; HABE99, S. 6; PATZ82, S. 20]. Es können die vier wesensmäßig abgrenzbaren Systemtypen der Ziel-, Methoden- sowie Wirk- und Objektsysteme unterschieden und zur Darstellung des Originalsystems genutzt werden [vgl. BRUN91, S. 41; PATZ82, S. 30]:

- ZIELSYSTEME
  Abstrakte Systeme, die das angestrebte Ziel eines Entwicklungsvorgangs, d. h. das Handlungsergebnis als Endzustand darstellen, z. B. in Form einer Hierarchie und/oder zeitlichen Folge von Teilzielen.

- METHODENSYSTEME
  Abstrakte Systeme, die Aufschluß darüber geben, mit welchen Schritten bzw. Aktivitäten ein vorgegebenes Ziel erreicht wird, bspw. in Form von Projekten, Programmen oder Vorhabensplänen.

- WIRKSYSTEME
  Konkrete Systeme, die als Träger der Handlungen bzw. Aktivitäten notwendig sind, um ein vorgegebenes Ziel zu erreichen (z. B. Menschen, Organisationen, Sachmittel).

- OBJEKTSYSTEME
  Konkrete oder abstrakte Systeme, die den Einwirkungs- oder Arbeitsgegenstand darstellen (z. B. Produkt, Leistung, Ergebnis etc.).

Übertragen auf den vorliegenden Betrachtungsbereich wird das ZIELSYSTEM aus den unternehmerischen Gesamtzielen abgeleitet. Es entspricht dem zu entwickelnden Interaktionsplan während der frühen Phasen des Innovationsprozesses mit definierten Zwischenzielen auf dem Weg dorthin. Dabei wird die Entwicklung des Interaktionsplans durch die Beschreibung der frühen Phasen des Innovationsprozesses im METHODENSYSTEM unterstützt, wobei sowohl die Schritte als auch die Instrumente und Methoden zur Zielerreichung abgebildet werden. Das WIRKSYSTEM wird beschrieben durch die Organisation, in die der Innovationsprozeß eingebettet ist, und das interdisziplinäre Team, das innerhalb des Innovationsprozesses operativ zusammenarbeitet und vorrangig aus Mitarbeitern von F&E und Marketing besteht. Das OBJEKTSYSTEM wird durch die technologischen Produktinnovationen darstellt.

3.2.3 ASPEKTE DER MODELLTHEORIE

In Kapitel 1.3 wurde hergeleitet, daß aus wissenschaftstheoretischer Sicht die zu entwickelnde Methodik zur Interaktion zwischen F&E und Marketing in den frühen Phasen des Innovationsprozesses den Realwissenschaften zuzuordnen ist. Diese haben die Beschreibung, Erklärung und Gestaltung wahrnehmbarer Wirklichkeitsausschnitte zur Aufgabe [vgl. ULRP76, S. 305]. Zur Abbildung solcher Ausschnitte eines realen Systems werden Modelle herangezogen bzw. erstellt. Nach G. PATZAK und H. STACHOWIAK wird dabei unter einem Modell die strukturgleiche, aber vereinfachende Abbildung eines bestimmten Ausschnittes der Realität oder eines realen Systems verstanden [vgl. PATZ82, S. 306; STAC73, S. 131].

Die Funktion der Modellbildung ist demnach die Vereinfachung komplexer Zusammenhänge der Wirklichkeit, um am Modell Erkenntnisse von Grundzusammenhängen und Prozessen zu erlangen und so Rückschlüsse für die Gestaltung der Realität ziehen zu können [vgl. HEIN91, S. 6; STAC73, S. 131; WOEH00, S. 39 f.]. In der Literatur sind unterschiedliche Vorschläge zur Kategorisierung von Modellen zu finden [vgl. PATZ82, S. 311 ff.; ULRP76, S. 349; WOEH00, S. 39 f.]. G. PATZAK schlägt die Unterscheidung nach ihrem Verwendungszeck vor [vgl. PATZ82, S. 313 f.], die auch bei der Konzeption der Methodik berücksichtigt wird:

- BESCHREIBUNGSMODELLE (deskriptive Modelle: „Was ist?")
  Mittels dieser Modelle werden empirische Erscheinungen abgebildet, ohne daß sie dabei analysiert oder erklärt werden.
- ERKLÄRUNGSMODELLE (explikative Modelle: „Warum ist etwas so?")
  In diesen Modellen werden Hypothesen über Wirkzusammenhänge und Gesetzmäßigkeiten aufgestellt.

Konzeption der Methodik

- VORHERSAGEMODELLE (prognostische Modelle: „Wie wird etwas sein?")
  Sie dienen dazu, Erklärungen in Voraussagen umzuformulieren.[1]
- ENTSCHEIDUNGSMODELLE (präskriptiv-normative Modelle: „Was soll sein?")
  Mit ihrer Hilfe werden Handlungsalternativen unter Berücksichtigung von Zielsetzung und Rahmenbedingungen abgeleitet, d. h. die in Erklärungs- und Vorhersagemodellen gewonnenen Erkenntnisse auf einen praktischen Anwendungsbereich übertragen.

Jedes Modell stellt einen Realitätsausschnitt dar und kann somit auch nur Teilaspekte einer Problemlösung behandeln. Daher ist es notwendig, daß zum einen Modelle im Hinblick auf die Situation und die Problemstellung genügend aussagefähig sind und zum anderen die einzelnen Modelle in einen problemlösungsorientierten Zusammenhang gebracht werden [vgl. HABE99, S. 10]. Durch die Verknüpfung der einzelnen Modelle in einem geeigneten Makrozyklus und die systemhierarchische Konzeption des Systems kann dieser Forderung Rechnung getragen werden.

Für die Modellierung der Aufbaustruktur eines Interaktionsplanes zwischen F&E und Marketing ist es notwendig, zunächst die Informationen über die momentane Beschaffenheit des Systems zu gewinnen sowie Wirkzusammenhänge zwischen den Modellelementen zu analysieren und abzubilden. Darüber hinaus sind im Sinne der Interaktion im Innovationsprozeß Handlungen innerhalb eines praktischen Anwendungsbereichs abzuleiten und darzustellen. Dementsprechend werden bei der Konzeption der Aufbaustruktur eines Interaktionsmodells insbesondere das Beschreibungsmodell, das Erklärungsmodell und das Entscheidungsmodell genutzt.

3.2.4 ASPEKTE DER KOMMUNIKATIONSTHEORIE

Für eine systematische Abstimmung der Aufgaben zwischen F&E und Marketing müssen relevante Informationen ausgetauscht werden. Für diesen Austausch ist Kommunikation notwendig. Dabei wird unter Kommunikation allgemein der zwischenmenschliche Austausch von Informationen mit Hilfe von Symbolen, d.h. mit Hilfe von sprachlichen und/oder nicht-sprachlichen Mitteln, verstanden. Dieser Austausch ist absichtsgelenkt und zielgerichtet und wirkt verändernd auf das Bewußtsein der Kommunizierenden [vgl. BROAb96, S. 226]. In der Semiotik wird Kommunikation als ein Zeichenprozeß verstanden, der nur durch Zeichen und Zeichensysteme (Code) ermöglicht wird [vgl. TRAB96, S. 16 ff.]. In der Pragmatik hingegen wird Kommunikation als eine bestimmte Form der Interaktion verstanden, in der insbesondere verbale Botschaften ausgetauscht werden [vgl. WATZ96, S. 22]. Für die Einbeziehung der Kommunikation in den Innovationsprozeß ist es notwendig, ein Modell mit prozessualem Charakter zu entwickeln. Diesbezüg-

---

[1] G. WÖHE zählt die Vorhersagemodelle zur Gruppe der Erklärungsmodelle im weiteren Sinne, mit deren Hilfe Erklärungen der Gegenwart in Voraussagen umformuliert werden [vgl. WOEH00, S. 39].

lich sind einige Modelle entwickelt worden, die viel stärker als die Semiotik und die Pragmatik den Prozeßcharakter der Kommunikation hervorheben, insbesondere die Interaktion der Beteiligten [vgl. WATZ96, S. 22].

Das älteste Kommunikationsmodell ist jenes von Aristoteles. Es stellt die Kommunikation als linearen Prozeß mit den drei Elementen Redner, Rede und Publikum dar [vgl. BUEH82, S. 52 f.]. Dieses Modell wurde in der linguistischen Kommunikationstheorie als Basis für das Grundmodell der Kommunikation verwendet (siehe Bild 3.4) [vgl. TRAB96, S. 79 f.].

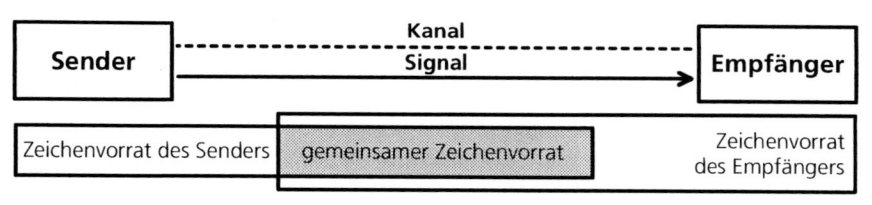

Sender	Kanal Signal	Empfänger
Zeichenvorrat des Senders	gemeinsamer Zeichenvorrat	Zeichenvorrat des Empfängers

Bild 3.4:   Das Grundmodell der Kommunikation

Auf diesem Modell aufbauend wurden weitere entwickelt[1]. Die bedeutendsten sind die von BÜHLER, von SHANNON UND WEAVER, von GERBNER und von OSGOOD UND SCHRAMM. Diese werden aufgrund ihres stark prozessualen Charakters im folgenden kurz erläutert.

Das ORGANONMODELL VON KARL BÜHLER entstand 1934 in drei aufeinander aufbauenden Stufen. Im Mittelpunkt seines fertigen Modells steht das Zeichen (Sprachzeichen), das von den drei Elementen Sender, Empfänger sowie Gegenstände und Sachverhalte umgeben ist [vgl. BUEH82, S. 24 ff.]. Für Bühler gibt es drei Dimensionen des sprachlichen Zeichens. Zum einen ist es ein Symbol und hat eine Darstellungsfunktion, in dem es als Sprachzeichen die Gegenstände und Sachverhalte, die in der Umwelt passieren, darstellt. Zum anderen ist es ein Symptom und hat eine Ausdrucksfunktion. Der Sender bringt nicht über eine Sache etwas zum Ausdruck, sondern auch seine innere Einstellung wird deutlich, je nachdem wie er etwas sagt. Darüber hinaus ist das Zeichen ein Signal und hat Appellfunktion, wodurch der Sender versucht, das äußere und das innere Verhalten des Empfängers zu steuern. Folglich wird Kommunikation über Zeichen realisiert, wobei die Sprache ein Organum mit den drei Funktionen der Darstellung, des Ausdrucks und des Appells ist. Dabei findet Kommunikation einerseits in einem realen und andererseits in einem imaginären Zeigefeld statt [vgl. BUEH99, S. 28 ff.].

Nach SHANNON und WEAVER ist die Kommunikation ein linearer Prozeß, in dessen Mittelpunkt das Signal steht. Das Prinzip dieses LINEAREN TRANSMISSIONSMODELLS[2] ist, daß jede

---

[1] Die Kommunikationstheorie ist eine sehr umfassende Wissenschaft. Für weitere Ausführungen sei auf die Literatur verwiesen [vgl. z.B. AUER99; HOFF96; TRAB96; WATZ96; COSE88; BUEH82; GREW79].

[2] Das LINEARE TRANSMISSIONSMODELL VON SHANNON & WEAVER entstand 1949 anfänglich als rein technisch orientiertes Modell mit dem Ziel, ein Modell für die optimale Kommunikation an die amerikanische Armee

menschliche Kommunikation eine Quelle hat. Diese Quelle ist der Sender, der seine Nachricht in Form eines Codes über einen Kanal weitergibt. Bei der Weitergabe können Störungen auftreten. Dies ist beispielsweise dann der Fall, wenn Sender und Empfänger nur einen kleinen gemeinsamen Zeichenvorrat haben. Hat die Nachricht den Kanal passiert, wird sie decodiert und gelangt zum Empfänger, wo sie dann auch ihr Ziel erreichen kann. Dabei handelt es sich um Appelle und Aufforderungen, oder der Empfänger reagiert auf die Nachricht und der Prozeß der Kommunikation beginnt von vorn [vgl. SHAN76, S. 16 ff.]. Durch dieses Modell wurde der Informationsfluß schematisch systematisiert. Das dargelegte Begriffsinstrumentarium hat sich im wissenschaftlichen Sprachgebrauch weitgehend durchgesetzt. Da das Modell sich vorrangig mit der exakten Übertragung von Nachrichten befaßt (syntaktische Kommunikationsebene[1]), jedoch jegliche Beziehung zwischen Sender, Empfänger, Nachricht, Inhalt und Kommunikationsumfeld vernachlässigt, können lediglich die Elemente des Modells in dieser Arbeit Verwendung finden[2] [vgl. PICO91, S. 254].

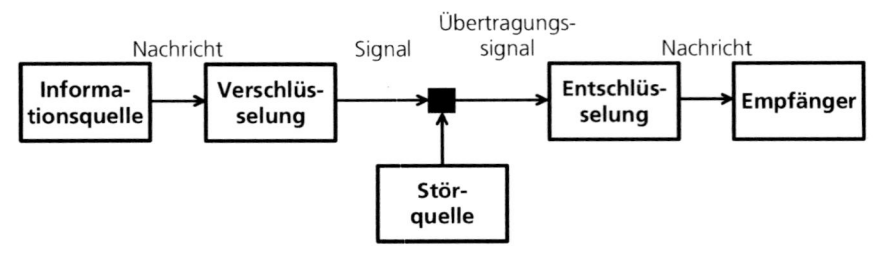

Bild 3.5: Das Transmissionsmodell von Shannon & Weaver

OSGOOD und SCHRAMM versuchen in ihrem CIRCULAR MODEL, das in ihren Augen größte Defizit der anderen Modelle zu beheben: die Linearität. Folglich liegt in ihrem Modell der Schwerpunkt auf dem zirkulären Charakter der Kommunikation, d.h. die Teilnehmer wechseln zwischen Quelle und Verschlüsselung sowie Empfänger und Entschlüsselung.

---

zu liefern. Durch eine Untersuchung der Bell Telekommunikationsgesellschaft sollten technische Störquellen in Kommunikationssystemen analysiert werden [vgl. SHAN76, S. 11].

[1] In der Informations- und Kommunikationstheorie werden fünf Ebenen unterschieden. Innerhalb der Statistik als unterste Ebene erfolgt lediglich eine quantitative Beschreibung einer Nachricht. Die Syntax beschreibt die zulässigen Bezeichnungen der Zeichen eines Sprachsystems untereinander und ist als Lehre vom Bau des Satzes zu verstehen. Die Semantik untersucht die inhaltliche Bedeutung, den Sinngehalt der Zeichen und knüpft an der Beziehung Zeichen/Bedeutung an. Die Pragmatik ist als Zeichenverwendungslehre aufzufassen, d.h. sie untersucht insbesondere die Wirkung der Informationen auf informationsverarbeitende Menschen und Maschinen und geht von der Beziehung Zeichen/Nutzer aus. Innerhalb der Apobetik wird die Zielvorstellung hinterfragt, die der Sender einer Information verfolgt. Die Fragestellung lautet also nicht mehr: „Was soll gemacht werden?" wie bei der Pragmatik, sondern: „Warum sendet der Sender diese Information?" [vgl. HILK95, S. 6 ff.; WILD71, S. 320; CHRI79, S. 19; HAXH69, Sp. 825 ff.].

[2] Trotz des rein nachrichtentechnischen Charakters wird das Modell immer wieder zur Analyse semantischer und pragmatischer Zusammenhänge der Kommunikation herangezogen [vgl. EURI95, S. 33].

Osgood und Schramm zielen darauf ab, daß Kommunikation nicht nur das Erhalten einer Nachricht ist, sondern auch die Interpretation der Botschaft beinhaltet. Dementsprechend wird innerhalb des Modells auch der Interpretationsprozeß abgebildet, der während der Entschlüsselung stattfindet [vgl. MCQU95; SCRA65, S. 8 ff.].

BERLOS SMCR-MODELL (Source-Message-Channel-Receiver) aus dem Jahr 1960 wird meist als ein praktisches Modell für die Organisation der Kommunikation verwendet. Berlo geht davon aus, daß es fünf Elemente innerhalb von Quelle und Empfänger gibt, die die Wiedergabe beeinflussen: kommunikative Fähigkeiten[1], Wissen, das jeweilige soziale System, die Kultur und die innere Einstellung. Darüber hinaus wird die zweiseitige Kommunikation betont und das Verhältnis zwischen Quelle und Empfänger als eine wichtige Variable im Kommunikationsprozeß hervorgehoben. So sind beispielsweise die kommunikativen Fähigkeiten der Quelle und des Empfängers für die Entschlüsselung der Information wichtig, da diese die größte Bedeutung für die Interpretation haben [vgl. BERL60].

Ähnlich wie die Modelle von Osgood und Schramm sowie von Berlo bezieht sich das GENERALMODELL von GERBNER auf die Dynamik der menschlichen Kommunikation [vgl. MCQU95]. In diesem Modell steht das Ereignis E am Anfang. Über dieses Ereignis wird ein mentales Bild aufgebaut. Dies bedeutet, daß nicht das Ereignis selbst vermittelt, sondern die Vorstellung darüber, die Interpretation des Ereignisses. In Bild 3.6 ist das Modell dargestellt.

Ereignis E	Selektion Zusammenhang Verfügbarkeit	**Empfänger M** **Interpretation E'**	Kanäle Medien Kontrolle	**Verbale Botschaft SE**
	Wahrnehmungs- dimension		*Bedeutungs- und Verständnisdimension*	

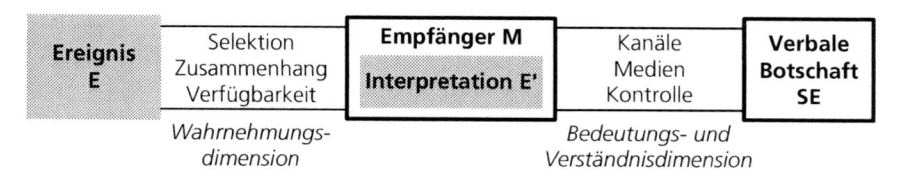

Bild 3.6: Das Generalmodell von Gerbner

E ist ein real stattfindendes Ereignis, das von M wahrgenommen wird. Der Sender E kommuniziert also mit M. M als Empfänger von E kann sich entscheiden, welchem der von E übertragenen Aspekten er die meiste Aufmerksamkeit schenkt und welchem weniger (SELECTION), wobei bei jeder Nachricht auch der Gesamtzusammenhang betrachtet werden muß (CONTEXT). Es wird dann von aktiver Interpretation gesprochen. Darüber hinaus ist zu beachten, wie viele Ereignisse vorliegen (AVAILABILITY). Je weniger Ereignisse vorliegen, desto mehr Aufmerksamkeit erhält jedes einzelne.

E' ist das Ereignis, wie es von M subjektiv wahrgenommen wird. In der menschlichen Kommunikation nimmt eine Person (= M) das Ereignis wahr. Im nächsten Schritt wird M

---

[1] Zu den kommunikativen Fähigkeiten gehören Sprechen, Schreiben, Lesen, Hören sowie das Ziehen von Schlußfolgerungen [vgl. BERL60].

die Quelle der Nachricht und gibt diese mit Inhalt und Bedeutung (SE) weiter. M benutzt dabei Kanäle, um die Nachricht zu senden und eine gewisse Kontrolle darüber zu haben. SE ist die Nachricht, so wie sie von M subjektiv verstanden wurde, wobei S das Signal und E den Inhalt darstellt. Diese Nachricht SE kann wiederum von M_2 wahrgenommen werden. Die Vorgehensweise ist dann die gleiche wie die eben beschriebene. Gerbners Modell befaßt sich also damit, ob die Nachricht SE so angekommen ist, wie sie bei E abgeschickt wurde. Abweichungen treten dann auf, wenn M eine zu große Wahl hat, Entscheidungen zu treffen [vgl. MCQU95].

ANALYSE DER MODELLE

Für die Entwicklung eines Kommunikationsmodells für den Austausch sowohl innerhalb als auch zwischen den Funktionsbereichen F&E und Marketing ist es notwenig, die für die Kommunikation im Innovationsprozeß relevanten Merkmale zu identifizieren und zu adaptieren. Werden hierzu die beschriebenen Modelle der Kommunikationstheorie analysiert, können die folgenden Merkmale, die die erläuterten Kommunikationsprozesse charakterisieren, identifiziert werden:

- die Verwendung der Kommunikationselemente Sender, Verschlüsselung, Nachricht, Kanal, Entschlüsselung und Empfänger;
- das Vorliegen eines einseitigen oder bilateralen Prozesses;
- die Berücksichtigung und Interpretation von Ereignissen;
- die Interpretation von Nachrichten;
- die Einbeziehung der verschiedenen Kommunikationsebenen Syntax, Semantik, Pragmatik und Apobetik[1].

Durch eine Einordnung der einzelnen Modelle auf Basis der identifizierten Merkmale in eine Matrix wird es möglich, einzelne Modellelemente zu identifizieren, durch die die Merkmale umgesetzt werden. Somit stellt diese Einordnung eine gute Basis für die Entwicklung eines Kommunikationsmodells dar (vgl. Kapitel 3.3.2.2). Dabei werden die jeweiligen für die Kommunikation im Innovationsprozeß relevanten Merkmale durch die Adaption der entsprechenden Elemente der beschriebenen Modelle realisiert. In Bild 3.7 ist diese Einordnung dargestellt.

---

[1] Die Kommunikationsebene der Statistik wird in diesem Zusammenhang nicht explizit berücksichtigt, da sie bei allen Modellen als Grundvoraussetzung angenommen wird.

Konzeption der Methodik

Merkmale \ Modelle	Organon-modell	Transmissions-modell	Circular Model	SMCR-Modell	General-modell	zu entwickelndes Modell
Kommunikationselemente		■	■	☐	☐	☐
bilateraler Prozeß	☐	☐	■	■	■	■
Interpretation von Ereignissen	☐				■	■
Interpretation von Nachrichten	■	☐	☐	■		■
Einbeziehung der verschiedenen Kommunikationsebenen			☐	■	■	■

Legende: ☐ teilweise berücksichtigt ■ berücksichtigt

Bild 3.7: Die Einordnung der Kommunikationsmodelle

3.3 MODELLIERUNG DER AUFBAUSTRUKTUR

Nachdem die Anforderungen an die Methodik feststehen und Aspekte der Regelkreisansätze, der Systemtechnik sowie der Modell- und Kommunikationstheorie erläutert wurden, wird im folgenden hierauf aufbauend die Struktur der Methodik modelliert. Dabei wird unter der Struktur die Menge und Art der Relationen verstanden, die zwischen den Elementen bzw. Subsystemen sinnvoll herstellbar sind [vgl. BRUN91, S. 46]. Es wird zwischen der Aufbau- und der Ablaufstruktur unterschieden [vgl. BRUN91, S. 42, S. 46; PATZ82, S. 40]. Innerhalb der Aufbaustruktur der Methodik wird das inhaltliche Gefüge der einzelnen Komponenten modelliert, während die Ablaufstruktur die Funktion der Methodik als Verknüpfung der enthaltenen Komponenten beschreibt.

3.3.1 AUFBAUSTRUKTUR DER METHODIK

Für eine klare Strukturierung der Methodikentwicklung werden die einzelnen Methodenelemente den Modellen der Modelltheorie zugeordnet. Die Zuordnung ist in Bild 3.8 dargestellt.

Die erste Basis der Methodik zur Interaktion zwischen F&E und Marketing bildet das VORGEHENSMODELL. Hier werden zum einen die frühen Phasen des Innovationsprozesses abgebildet. Zum anderen sind zur Steuerung und Überwachung des Innovationsprozesses Regelungselemente integriert. Somit beinhaltet das Vorgehensmodell sowohl das Er-

Konzeption der Methodik

klärungs- als auch das Entscheidungsmodell. Das Vorgehensmodell ist in zwei Teilmodelle untergliedert: das Prozeß- und das Regelungsmodell.

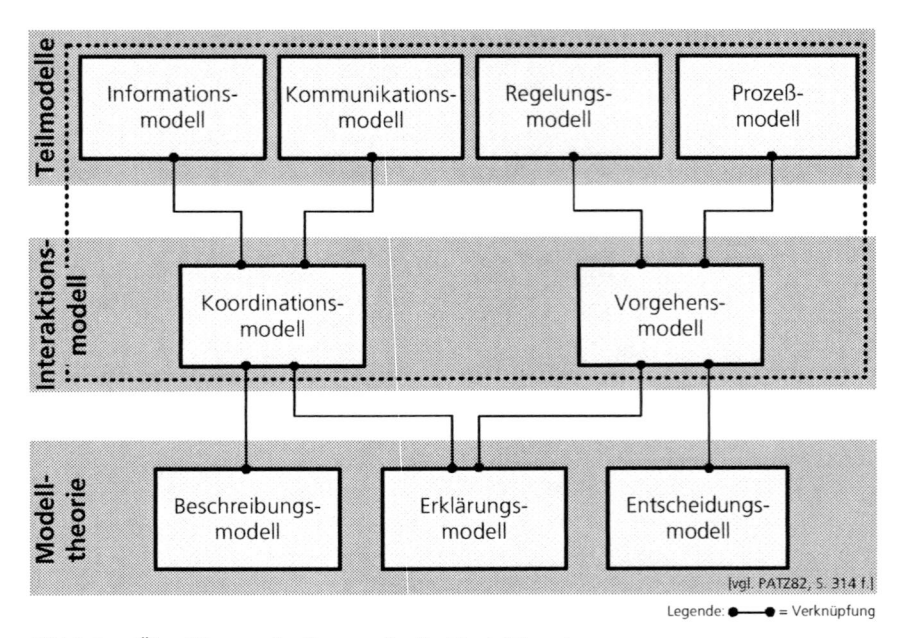

Bild 3.8: Überführung des Systems in die Modelltheorie

Das PROZEBMODELL bildet die einzelnen Schritte des Innovationsprozesses ab, der von der Zielbildung über die Ideenfindung und -detaillierung bis hin zur Umsetzungsplanung führt[1].

Zur Kontrolle des Innovationsprozesses dient das REGELUNGSMODELL. Hier werden die Schritte zur Steuerung und Überwachung von der Analyse bis zur Maßnahmenableitung ganzheitlich modelliert.

Die zweite Basis der Methodik bildet das KOORDINATIONSMODELL. Hier werden die Aufgaben der beiden Funktionsbereiche F&E und Marketing aufeinander abgestimmt. Dabei dient der Austausch von aufgabenbezogenen Informationen durch Kommunikation der Koordination der Aktivitäten im Innovationsprozeß. Dementsprechend beinhaltet das Koordinationsmodell sowohl das Beschreibungs- als auch das Entscheidungsmodell aus der Modelltheorie (vgl. Kapitel 3.2.3). Das Koordinationsmodell ist ähnlich wie das Vor-

---

[1] Das Prozeßmodell ist eng angelehnt an das Vorgehensmodell von F. BRANDENBURG, der die einzelnen Schritte des Innovationsprozesses eingehend erläutert [vgl. BRAF01, S. 50 ff.].

Konzeption der Methodik

gehensmodell in zwei weitere Modelle untergliedert: das Informations- und das Kommunikationsmodell.

Im INFORMATIONSMODELL werden die planungs- und entscheidungsrelevanten Informationen bezüglich Produktideen und Innovationsprojekten strukturiert und im Sinne einer Wissensbasis bereitgestellt. Dabei ist die einfache und offene Gestaltung von grundlegender Bedeutung. Zum einen wird so eine Erweiterung um zusätzliche Aspekte gewährleistet; zum anderen wird eine funktionsübergreifende Informationsbereitstellung ermöglicht.

Der Austausch von Informationen sowohl innerhalb als auch zwischen den Funktionsbereichen wird im KOMMUNIKATIONSMODELL beschrieben. Abhängig von der jeweiligen Phase des Innovationsprozesses werden dabei situationsspezifisch geeignete Kommunikationskanäle geschaffen.

Das INTERAKTIONSMODELL verknüpft das Koordinations- und das Vorgehensmodell und bindet damit die einzelnen Modelle in die ganzheitliche Methodik zur Interaktion zwischen F&E und Marketing im Innovationsprozeß ein (vgl. Bild 3.9).

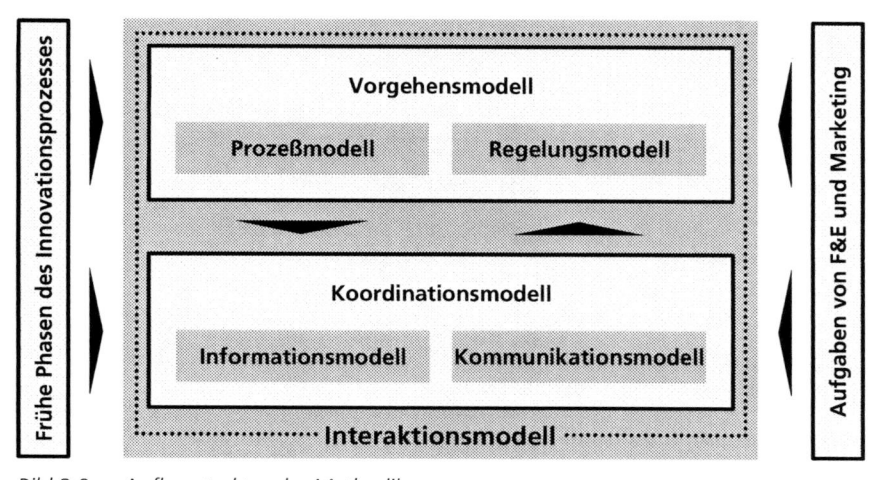

Bild 3.9: Aufbaustruktur der Methodik

Ausgangspunkt der Modellierung ist das Vorgehensmodell. Es beinhaltet alle Phasen des Innovations- sowie des Regelungsprozesses und determiniert so die Ablaufstruktur. Durch das Koordinationsmodell mit den Teilelementen der Informationsplattform und der Kommunikationsstruktur wird das Vorgehensmodell ergänzt und systematisch zu einem Interaktionsmodell erweitert. Zum besseren Verständnis der Ablaufstruktur wird im folgenden zunächst der Aufbau der einzelnen Modelle detailliert.

3.3.2 Aufbau der einzelnen Modelle

Die Erläuterung der Struktur der einzelnen Modelle erfolgt analog zu der Beschreibung der Aufbaustruktur der Methodik. Dementsprechend wird zunächst das Vorgehensmodell entwickelt, bevor anschließend das Kommunikationsmodell aufgebaut wird.

3.3.2.1 Aufbau des Vorgehensmodells

Das VORGEHENSMODELL basiert auf zwei Teilelementen: dem Prozeß- und dem Regelungsmodell. Für einen systematischen Aufbau werden beide Teilelemente zunächst separat entwickelt und anschließend im Vorgehensmodell zusammengeführt.

Das PROZEBMODELL als Teil des Vorgehensmodells umfaßt die fünf Schritte der frühen Phasen des Innovationsprozesses. Diese sind angelehnt an die von F. BRANDENBURG vorgeschlagene Gliederung des Innovationsprozesses[1] [vgl. BRAF01, S. 49 ff.]: Zielbildung, Zukunftsanalyse, Ideenfindung, Ideendetaillierung sowie Umsetzungsplanung (vgl. Bild 3.10).

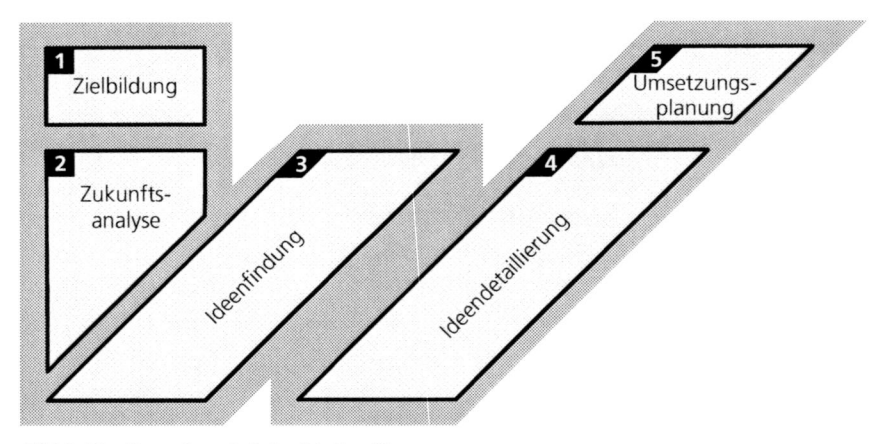

Bild 3.10: Prozeßmodell der Methodik

Dabei ist zu beachten, daß die verschiedenen Teilschritte – insbesondere die der Ideenfindung und -detaillierung – innerhalb des Innovationsprozesses untereinander verflochten sind und teilweise simultan verlaufen können[2]. Demnach ist eine exakte Trennung

---

[1] Die Schritte der Ideenfindung und -bewertung sowie die Schritte der Ideendetaillierung und Konzeptbewertung des Modells von F. BRANDENBURG werden hier jeweils zusammengefaßt zu den Phasen Ideenfindung und Ideendetaillierung [vgl. BRAF01, S. 49 ff.].

[2] Dies kann beispielsweise der Fall sein bei Produkten, bei denen eine Detaillierung aufgrund der einfachen Struktur obsolet wird.

im Sinne von notwendigerweise nachfolgenden Vorgehensschritten nicht möglich, so daß die Differenzierung nach Schritten analytisch zu sehen ist [vgl. HABE99, S. 97; WENG96, S. 58]. Darüber hinaus kann nur ein Grundmodell entwickelt werden, welches unternehmensspezifisch angepaßt werden muß.

Das REGELUNGSMODELL dient der Kontrolle des Innovationsprozesses. Bereits in Kapitel 3.2.1 wurden hierzu Aspekte der Regelkreisansätze analysiert und auf ihre Eignung hin untersucht. Dabei umfaßt der Regler nach G. PATZAK die Aufgaben der Steuerung und Überwachung sowohl der Planung als auch der Durchführung der Tätigkeiten im Innovationsprozeß [vgl. PATZ82, S. 86 f.]. Im Zusammenhang mit einem Regelungssystem beinhaltet Überwachen die Aufgaben Ist-Datenerfassung, Soll-Ist-Vergleich und Abweichungsanalyse [vgl. PATZ82, S. 88]. Die Aufgaben der Steuerung lassen sich in Veranlassen und Sichern untergliedern. Veranlassen beinhalt das Disponieren, das Bereitstellen und das terminorientierte Auslösen. Sichern hingegen bedeutet zum einen das Ausarbeiten von korrektiven Maßnahmen zur Heranführung zukünftiger Ist-Werte in der Planungsphase. Zum anderen beinhaltet es die Ausarbeitung von korrektiven Maßnahmen zur Anpassung der Planvorgaben an die Realität [vgl. PATZ82, S. 88 f.]. Der Zusammenhang wird durch die folgende Abbildung veranschaulicht (vgl. Bild 3.11).

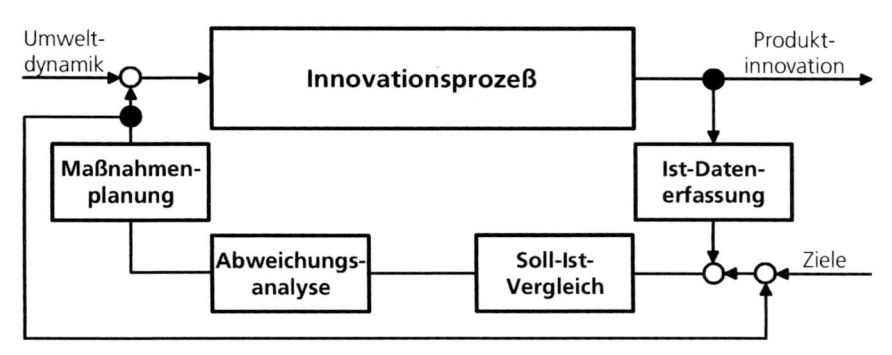

Bild 3.11: Regelungsmodell der Steuerung und Überwachung in Anlehnung an G. PATZAK

Das Prozeß- und das Regelungsmodell lassen sich nun zu einem Vorgehensmodell verknüpfen. Dabei wird das Regelungsmodell dreifach in das Prozeßmodell integriert: nach der Ideenfindung, der Ideendetaillierung sowie nach der Umsetzungsplanung (vgl. Bild 3.12).

Mit dem Vorgehensmodell steht damit ein Grundmodell zur Verfügung, in welchem die Regelung in die Schritte des Innovationsprozesses integriert ist und das die Basis für die in Kapitel 3.4.1 zu entwickelnde Ablaufstruktur der Methodik darstellt. Im folgenden wird nun das für die Interaktion der beiden Funktionsbereiche F&E und Marketing notwendige Koordinationsmodell konzipiert.

Konzeption der Methodik

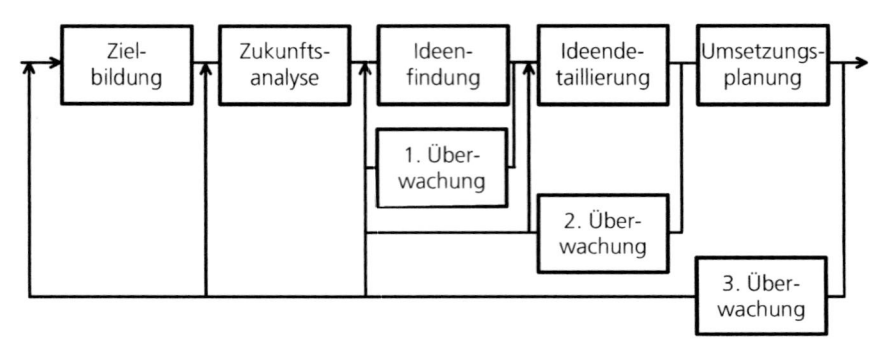

Bild 3.12: Vorgehensmodell der Methodik

3.3.2.2 AUFBAU DES KOORDINATIONSMODELLS

Für eine effiziente und effektive Bearbeitung der Aufgaben innerhalb des Innovationsprozesses ist eine gezielte Abstimmung der Aktivitäten zwischen den Funktionsbereichen erforderlich. Hierzu dient das KOORDINATIONSMODELL. Bei dieser Abstimmung werden Informationen durch Kommunikation ausgetauscht. Dementsprechend ist eine systematische Bereitstellung von Informationen notwendig.

Für den Begriff Information werden in der Literatur verschiedene Definitionsansätze aufgeführt. Ein Grund hierfür ist, daß der Begriff viele unterschiedliche Facetten besitzt, die sich in einer Definition nicht oder nur unzureichend erläutern lassen [vgl. HUEB96, S. 11]. Eine sehr zweckdienliche Festlegung definiert Information als „zweckorientiertes betriebliches Wissen" [vgl. WITT59, S. 14; WILD71, S. 317; GABL88; HEIR92, S. 7; FANK96, S. 31]. In diesem Zusammenhang soll unter Informationen die Beschreibung von vergangenen, gegenwärtigen oder zukünftigen Sachverhalten verstanden werden, wenn sie für bestimmte Adressaten verständlich und nutzbar sind und wenigstens von einem Adressaten genutzt werden können [vgl. AUGU90, S. 15]. Um diese Sachverhalte erkennen und beschreiben zu können, sowie Entscheidungen zu treffen, ist Wissen erforderlich. Wissen bezeichnet vor diesem Hintergrund einen objektiven Sachverhalt einschließlich seiner Begründungsstruktur [vgl. MITT89, S. 9]. Damit ist Wissen mehr als „gewußt wie" und Information eher als „wissen, daß" zu verstehen. Demnach werden Informationen zu Wissen, indem sie verarbeitet werden.

Daraus geht unmittelbar hervor, daß die Relevanz oder Zweckorientiertheit ein charakteristisches Merkmal einer Information ist. Besitzt eine Information keine Relevanz für eine Entscheidung, so ist sie lediglich eine Ansammlung von Daten. Dementsprechend sollten nur die für den Entscheidungskontext relevanten Daten in einem System abgelegt werden. Die Erhältlichkeit – auch Seltenheit oder Zugänglichkeit genannt – beschreibt die Möglichkeit, auf Informationen zurückgreifen zu können [vgl. WALH71, S. 135]. Für ihre Verwendung als Qualitätsmaßstab ist allerdings zu beachten, daß durch die omnipräsente Informations- und Kommunikationstechnologie (IKT) jederzeit sehr viele interessierende Informationen abgerufen werden können. Dementsprechend verlagert sich das Problem der Erhältlichkeit von der Beschaffung hin zur Selektion von Informationen [vgl. EPPL97, S. 39].

Der Informationsinhalt[1] ist nicht auf der pragmatischen sondern auf der semantischen Ebene angesiedelt. Er kann deshalb nicht als Maßstab für die Verwendungswirkung genutzt werden. Gleiches gilt für die Art der Information. Für die weiteren Ausführungen sind zwei Informationsarten im Rahmen des Innovationsprozesses von besonderer Bedeutung: Faktische Informationen besagen etwas über die Wirklichkeit und sind Ist-Aussagen (vergangenheitsorientiert). Prognostische Informationen sind hingegen Aussagen über die Zukunft und können als Wird-Aussagen bezeichnet werden [vgl. WILD71, S. 328]. Prognostischen Informationen werden meist innerhalb der Zukunftsanalyse gesammelt und dienen der weiteren Ausrichtung im Innovationsprozeß. Die faktischen Informationen werden vor allem bei der Steuerung und Überwachung des Innovationsprozesses verwendet.

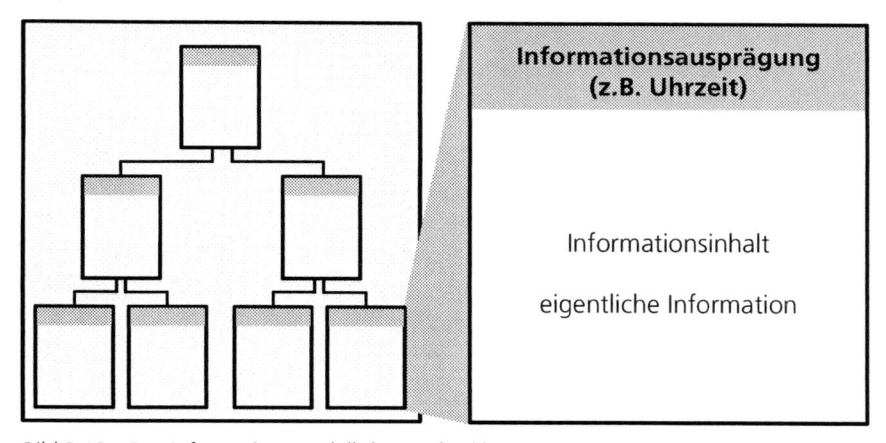

Bild 3.13: Das Informationsmodell der Methodik

Das INFORMATIONSMODELL bezeichnet die Gesamtheit der enthaltenen Informationskomponenten. Die Ausprägung, auch als Beschreibung bezeichnet, ist der „Name" einer Information. Diese kann als Überschrift für den Informationsinhalt aufgefaßt werden. Der Informationsinhalt selbst stellt die eigentliche Information dar, die Daten, die dem Nutzer geliefert werden. Ausprägung und Inhalt werden zusammen als Komponenten des Modells bezeichnet. Darüber hinaus ist im Informationsmodell zu berücksichtigen, daß

---

[1] Als Informationsinhalt wird der Gegenstand bzw. Sachverhalt bezeichnet, über den informiert wird [vgl. WILD71, S. 327].

Konzeption der Methodik

Informationen mit steigendem Detaillierungsgrad abgelegt werden können (vgl. Bild 3.13).

Durch das zu entwickelnde KOMMUNIKATIONSMODELL soll der Austausch sowohl innerhalb als auch zwischen den Funktionsbereichen F&E und Marketing beschrieben werden. Dabei werden wie im Transmissionsmodell von Shannon & Weaver die Kommunikationselemente Sender, Verschlüsselung, Nachricht, Kanal, Entschlüsselung und Empfänger verwendet. Da im Innovationsprozeß ein ständiger wechselseitiger Austausch von Informationen als notwendig erachtet wird, soll es sich um ein Modell handeln, das den bilateralen Prozeß der Kommunikation berücksichtigt (vgl. die Modelle von Gerbner und Osgood & Schramm). Des weiteren ist die richtige Interpretation von Nachrichten für den Innovationsprozeß von entscheidender Bedeutung, da nur so ein zielgerichteter Prozeß mit dem Ergebnis einer erfolgreichen Innovation möglich ist. Wie bereits in Kapitel 2.1.2 erläutert, ist der Innovationsprozeß insbesondere durch das Merkmal der Unsicherheit gekennzeichnet. Diese Unsicherheit wird u.a. durch die Dynamik der Umwelt hervorgerufen bzw. verstärkt. Aufgrund dessen werden im Kommunikationsmodell Ereignisse und ihre Interpretation berücksichtigt. Der Kommunikationsablauf ist vergleichbar mit demjenigen, den Gerbner in seinem Generalmodell darstellt (vgl. Kapitel 3.2.4), daher wird an dieser Stelle nur auf die wichtigsten Elemente und Besonderheiten hingewiesen (vgl. Bild 3.14).

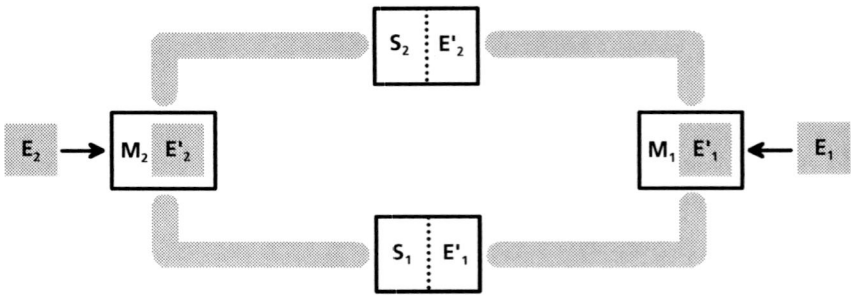

Legende:
$i = \{1,2\}$ F&E, Marketing
E_i Ereignis bzw. Ergebnis, das auf M_i trifft
M_i Sender bzw. Empfänger einer Nachricht
       Aktivität bzw. Medium der Weiterleitung

S_iE_i' Nachricht von M_i mit dem Signal S und dem Inhalt E_i'
E_i' von M_i subjektiv wahrgenommenes und interpretiertes Ereignis bzw. Ergebnis E_i

Bild 3.14: Das Kommunikationsmodell

M_1 und M_2 sind die unterschiedlichen Funktionsbereiche F&E und Marketing innerhalb des Unternehmens. Bei dem Ereignis E kann es sich sowohl um ein Ereignis der externen Unternehmensumwelt als auch innerhalb des Unternehmens handeln. Darüber hinaus kann ein Ereignis E auch das Ergebnis einer Aktivität eines der beiden Funktionsbereiche sein.

Konzeption der Methodik

Wie bereits erwähnt, kann die Kommunikation nicht nur zwischen den beiden Funktionsbreichen F&E und Marketing verlaufen, sondern auch innerhalb eines Funktionsbereiches. Dabei nimmt M_i ein Ereignis oder ein Ergebnis E_i einer Aktivität wahr und interpretiert diese unter Berücksichtigung des Gesamtzusammenhangs innerhalb des Innovationsprozesses. E_i' ist dann das Ereignis bzw. Ergebnis, wie es von M_i subjektiv wahrgenommen wird. Aus dieser Wahrnehmung kann eine Aktivität A_i' folgen, die das Ergebnis E_i'' beinhaltet. Dieses Ergebnis E_i'' wird mit dem Signal S_i übertragen und von M_j wahrgenommen und wiederum vor dem Hintergrund des Gesamtzusammenhangs beurteilt bevor eine neue Aktivität A_j'' durchgeführt wird. Dabei gilt

- $i = j$: der Ablauf erfolgt innerhalb eines Funktionsbereiches
- $i \neq j$: der Ablauf erfolgt zwischen zwei unterschiedlichen Funktionsbereichen

Dieser Ablauf kann in einem Mikromodell der Aktivitäten zusammengefaßt werden (vgl. Bild 3.15).

$$E_i \rightarrow M_i\,E_i' \rightarrow A_i' \rightarrow E_i'' \rightarrow S_i : E_i'' \rightarrow M_j\,E_j''' \rightarrow A_j'''$$

Legende:
- **i, j** Sender bzw. Empfänger
- **E** Ereignis bzw. Ergebnis
- **A** Aktivität
- **M** Sender bzw. Empfänger einer Nachricht, eines Ereignisses oder eines Ergebnisses
- **SE** Nachricht mit dem Signal S und dem Inhalt E

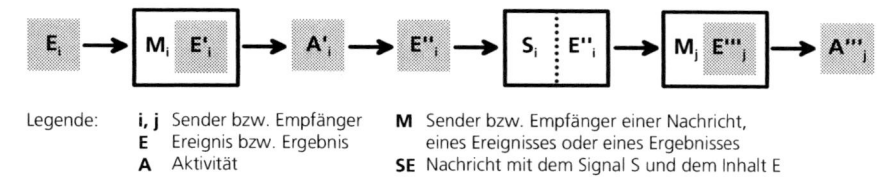

Bild 3.15: Das Mikromodell der Aktivitäten und Aufgaben von F&E und Marketing

Im KOORDINATIONSMODELL erfolgt die Zusammenführung von Informations- und Kommunikationsmodell. Dabei wird jedes für den Innovationsprozeß relevante Ereignis bzw. Ergebnis E_i, welches während des Kommunikationsprozesses verarbeitet wird, innerhalb des Informationsmodells abgelegt. Darüber hinaus ist es von besonderem Interesse, zu welchem Zeitpunkt t des Innovationsprozesses welche Ereignisse stattfanden und welche Aktivitäten von welchem Funktionsbereich mit welchem Ergebnis durchgeführt wurden. Nur so ist es möglich, alle Aktivitäten der beiden Funktionsbereiche F&E und Marketing innerhalb des Innovationsprozesses aufeinander abzustimmen.

Im INTERAKTIONSMODELL werden Vorgehensmodell und Koordinationsmodell mit ihren jeweiligen Teilmodellen verknüpft. Es dient der Durchführung aller Aktivitäten und stellt den Austausch relevanter Informationen sicher. Darüber hinaus wird durch das Interaktionsmodell die Ablaufstruktur determiniert. Im folgenden soll zunächst ein Grobkonzept des Interaktionsmodells erarbeitet werden, ehe in Kapitel 4 eine weitere Detaillierung stattfindet.

3.4 Modellierung der Ablaufstruktur

Während die Modelltheorie im vorangegangenen Abschnitt für die Konzeption der Partialmodelle genutzt wurde, soll auf Grundlage des Systems Engineering die Entwicklung des Methodensystems erfolgen. Bestandteil des Systems Engineering ist neben dem Systemdenken ein generelles Modell als Leitfaden zur Problemlösung, wobei u.a. die Phasengliederung einen der modularen Grundbausteine dieses Modells darstellt. Um den Werdegang einer Lösung in überschaubare Teiletappen zu gliedern und damit einen stufenorientierten Problemlösungsprozeß zu ermöglichen, wird durch das Prinzip der Phasengliederung die Entwicklung und Realisierung einer Lösung in einzelnen Teilschritten notwendig. Dementsprechend muß der Problemlösungszyklus linearisiert werden. Erst dadurch ist eine Unterscheidung in logisch, zeitlich und inhaltlich voneinander abgrenzbare Phasen als Makrologik realisierbar und damit eine stufenweise Planung, Entscheidung und Konkretisierung mit vordefinierten Kontroll- und Korrekturpunkten möglich [HABE99, S. 37]. Bei der Modellierung des Methodensystems soll daher eine stufenorientierte Abgrenzung des Problemlösungsprozesses erfolgen, wobei in jeder Planungsstufe logisch zusammengehörige Planungsschritte subsummiert werden, die vollständig und abgegrenzt bewältigt werden können. Innerhalb der einzelnen Phasen spiegelt sich der Problemlösungszyklus als Mikrologik wider. Er umfaßt drei Teilschritte mit jeweils zwei Einzelschritten: die Zielsuche mit Situationsanalyse und Zielformulierung, die Lösungssuche mit Synthese und Analyse von Lösungen sowie die Auswahl mit Bewertung und Entscheidung [vgl. HABE99, S. 47 ff.].

Eine eindeutige Reihenfolge der Planungsstufen ist dann realisierbar, wenn eine Planungsstufe jeweils auf den Informationen und Ergebnissen aufbaut, die in vorgelagerten Planungsstufen ermittelt worden sind. Dabei muß berücksichtigt werden, daß durch den linearisierten Ablauf und die sequentielle Darstellung ein Kompromiß zwischen einer idealisierten linearen Folge und einem realistischen universellen Verhalten geschlossen wird. Eine exakte Abgrenzung von Schritten im Innovationsprozeß ist kaum möglich, da die verschiedenen Phasen meist in Zusammenhang miteinander stehen und sogar simultan ablaufen können [vgl. THOM80, S. 45]. Darüber hinaus sind zur Beschleunigung des Planungsprozesses auch gedankliche Vorgriffe und zyklische Wiederholungen möglich, so daß die Bearbeitung eine Parallelisierung der Planungsstufen erforderlich machen kann [vgl. HABE99, S. 97; WENG96, S. 58]. Dementsprechend wird hier ein allgemeingültiges Grundmodell der Interaktion entwickelt, welches unternehmensspezifisch detailliert und angepaßt werden muß.

3.4.1 Ablaufstruktur der Methodik

Aufbauend auf den entwickelten Modellen wird im folgenden das Grundmodell der Interaktion in den frühen Phasen des Innovationsprozesses hergeleitet. In diesem werden acht von einander logisch abgrenzbare Phasen unterschieden (vgl. Kapitel 3.3.2.1): Zielbildung, Zukunftsanalyse, Ideenfindung, Überprüfung der Ergebnisse aus der Ideenfindung, Ideendetaillierung, Überprüfung der Ergebnisse aus der Ideendetaillierung, Umsetzungsplanung, Überprüfung der Ergebnisse aus der Umsetzungsplanung (vgl. Bild 3.16).

Innerhalb jeder Phase sind bestimmte Aktivitäten durchzuführen. Dabei stehen hier insbesondere die Aufgaben der beiden Funktionsbereiche F&E und Marketing sowie deren Abstimmung untereinander im Mittelpunkt. Eine eingehende Erörterung dieser Aktivitäten erfolgt in Kapitel 4. Darüber hinaus wird dort auch die Anwendung der jeweiligen Methoden und Hilfsmittel erläutert, die in den unterschiedlichen Phasen im Hinblick auf den Innovationsproze ß und insbesondere zur Unterstützung der Interaktion zum Einsatz kommen.

Die genannten Phasen des Innovationsprozesses können wie folgt unterschieden werden[1]:

1 ZIELBILDUNG
Abgeleitet aus der übergeordneten Unternehmensstrategie werden sowohl in unternehmensexternen als auch in unternehmensinternen Bereichen Indikatoren für den Innovationsbedarf ermittelt und darauf aufbauend die strategischen Leitlinien und Innovationsziele definiert. Darüber hinaus werden die für die anstehende Innovationsplanung relevanten strategischen Gestaltungsfelder, die zur Produktinnovation genutzt werden können, bestimmt. Ergebnisse sind das innovationsrelevante Zielsystem und die Strategie, die Unternehmenspotentiale sowie ausgewählte Gestaltungsfelder.

2 ZUKUNFTSANALYSE
Ziel ist die konkrete Formulierung des identifizierten Potentials in den Gestaltungsfeldern und der daraus resultierenden Aufgaben für das Unternehmen. Dabei werden sowohl Markt- und Technologie- als auch allgemeine Trends und deren Auswirkungen auf das Unternehmen analysiert. Darauf basierend sowie unter Berücksichtigung der Unternehmenspotentiale werden die Innovationspotentiale ausgesucht, die mit zukünftigen Markt- und/oder Technologieentwicklungen korrespondieren. Das Ergebnis der Zukunftsanalyse sind konkrete Innovationsaufgaben, die als Problemstellungen formuliert werden.

3 IDEENFINDUNG
In dieser Phase werden auf Basis der Analyse der Problemstellung entsprechende Lösungsideen generiert, die sich durch eine konzeptionelle Ausgestaltung auszeichnen. Dabei werden zunächst die formulierten Aufgabenstellungen untersucht, funktionale Anforderungen identifiziert und diese strukturiert. Die einzubeziehenden Informationsquellen erstrecken sich auf die Marktforschung hin-

---

[1] Das Vorgehen innerhalb des Innovationsprozesses lehnt sich an das von F. BRANDENBURG entwickelte W-Modell an [vgl. BRAF01, S. 50 ff.].

sichtlich der Kundenanforderungen, auf direkt an das Unternehmen gerichtete Kundenwünsche und -beschwerden, Marktstudien in Bezug auf die Konkurrenz sowie auf die Beobachtung neuer technologischer Entwicklungstendenzen. Die entwickelten Lösungsideen werden auf Basis der Anforderungsstruktur systematisiert und zu Lösungskonzepten kombiniert. Abschließend werden diese Konzepte bewertet und die erfolgversprechendsten identifiziert.

4 1. ÜBERPRÜFUNG DER ERGEBNISSE AUS DER IDEENFINDUNG
In dieser Phase erfolgt eine Kontrolle der in der Ideenfindung entwickelten Lösungskonzepte. Dabei werden die ermittelten funktionalen Anforderungen validiert, da eine Veränderung dieser grundlegenden Prämissen den Erfolg einer Produktinnovation erheblich beeinflussen kann. Bei dieser Kontrolle wird untersucht, ob die entwickelten Lösungskonzepte die gegenwärtigen Anforderungen erfüllen. Demnach werden auch die Markt- und Technologieinformationen auf ihre Aktualität hin erneut überprüft. Treten Abweichungen auf, werden entsprechende Lösungskonzepte verworfen.

5 IDEENDETAILLIERUNG
Auf Basis der in der vorhergehenden Phase aktualisierten Prämissen und den in der Ideenfindung generierten Lösungskonzepten und -ideen werden Detaillösungen entwickelt und zu Produktkonzepten kombiniert. Es erfolgt eine Strukturierung und Bewertung der Konzepte. Das Ergebnis der Ideendetaillierung sind bewertete Konzeptvarianten zu den einzelnen Produktideen, die nach Möglichkeit bereits durch erste Demonstratoren validiert wurden.

6 2. ÜBERPRÜFUNG DER ERGEBNISSE AUS DER IDEENDETAILLIERUNG
Ähnlich wie in der vierten Phase erfolgt auch in diesem Schritt eine Überprüfung der Produktkonzepte bezüglich der funktionalen Anforderungen. Dementsprechend werden die funktionalen Anforderungen auf ihre Aktualität hin untersucht und die bewerteten Produktkonzepte wiederum an diesen Prämissen gespiegelt. Darüber hinaus erfolgt eine Kontrolle der Konsistenz der Produktkonzepte. Ergebnisse dieser Phase können sein:
- Einige Konzepte werden verworfen, einige weiterverfolgt.
- Es müssen zu viele Konzepte verworfen werden, so daß die Phase der Ideenfindung auf Basis der aktuellen Markt- und Technologieinformationen erneut durchlaufen werden muß.
- Bei der Abweichungsanalyse ist eine derart erhebliche Veränderung der unternehmensinternen und -externen Gegebenheiten festgestellt worden, daß eine erneute Zukunftsanalyse oder sogar Zielbildung notwendig wird.

7 UMSETZUNGSPLANUNG
In dieser Phase erfolgt die Zusammenstellung der im laufe des Innovationsprozesses ermittelten Ergebnisse. Hierzu werden die Zukunftsprognosen und Innovationsaufgaben sowie die entwickelten Produktkonzepte und Detaillösungen in einer sogenannten InnovationRoadMap aggregiert abgebildet. Diese wird ge-

Konzeption der Methodik

nutzt, um die kurz-, mittel- und langfristigen Wechselbeziehungen zwischen Umfeld- und Marktanforderungen und technologischen Produktkonzepten und Detaillösungen sowie deren zeitlichen Entwicklungen darzustellen. Hieraus lassen sich abschließend Innovationsaktivitäten ableiten.

8 3. ÜBERPRÜFUNG DER ERGEBNISSE DES INNOVATIONSPROZESSES
Ähnlich wie in den vorangegangenen Überprüfungsphasen werden auch die zusammengestellten Aktivitäten auf ihre Konformität mit den gestellten Prämissen und vorgegebenen Zielen verglichen und analysiert. Dabei werden insbesondere zu verfolgende Produktkonzepte im Hinblick auf die vorgegebene Innovationsstrategie untersucht. Darüber hinaus können aus der InnovationRoadMap zeitliche Rückstände in der Problemlösung (Technologielücken) aufgedeckt sowie eine zeitliche Einordnung und die Synchronisation von Innovationsaktivitäten vorgenommen werden[1]. Entscheidend für die erfolgreiche Entwicklung von Produktinnovationen ist eine den gesamten Prozeß begleitende Dokumentation der ermittelten Ergebnisse und relevanten Informationen, damit diese für alle Beteiligten im direkten Zugriff stehen und für zukünftige Aktivitäten genutzt werden können.

Der Fokus der vorliegenden Arbeit liegt auf den frühen Phasen des Produktinnovationsprozesses, wobei insbesondere die Phasen IDEENFINDUNG, ÜBERPRÜFUNG DER ERGEBNISSE AUS DER IDEENFINDUNG, IDEENDETAILLIERUNG und ÜBERPRÜFUNG DER ERGEBNISSE AUS DER IDEENDETAILLIERUNG in Kapitel 4 detailliert werden. Im Sinne der Regelung wird auch die Phase ÜBERPRÜFUNG DER ERGEBNISSE DES INNOVATIONSPROZESSES eingehend erläutert. Die Phase ZIELBILDUNG ist nicht statisch festgeschrieben und kann periodisch durchlaufen werden [vgl. BRAF01, S. 59]. Darüber hinaus sind insbesondere die ZUKUNFTSANALYSE sowie die UMSETZUNGSPLANUNG bei F. BRANDENBURG bereits detailliert worden [vgl. BRAF01]. Dementsprechend werden diese drei Phasen im Sinne der Vollständigkeit und Ganzheitlichkeit der zu entwickelnden Methodik auf der Basis bestehender Methoden und Konzepte mit ihren Schnittstellen zu den angrenzenden Planungsphasen nur kurz dargelegt.

---

[1] Detaillierte Erläuterungen zur Umsetzungsplanung und zur InnovationRoadMap sind bei F. BRANDENBURG zu finden [vgl. BRAF01].

Konzeption der Methodik

Koordinationsmodell	Vorgehensmodell
Aktivitäts-/Informations-einheit Zielbildung	Zielbildung
Aktivitäts-/Informations-einheit Zukunftsanalyse	Zukunftsanalyse
Aktivitäts-/Informations-einheit Ideenfindung	Ideenfindung
Aktivitäts-/Informations-einheit 1. Überprüfung	1. Überprüfung
Aktivitäts-/Informations-einheit Ideendetaillierung	Ideendetaillierung
Aktivitäts-/Informations-einheit 2. Überprüfung	2. Überprüfung
Aktivitäts-/Informations-einheit Umsetzungsplanung	Umsetzungsplanung
Aktivitäts-/Informations-einheit 3. Überprüfung	3. Überprüfung

Entwicklungen und Informationen der allgemeinen Umwelt, der Wettbewerber, des Kunden, ...

Interaktionsmodell

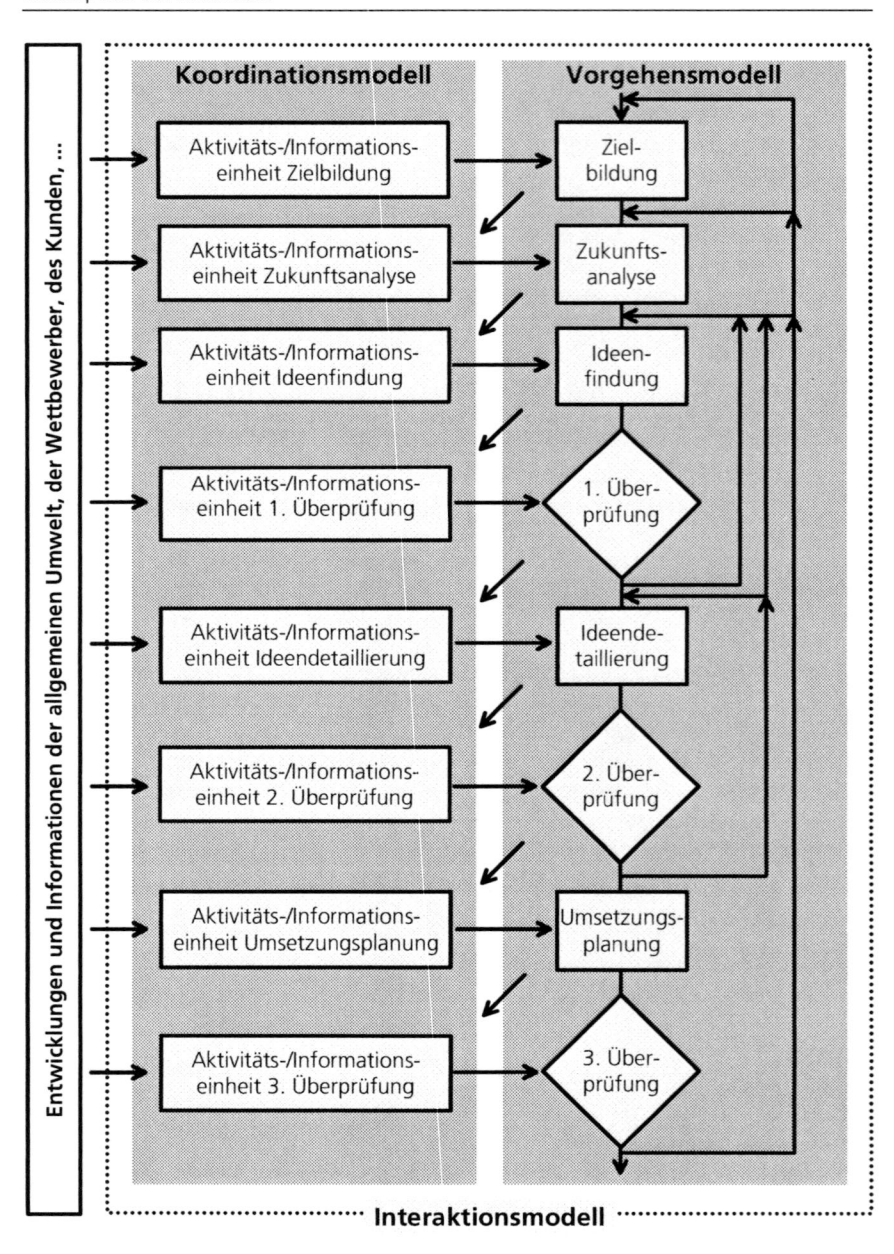

Bild 3.16: Ablaufstruktur der Methodik

3.4.2 Auswahl einer Modellierungssprache

Bei der Modellierung des Methodensystems steht die Darstellung der Systemfunktion als Folgeverknüpfung der Planungsschritte zum Zweck der Interaktion von F&E und Marketing in den frühen Phasen des Innovationsprozesses im Vordergrund [vgl. BRUN91, S. 41 ff.]. Für die Darstellungsweise dynamischer Ablaufsysteme stehen verschiedene Methoden zur Analyse und Abbildung von Planungsschritten und Informationsbeziehungen zur Verfügung. Zur Darstellung von dynamischen Prozeßabläufen werden u.a. Petri-Netze [vgl. PETR62] und die GRAI-Methode [vgl. GRAI85] verwandt. Materialflüsse und Fertigungsprozesse werden häufig mittels IMMS dargestellt [vgl. TRAN90]. Ferner finden prozeßorientierte Modellierungsmethoden bspw. nach DIN 66001 und J.-H. TRÄNCKNER Anwendung in der Informationsverarbeitung bzw. der Abbildung der Auftragsabwicklung [vgl. TRAN90; DIN83][1].

Das entscheidende Kriterium für den Einsatz der Modellierungsmethodik ist im vorliegenden Fall die Funktionsorientierung, wobei zwischen den einzelnen Funktionen insbesondere ausgetauschte Informationen dargestellt werden müssen.

In der Praxis etablierte Methoden, die diesen Anforderungen gerecht werden, sind die SADT-Methode (Structured Analysis and Design Technique) [vgl. ROSS77b] und die davon abgeleiteten Methoden IDEF0 und IDEF1 (ICAM-Definition) [vgl. YEOM84]. Die SADT-Methode beruht ursprünglich auf der Methode der Strukturierten Analyse (SA) und dient der Ableitung und Darstellung von Systemen mittlerer Komplexität [vgl. ROSS77a, S. 6 ff., ROSS77b, S. 16 ff.; SCMW96, S. 38]. M. WENGLER hat die Methoden dahingehend abgewandelt, daß neben den Funktionen auch die unterstützenden Techniken und Hilfsmittel modelliert werden können [vgl. WENG96, S. 61 f.].

Ausgehend von der Hauptfunktion der Methodik erfolgt eine Zergliederung bis hin zu konkreten Einzelfunktionen, so daß die Funktionen operational werden und eine Baumstruktur entsteht. Dabei wird jede Funktion der Methodik durch ein Diagramm repräsentiert. Die Bildung der Diagramme erfolgt durch drei bis sechs in einer Diagonalen angeordnete Rechtecke, wobei jedes dieser Rechtecke einem Planungsschritt entspricht. Die Pfeile repräsentieren die Eingangs- und Ausgangsinformationen einer Aktivität sowie die Methoden, Instrumente und Hilfsmittel, die zur Durchführung der jeweiligen Aktivität bzw. zur Generierung und Verarbeitung der Informationen eingesetzt werden können (vgl. Bild 3.17). Durch die Darstellungsart erscheint die Nutzung der modifizierten IDEF0-Methode zweckmäßig, die nachfolgend zu detaillierende Methodik graphisch zu modellieren.

---

[1] Ein ausführlicher Überblick der existierenden Methoden findet sich bspw. bei M. WENGLER [WENG96, S. 59 f.].

Konzeption der Methodik

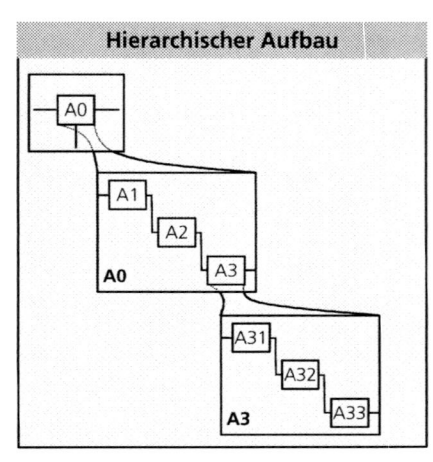

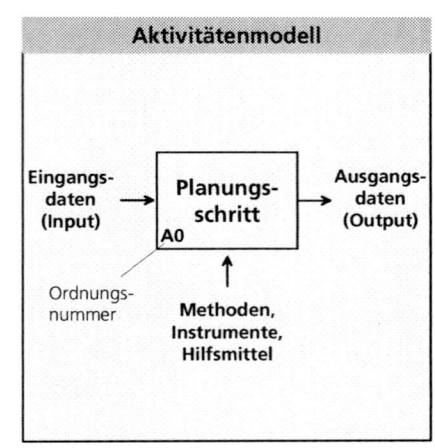

Bild 3.17: Modellierungssprache der Methodik nach M. WENGLER [vgl. WENG96, S. 61]

3.5 ZWISCHENFAZIT: GRUNDKONZEPT DER METHODIK

Aus der Eingrenzung des Betrachtungsbereichs und der Analyse relevanter bestehender Ansätze wurde der Bedarf für die Entwicklung einer Methodik zur Unterstützung der Interaktion von F&E und Marketing in den frühen Phasen des Innovationsprozesses ermittelt. Darauf aufbauend wurden das Zielsystem sowie die inhaltlichen und formalen Anforderungen abgeleitet.

Um diesen Anforderungen gerecht zu werden, wurden zur Konzeption der Methodik die Prinzipien der Systemtechnik, der Modelltheorie sowie Regelkreis-Ansätze zugrunde gelegt. Sie stellen den Rahmen und die Vorgehensweise für die weitere Entwicklung bereit. Darauf basierend wurde die Aufbaustruktur der Methodik in ein PROZEẞMODELL, ein REGELUNGSMODELL, ein INFORMATIONSMODELL sowie ein KOMMUNIKATIONSMODELL unterteilt. Die Verknüpfung der ersten beiden Modelle erfolgte in einem VORGEHENSMODELL, die der letzten beiden in einem KOORDINATIONSMODELL.

Den zentralen Rahmen der Methodik bildet das INTERAKTIONSMODELL. In diesem werden Vorgehensmodell und Koordinationsmodell in einer Ablaufstruktur miteinander verknüpft. Das Interaktionsmodell besteht aus den acht Phasen ZIELBILDUNG, ZUKUNFTS-ANALYSE, IDEENFINDUNG, ÜBERPRÜFUNG DER ERGEBNISSE AUS DER IDEENFINDUNG, IDEENDETAILLIERUNG, ÜBERPRÜFUNG DER ERGEBNISSE AUS DER IDEENDETAILLIERUNG, UMSETZUNGSPLANUNG sowie ÜBERPRÜFUNG DER ERGEBNISSE DES INNOVATIONSPROZESSES. Als Modellierungssprache für das Interaktionsmodell wurde die SADT- bzw. IDEF0-Methode in modifizierter Form ausgewählt.

Mit der Konzeption der Methodik für die Interaktion zwischen F&E und Marketing in den frühen Phasen des Innovationsprozesses wurde ein formaler Rahmen geschaffen, der eine anwendungsorientierte Interpretation und inhaltliche Vertiefung ermöglicht. Um den ermittelten Anforderungen an eine Methodik insgesamt Rechnung zu tragen, wird im nächsten Kapitel die Methodik detailliert.

4 Detaillierung der Methodik

Um den identifizierten Forschungsbedarf für die Entwicklung einer Methodik zur Interaktion zwischen F&E und Marketing in den frühen Phasen des Innovationsprozesses (Kapitel 2) zu decken, wurde in Kapitel 3 ein Interaktionsmodell entwickelt. Es besteht aus zwei Teilmodellen, dem Vorgehens- sowie dem Koordinationsmodell. Beide Teilmodelle setzen sich aus zwei weiteren Modellen zusammen. Im Vorgehensmodell sind Prozeß- und Regelungsmodell integriert. Hier werden die einzelnen Schritte im Innovationsprozeß zeitlich aufeinander abgestimmt und somit eine Vorgehensweise bei der Anwendung der Methodik aufgebaut. Der Informationsfluß sowie die Kommunikation zwischen den im Innovationsprozeß Agierenden wird im Koordinationsmodell abgebildet.

Inhalt dieses Kapitels ist es, das Interaktionsmodell zu detaillieren, so daß die Methodik in der Praxis angewendet werden kann. Daraus resultiert die Aufgabe, die konkreten Vorgehensschritte, deren Informationsbeziehungen sowie für das Vorgehen und für die Interaktion zwischen F&E und Marketing unterstützende Instrumente und Methoden zu gestalten. Hierzu werden die in Kapitel 3 aufgebauten Teilmodelle gezielt integriert.

Wie in den vorangegangenen Kapiteln bereits erläutert handelt es sich bei den Vorgehensschritten nicht um einzeln isolierbare Aufgaben. Sie dienen vielmehr einer gedanklichen Trennung der Teilkomplexe bei der Methodikentwicklung, so daß eine systematische Vorgehensweise unterstützt und vereinfacht werden kann. Im Vordergrund der vorliegenden Arbeit steht die Interaktion zwischen F&E und Marketing. Vor diesem Hintergrund werden insbesondere die Aufgaben dieser beiden Funktionsbereiche des Unternehmens bei der Detaillierung berücksichtigt, wobei zu beachten ist, daß bei der konkreten Anwendung der Methodik im Unternehmen bei Bedarf auch andere Aufgabenbereiche mit einbezogen werden können und in das Vorgehen zu integrieren sind.

In Bild 4.1 ist das Knotenverzeichnis der Methodik dargestellt. In ihm wird die Gliederung der Vorgehensschritte funktional-hierarchisch bis zur dritten Ebene abgebildet[1]. Die acht Phasen des Interaktionsmodells sind auf der ersten Gliederungsebene zu finden. In den folgenden Unterkapiteln werden jeweils zwei aufeinander folgende und inhaltlich eng verbundene Phasen zusammengefaßt. Bei der Detaillierung wird der Methodikablauf entlang der Vorgehensschritte beschrieben, wobei jeweils auf das Kontenverzeichnis Bezug genommen wird, indem die Nummern der jeweiligen Vorgehensschritte in geschweiften Klammern { } angegeben werden.

---

[1] Die detaillierte Gliederung sowie das zugehörige SADT-Modell sind im Anhang A wiedergegeben.

{A0} Interaktion im Innovationsprozeß

- **{A1} Zielbildung**
  - {A11} Erfassung der generellen Unternehmensziele und -strategien
  - {A12} Ermittlung der Unternehmenssituation
  - {A13} Analyse der Unternehmenspotentiale
  - {A14} Ableitung innovationsbezogener Ziele und Strategien
  - {A15} Identifikation von Gestaltungsfeldern
- **{A2} Zukunftsanalyse**
  - {A21} Bildung von Zukunftsprojektionen
  - {A22} Ableitung von Innovationspotentialen
  - {A23} Definition von Innovationsaufgaben
- **{A3} Ideenfindung**
  - {A31} Analyse der Innovationsaufgabe und Anforderungsermittlung
  - {A32} Sammlung und Generierung von Lösungsideen
  - {A33} Strukturierung der Lösungsideen zu Lösungskonzepten
  - {A34} Bewertung der entwickelten Lösungskonzepte
- **{A4} 1. Überprüfung der Ergebnisse**
  - {A41} Identifizierung der Merkmale der entwickelten Lösungskonzepte
  - {A42} Validierung der ermittelten Anforderungen
  - {A43} Auswahl von Lösungskonzepten
- **{A5} Ideendetaillierung**
  - {A51} Entwicklung von Detaillösungen auf Basis der Lösungskonzepte
  - {A52} Aufstellung von Produktkonzepten
  - {A53} Bewertung der Produktkonzepte und Detaillösungen
- **{A6} 2. Überprüfung der Ergebnisse**
  - {A61} Analyse der Anforderungserfüllung der ermittelten Produktkonzepte
  - {A62} Konsistenzprüfung innerhalb der Produktkonzepte
  - {A63} Auswahl von Produktkonzepten
- **{A7} Umsetzungsplanung**
  - {A71} Strukturierung von Zukunftsprojektionen und Innovationsaufgaben
  - {A72} Zuordnung von Produktkonzepten und Detaillösungen
  - {A73} Ableitung von Produktinnovationsaktivitäten
- **{A8} 3. Überprüfung der Ergebnisse**
  - {A81} Identifizierung des Leistungsniveaus
  - {A82} Ermittlung des Kostenniveaus
  - {A83} Auswahl umzusetzender Produktkonzepte

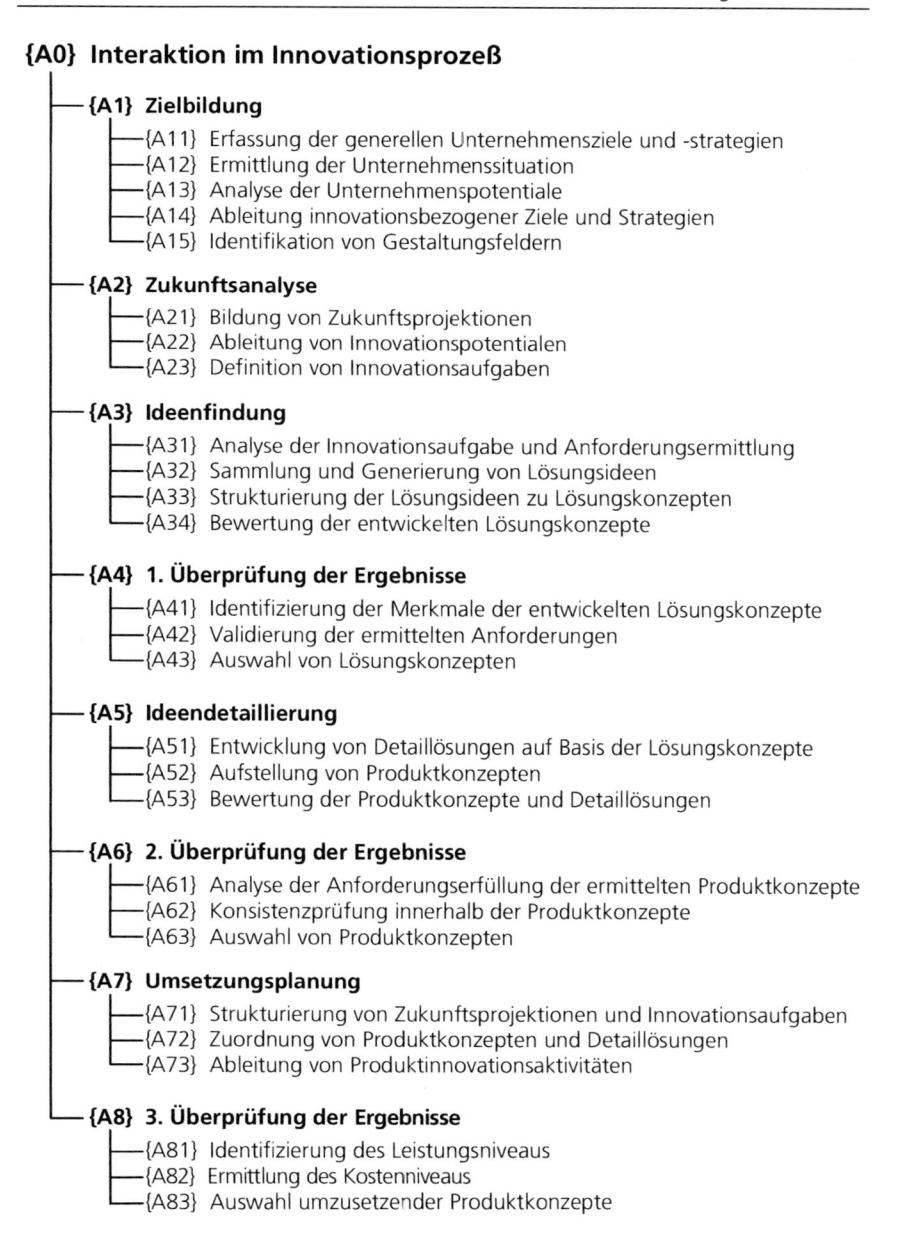

Bild 4.1: Knotenverzeichnis des entwickelten Interaktionsmodells

Detaillierung der Methodik

4.1 Zielbildung und Zukunftsanalyse

Für eine systematische Generierung von Produktideen gilt es in einem ersten Schritt, die allgemeinen Randbedingungen für die Planung von Produktinnovationen festzulegen. Basierend auf den generellen Zielen und Strategien wird hierzu die Ausgangssituation des Unternehmens erfaßt. Darauf aufbauend können dann Unternehmenspotentiale analysiert, innovationsbezogene Ziele und Strategien abgeleitet sowie strategische Gestaltungsfelder identifiziert werden. Die erste Planungsphase untergliedert sich somit in die Teilaktivitäten:

- Erfassung der generellen Unternehmensziele und -strategien {A11},
- Ermittlung der Unternehmenssituation {A12},
- Analyse der Unternehmenspotentiale {A13},
- Ableitung innovationsbezogener Ziele und Strategien {A14} sowie
- Identifikation von strategischen Gestaltungsfeldern {A15}.

Im zweiten Schritt wird eine Zukunftsanalyse durchgeführt, bei der innerhalb des definierten Gestaltungsbereiches systematisch Innovationspotentiale abgeleitet werden. Hierzu werden die folgenden Teilaktivitäten durchgeführt [vgl. BRAF01, S. 64 ff.]:

- Definition von Zukunftsprojektionen {A21},
- Ableitung von Innovationspotentialableitung {A22} sowie
- Definition von Innovationsaufgaben {A23}.

4.1.1 Erfassung der generellen Unternehmensziele und -strategien

Die Ziele eines Unternehmens, auf die sich die gesamten zielerreichenden Maßnahmen auszurichten haben und anhand derer das Unternehmen als wirtschaftliche Einheit beurteilt wird, sind keine von vornherein vorgegebenen, festen Größen. Vielmehr sind sie regelmäßig das Ergebnis eines Entscheidungsprozesses, in dem die unterschiedlichen Ziele von Informanten, Interessenvertretern, Managern und anderen gesellschaftlichen Gruppen für das Unternehmen zu einem Ausgleich gebracht werden [vgl. SCIE98, S. 61 ff.]. Der bei der Zielbildung ablaufende Prozeß wird auch als ein „gemischter Fach-Macht-Prozeß" charakterisiert, an dessen Ende das autorisierte Zielsystem des Unternehmens steht [vgl. HOPF98, S. 362]. Werden die Ziele des Systems in eine Zweck-Mittel-Beziehung gesetzt, entsteht eine Zielhierarchie, die auch als Zielpyramide bezeichnet wird [vgl. HOPF98, S. 362; MEFF98, S. 74 f.]:

- Unternehmenszweck
  Art von Leistungen, die das Unternehmen als Teil der Gesamtwirtschaft erbringen soll.

- UNTERNEHMENSIDENTITÄT
"Unternehmenspersönlichkeit", die sich im Verhalten, der Kommunikation und dem Erscheinungsbild des Unternehmens ausdrückt.
- UNTERNEHMENSGRUNDSÄTZE
Richtlinien, durch die Mitarbeiter in wichtigen Fragestellungen einen am Unternehmenszweck und seiner Identität ausgerichteten, konsistenten Standpunkt einnehmen.
- UNTERNEHMENSZIELE
Handlungsziele, die Orientierungs- bzw. Richtgrößen für das unternehmerische Handeln darstellen.

Die Fülle möglicher Unternehmensziele kann in folgenden Basiskategorien zusammengefaßt werden [vgl. MEFF98, S. 78 f.]:

- MARKTSTELLUNGSZIELE
Marktanteil, Umsatz, Marktgeltung, neue Märkte
- RENTABILITÄTSZIELE
Gewinn, Umsatzrentabilität, Rentabilität des Eigenkapitals, Rentabilität des Gesamtkapitals
- FINANZIELLE ZIELE
Kreditwürdigkeit, Liquidität, Selbstfinanzierungsgrad, Kapitalstruktur
- SOZIALE ZIELE
Arbeitszufriedenheit, Einkommen und soziale Sicherheit, soziale Integration, persönliche Entwicklung
- MARKT- UND PRESTIGEZIELE
Unabhängigkeit, Image und Prestige, politischer Einfluß, gesellschaftlicher Einfluß

Auf Basis von Unternehmenszweck, -identität und -grundsätzen werden die Strategien zur Erreichung der Unternehmensziele formuliert, an denen die grundsätzlichen Aktivitäten der einzelnen Funktionsbereiche ausgerichtet werden.

4.1.2 ERMITTLUNG DER UNTERNEHMENSSITUATION

Vor dem Hintergrund der allgemeinen Unternehmensziele und -strategien kann sowohl die externe als auch die interne Ausgangssituation des Unternehmens ermittelt werden. Die hierzu erforderlichen Aktivitäten von F&E und Marketing zielen auf die Analyse des Marktes bzw. der Umwelt, des Wettbewerbs, der Kunden und des Unternehmens ab und sind auf eine Informationsgewinnung fokussiert.

Damit die Ergebnisse dieser Informationsgewinnung auch zu einem späteren Zeitpunkt im Innovationsprozeß abgerufen werden können, werden diese strukturiert in Markt-,

Wettbewerbs-, Kunden- sowie Unternehmensinformationen dokumentiert[1]. Dadurch können bspw. Bereiche mit Informationsdefiziten identifiziert und entsprechende Maßnahmen eingeleitet werden. Darüber hinaus weist jeder dieser Bereiche spezifische Charakteristika auf, an denen die im Innovationsprozeß erzielten Ergebnisse gespiegelt werden können [vgl. HUXO90, S. 48 ff.].

Zur Erfassung der internen Situation werden auf der einen Seite die Unternehmensstruktur sowie die im Unternehmen vorhanden Ressourcen durch das Marketing untersucht. Darüber hinaus werden das Produktspektrum und die aktuelle Kundenstruktur erfaßt. Auf der andern Seite werden Produkt- und Prozeßtechnologien sowie die Aktivitäten im Technologiebereich von F&E analysiert und das in diesem Bereich vorhandene Knowhow strukturiert.

Die externe Situation wird mittels Markt- bzw. Umwelt- sowie Wettbewerbs- und Kundenuntersuchungen erfaßt. Innerhalb der Markt- und Umweltuntersuchungen werden seitens F&E insbesondere bekannte Technologien analysiert sowie deren mittelbare und unmittelbare Folgen abgeschätzt. Darüber hinaus werden aktuelle Gesetzgebungen und Normen mit in die Betrachtungen einbezogen. Parallel hierzu sind seitens des Marketing die für das Unternehmen generell relevanten Märkte zu identifizieren und deren Strukturen zu analysieren. Innerhalb der Märkte sind dann die verschiedenen Kundengruppen sowie deren prinzipielle Bedürfnisse zu ermitteln. Die betrachteten Technologien und die identifizierten Märkte und Kundengruppen können dann einander zugeordnet werden.

Zur Ermittlung der Marktposition führt das Marketing eine Wettbewerbsanalyse durch. Diese beinhaltet die Aufstellung des Produktprogramms der Konkurrenten sowie die Analyse der Produktpositionierung. Um die zukünftigen Trends der Konkurrenten ableiten zu können, werden sowohl die Wettbewerbsstruktur als auch das Verhalten analysiert. Aufbauend auf der Aufstellung des Produktprogramms der Konkurrenz können dann die Produkte und die zur Herstellung erforderlichen Prozesse technologisch untersucht werden. Unterstützend hierzu erfolgt eine Analyse der Wettbewerbspatente sowie der Technologiebeschaffung und -verwertung. Dementsprechend können auch bekannte F&E-Projekte Hinweise auf die technologische Konkurrenzsituation geben[2].

Die gemeinsamen Aktivitäten von F&E und Marketing liegen insbesondere in der Analyse der Wettbewerbs- sowie der unternehmenseigenen Produkte. Dabei obliegt die Strukturierung der Produkte hauptsächlich dem Marketing, während bei der Zuordnung der Produkttechnologien F&E Schwerpunktaufgaben übernimmt. Für eine systematische Erfassung der jeweiligen Produktdaten eignen sich sogenannte Produktdatenblätter. In

---

[1] Eine entsprechende Einteilung ist auch in anderen Arbeiten zu finden [vgl. BRAF01, HERZ91, HUXO90].

[2] Eine strukturierte Aufschlüsselung der detaillierten Aktivitäten von F&E und Marketing befindet sich im Anhang B.

ihnen ist u.a. eine Beschreibung des jeweiligen Produktes, seiner Funktionen sowie der technologischen Umsetzung erfaßt[1].

4.1.3 Analyse der Unternehmenspotentiale

„Das Unternehmenspotential ist die Gesamtheit der Möglichkeiten eines Unternehmens, eine Nachfrage nach Problemlösungen (Produkten) erfüllen zu können" [vgl. VDI83, S. 33]. Dabei beeinflußt einerseits die Marktsituation die Handlungsmöglichkeiten eines Unternehmens. Andererseits können die Unternehmenspotentiale aus der Erfahrung, dem Know-how und den technologischen Möglichkeiten des Unternehmens selbst resultieren. In diesem Zusammenhang wird häufig von Kernkompetenzen gesprochen[2].

Für die Ermittlung der Unternehmenspotentiale im Hinblick auf eine erfolgreiche Produktinnovation müssen demnach sowohl die markt- als auch die technologieseitigen Potentiale ermittelt und einander gegenübergestellt werden.

Zur Ermittlung der Marktpotentiale werden sowohl die Bedürfnisse als auch das Kaufverhalten der Kunden analysiert sowie die Marktentwicklungen bezüglich der unternehmenseigenen wie auch der Wettbewerbsprodukte abgeschätzt. Auf Basis der technologischen Analyse von Produkten, Prozessen und Entwicklungsaktivitäten werden die technologischen Kernkompetenzen identifiziert. Anschließend werden die ermittelten Kompetenzen hinsichtlich ihrer Imitierbarkeit, Dauerhaftigkeit und Substituierbarkeit beurteilt.

F. Brandenburg und Tschirky et al. schlagen mit der Handshake-Analysis einen integrativen Ansatz zur technologie- und marktorientierten Abbildung der Unternehmenspotentiale vor [vgl. BRAF01, S. 61; TSCH96]. Eine detaillierte Ausführung hierzu ist bei F. Brandenburg zu finden [vgl. BRAF01, S. 61 ff.]. Für eine etwas weniger umfassende Darstellung schlagen R. Boutellier und R. Völker zur Gegenüberstellung ein Markt-Unternehmen-Diagramm vor [vgl. BOUT97, S. 34 ff.]. Dabei werden die ermittelten Kompetenzen in einem Portfolio, das durch die Achsen „Marktsicht" und „Unternehmenssicht" aufgespannt wird, eingeordnet. Die Kompetenzen, die sowohl aus Markt- als auch aus Unternehmenssicht am besten bewertet werden, sollen demnach weiterverfolgt werden.

Beiden gemeinsam ist zunächst die getrennte Durchführung der technologischen und marktseitigen Analysen. Wichtig ist jedoch, daß die Verknüpfung beider Aspekte und die Bewertung eine intensive Zusammenarbeit von F&E und Marketing erfordern, damit die produktinnovationsrelevanten Unternehmenspotentiale umfassend analysiert und

---

[1] Ein Beispiel für die Strukturierung von Produktdatenblättern befindet sich im Anhang C.

[2] Eine Kernkompetenz besteht aus der Bündelung von Fähigkeiten und Technologien [vgl. BOUT97 S. 27 f.; ZEHN97, S. 25 ff.; PRAH95; PRAH91].

ermittelt werden können. Die Vorgehensweise zur Ermittlung der Unternehmenspotentiale sowie die Aktivitäten diesbezüglich von F&E und Marketing sind für das Markt-Unternehmen-Diagramm beispielhaft in Bild 4.2 veranschaulicht.

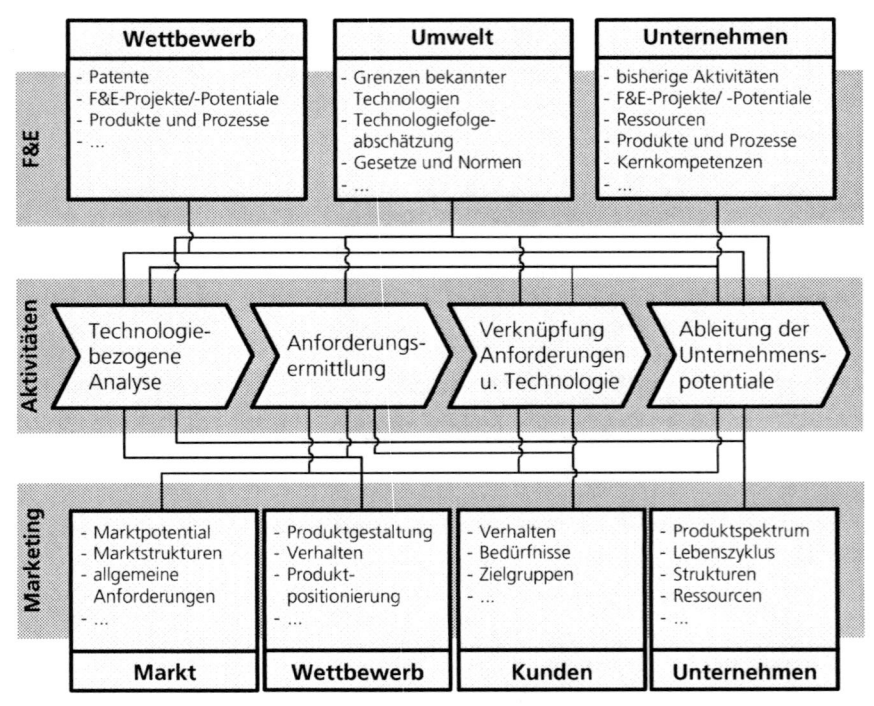

	Wettbewerb	Umwelt	Unternehmen
F&E	- Patente - F&E-Projekte/-Potentiale - Produkte und Prozesse - ...	- Grenzen bekannter Technologien - Technologiefolgeabschätzung - Gesetze und Normen - ...	- bisherige Aktivitäten - F&E-Projekte/ -Potentiale - Ressourcen - Produkte und Prozesse - Kernkompetenzen - ...
Aktivitäten	Technologiebezogene Analyse	Anforderungsermittlung	Verknüpfung Anforderungen u. Technologie	Ableitung der Unternehmenspotentiale
Marketing	- Marktpotential - Marktstrukturen - allgemeine Anforderungen - ...	- Produktgestaltung - Verhalten - Produktpositionierung - ...	- Verhalten - Bedürfnisse - Zielgruppen - ...	- Produktspektrum - Lebenszyklus - Strukturen - Ressourcen - ...
	Markt	**Wettbewerb**	**Kunden**	**Unternehmen**

Bild 4.2: Vorgehensweise bei der Ermittlung der Unternehmenspotentiale

4.1.4 ABLEITUNG INNOVATIONSBEZOGENER STRATEGIEN UND ZIELE

Die innovationsbezogenen Strategien und Ziele können sowohl aus den übergeordneten Unternehmenszielen und -strategien resultieren als auch auf Basis der aktuellen Unternehmenssituation und der ermittelten Unternehmenspotentiale abgeleitet werden. Wichtige Ziele von Produktinnovationen sind die Gewinnsteigerung, die bspw. durch die Erhöhung des Deckungsbeitrages durch die Substitution bestehender Produkte erzielt werden kann, die Wachstumssicherung bzw. -steigerung, die Kapazitätsauslastung und die Risikostreuung [vgl. BROS82, S. 134]. Diese Ziele bilden den Ausgangspunkt bei der Bewertung technologischer Produktinnovationen [vgl. BRAF01, S. 61 f.; PLES96, S. 24;

COOP93, S. 294]. Darüber hinaus steht die Strategie in enger Beziehung zur Wettbewerbs- und Timingstrategie eines Unternehmens [vgl. AWK99, S. 127 f.][1].

Da die relevanten Wettbewerbsparameter über den Verlauf des Lebenszyklus nicht als konstant angesehen werden können, ist eine Verbindung der klassischen Strategien „Kostenführerschaft" und „Qualitätsführerschaft" anzustreben [vgl. STIP99, S. 68 ff.]. Einen Ansatz für die Verknüpfung beider Strategien bietet die Outpacing-Strategie [vgl. GILB87, S. 28 ff.]. Diese besagt, daß Pionierunternehmen, die mit einer Produktinnovation zuerst in den Markt eintreten, zunächst die Marktposition durch eine überlegene Produktleistung aufgrund des Alleinstellungskriteriums festigen. Nachfolger müssen dagegen zunächst eine entsprechende Produktleistung zu einem niedrigeren Kostenniveau erbringen, um auf dem Markt bestehen zu können. Um wettbewerbsfähig zu bleiben, sind dadurch die Pionierunternehmen gezwungen, ihre hohe Produktleistung zu niedrigeren Kosten anzubieten. Hierauf reagieren dann wieder die Nachfolgeunternehmen mit einer Steigerung ihrer Produktleistung. Dieser Outpacing-Prozeß setzt sich ausgelöst durch neue Kostensenkungs- und Leistungssteigerungspotentiale kontinuierlich fort [vgl. MEFF94, S. 117 f.].

Durch die Outpacing-Strategie können neben den oben genannten Zielen zwei weitere konkrete Parameter für die Kontrolle und Bewertung von Produktinnovationen herangezogen werden: das Leistungs- und das Kostenniveau. Das Leistungsniveau wird insbesondere durch die Produktfunktionen und damit auch durch die Produkttechnologie bestimmt. Beschaffung und Produktion nehmen entscheidenden Einfluß auf das Kostenniveau. Dementsprechend ist maßgeblich F&E an der Erreichung beider Niveaus beteiligt. Die Höhe der jeweiligen Ziele ist jedoch stark von den marktseitigen Gegebenheiten abhängig. Somit ist ein Informationsaustausch zwischen F&E und Marketing unentbehrlich.

Vor diesem Hintergrund sind zu Beginn der Produktinnovationsplanung Strategien zu konkretisieren, die das gewünschte Leistungs- und Kostenniveau der zu entwickelnden Produktkonzepte festlegen. Anhand der vereinbarten minimalen Niveaus können die umzusetzenden Konzepte hinsichtlich ihrer Strategieerfüllung überprüft werden (vgl. Kapitel 4.4.2). Somit werden die innovationsbezogenen Strategien und Ziele als Leitlinien herangezogen.

---

[1] Die Wettbewerbsstrategie bezeichnet die Wahl offensiver und defensiver Maßnahmen, um im Wettbewerb erfolgreich zu sein. Es wird dabei zwischen Kostenführerschaft, Differenzierung und Konzentration unterschieden [vgl. PORT97, S. 62]. Bei der Timingstrategie wird der Zeitpunkt der Markteinführung neuer Produkte in den Vordergrund der Betrachtungen gestellt [vgl. MEFF98, S. 247; BUCH96, S. 65 ff.; PERI96, S. 267 ff.; PLES96, S. 88 ff.]. Es werden grundsätzlich Führer- (bzw. Pionier-) und Folgerstrategie unterschieden [vgl. PERI89, S. 23], wobei darüber hinaus zwischen frühen und späten Folgern differenziert wird [vgl. BRAF01, S. 60 f.; MEFF98, S. 247].

Detaillierung der Methodik

4.1.5 Identifikation von Gestaltungsfeldern

Auf Basis der ermittelten Unternehmenspotentiale und vor dem Hintergrund der Innovationsstrategien werden Gestaltungsfelder identifiziert, in denen die Chance oder die Notwendigkeit besteht, mit Produktinnovationen einen Beitrag zur Erfüllung der Unternehmensziele zu leisten. Durch die Auswahl von Gestaltungsfeldern wird der Betrachtungsbereich eingegrenzt und die Innovationsaktivitäten auf diese Felder fokussiert. Für die Bestimmung dieser Felder stehen zahlreiche Methoden, wie bspw. die Szenariotechnik, die Lebenszyklusanalyse oder die GAP-Analyse zur Verfügung [vgl. bspw. AEBE96; HINT92, S. 106 ff.; SCUB91, S. 16][1]. Ziel jeder dieser Methoden ist, auf Basis der Stärken und Schwächen sowie der Chancen und Risiken des Unternehmens Schlüsselaufgaben für die Zukunft abzuleiten.

Ähnlich wie bei der Ermittlung der Unternehmenspotentiale ist es notwendig, die Gestaltungsfelder sowohl markt- als auch technologieorientiert abzuleiten. Eine Methode, die beide Aspekte berücksichtigt, ist das integrierte Markt-Technologie-Portfolio nach McKinsey [vgl. GAUS01, S. 52]. Im ersten Schritt wird dabei eine Beurteilung sowohl aus Markt- als auch aus Technologiesicht vorgenommen, bevor beide Sichten im zweiten Schritt zusammengeführt werden (siehe Bild 4.3) [vgl. KRUB82].

Bei der Analyse der Marktsicht wird ein Markportfolio erstellt, bei dem Marktattraktivität und Wettbewerbsstärke einander gegenübergestellt werden. Hierzu werden ausschließlich marktrelevante Größen herangezogen [vgl. GAUS01, S. 54]:

- Marktattraktivität
  mit Marktvolumen, Marktentwicklung, Wettbewerbsintensität;

- Wettbewerbsstärke
  mit Marktanteil, Umsatzentwicklung, Differenzierungsstärke, Profitabilität.

Entsprechend der Positionierung im Portfolio ergeben sich die Marktprioritäten für die betrachteten Bereiche, wobei eine hohe Marktpriorität sowohl durch eine hohe Marktattraktivität als auch durch eine hohe Wettbewerbsstärke gekennzeichnet ist.

Analog wird ein Technologieportfolio mit den Dimensionen Technologieattraktivität und relative Technologieposition erstellt:

- Technologieattraktivität
  mit Position auf der S-Kurve[2], Eintrittsbarrieren hinsichtlich des Know-hows, der Erfahrung und der Herstellprozesse;

---

[1] Insbesondere Webster et al. entwickelten einen Leitfaden, der eine situations- und kontextspezifische Auswahl von strategischen Analysemethoden und -techniken ermöglicht [WEBS89].

[2] Schlüssel- und Schrittmachertechnologien weisen aufgrund ihrer großen Zukunftspotentiale die größte Technologieattraktivität auf [vgl. GAUS01, S. 56].

Detaillierung der Methodik

- RELATIVE TECHNOLOGIEPOSITION
  mit Ressourcenstärke und Umsetzungsstärke im Technologiebereich.

Analog zum Marktportfolio ergeben sich die Technologieprioritäten durch die Positionierung der betrachteten Bereiche.

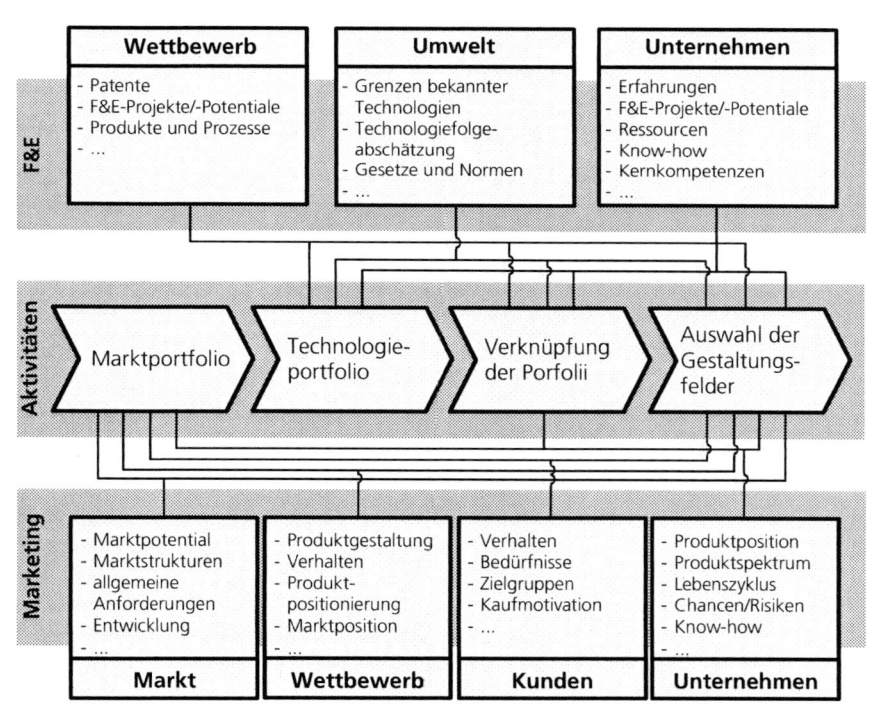

	Wettbewerb	Umwelt	Unternehmen
F&E	- Patente - F&E-Projekte/-Potentiale - Produkte und Prozesse - ...	- Grenzen bekannter Technologien - Technologiefolgeabschätzung - Gesetze und Normen - ...	- Erfahrungen - F&E-Projekte/-Potentiale - Ressourcen - Know-how - Kernkompetenzen - ...
Aktivitäten	Marktportfolio	Technologieportfolio	Verknüpfung der Porfolii	Auswahl der Gestaltungsfelder
Marketing	- Marktpotential - Marktstrukturen - allgemeine Anforderungen - Entwicklung - ...	- Produktgestaltung - Verhalten - Produktpositionierung - Marktposition - ...	- Verhalten - Bedürfnisse - Zielgruppen - Kaufmotivation - ...	- Produktposition - Produktspektrum - Lebenszyklus - Chancen/Risiken - Know-how - ...
	Markt	Wettbewerb	Kunden	Unternehmen

Bild 4.3: Aktivitäten von F&E und Marketing bei der Identifizierung von Gestaltungsfeldern

Sowohl Marktprioritäten als auch Technologieprioritäten werden anschließend in einem Markt-Technologie-Portfolio kombiniert [vgl. GAUS01, S. 54 ff.]. Eine wesentliche Ergänzung im integrierten Markt-Technologie-Portfolio ist die Einbeziehung der Lebenszyklusphase, in der sich der Betrachtungsbereich gerade befindet [vgl. HOMB96, S. 308 f.]. So kann berücksichtigt werden, daß der Bereich der eigenen Technologieentwicklung bzw. der technologischen Führerschaft bei reiferen Märkten wesentlich kleiner ist als bei Märkten in der Entstehungsphase. Hierdurch wird der Gefahr Rechnung getragen, daß zum einen die bestehende Technologieführerschaft nicht in Markterfolg umgesetzt werden kann, wenn bei sehr hoher Technologiepriorität eine geringe Marktpriorität besteht, und daß Chancen attraktiver Märkte nicht wahrgenommen werden, wenn bei sehr hoher Marktpriorität eine ausgesprochen geringe Technologie-

Detaillierung der Methodik

priorität besteht. Dementsprechend ist für eine Überprüfung der Bereiche, in denen das Unternahmen aktiv ist, eine regelmäßige Erstellung des Portfolios anzustreben.

Zum Abschluß der Phase der Zielbildung liegen als Eingangsinformation für die Zukunftsanalyse und die nachfolgenden Phasen die innovationsrelevanten Unternehmenspotentiale, die unternehmensspezifischen, innovationsbezogenen Ziele und Strategien sowie die Gestaltungsfelder vor.

4.1.6 ZUKUNFTSANALYSE

In der Phase der Zukunftsanalyse[1] werden innerhalb der definierten Gestaltungsfelder systematisch Innovationspotentiale abgeleitet und Innovationsaufgaben konkretisiert. Dabei werden die folgenden Teilaktivitäten durchgeführt:

- Bildung von Zukunftsprojektionen {A21},
- Ableitung von Innovationspotentialen {A22} sowie
- Definition von Innovationsaufgaben {A23}.

Eine Übersicht über die Einzelaktivitäten sowie die Interaktion von F&E und Marketing während der Zukunftsanalyse ist in Bild 4.4 dargestellt.

Für die Bildung der Zukunftsprojektionen werden in einem ersten Schritt die Trends innerhalb der identifizierten Gestaltungsfelder abgeleitet. Dabei ermittelt das Marketing insbesondere die Markttrends wie zukünftige Markt- und Absatzentwicklungen sowie die Entwicklungen im Kunden- und Konkurrenzverhalten. Parallel hierzu prognostiziert F&E die zukünftige Technologieentwicklung sowohl markt- als auch konkurrenzseitig und schätzt die unmittelbaren und mittelbaren Folgen ab. Desweiteren werden die Trends in der übrigen Umwelt bspw. in der Gesetzgebung, Normung und demographischen Entwicklung von F&E und Marketing ermittelt. Methoden der strategischen Frühinformation, die der Identifikation von Trends dienen, sind bspw. Delphi-Studien [vgl. DELP98]. Darüber hinaus kommen hier, ähnlich wie in der Phase der Zielbildung, Methoden der strategischen Analyse zum Einsatz (vgl. Kapitel 4.1.5). Die identifizierten Trends werden anschließend im interdisziplinären Team von F&E und Marketing bewertet und auf ihre Wirkbeziehungen hin analysiert. Aus den bewerteten Trends werden daraufhin Zukunftsprojektionen formuliert und somit ein unternehmensspezifisches Zukunftsbild gezeichnet (vgl. Bild 4.5).

---

[1] F. BRANDENBURG entwickelte in seiner Arbeit ein Zukunftsmodell mit Informationsbeziehungen, Wirkzusammenhängen und Auswertungsalgorithmen und konzipierte die detaillierte Ablaufstruktur [vgl. BRAF01, S. 64 ff.]. Die hier erläuterte Vorgehensweise lehnt sich an seine Ausführungen an und detailliert die Aktivitäten von F&E und Marketing innerhalb der Analyse.

Detaillierung der Methodik

F&E	Wettbewerb	Umwelt	Unternehmen
	- Patente - F&E-Projekte/-Potentiale - Produkte und Prozesse - Kernkompetenzen - ...	- Technologiefrüherkennung u. -prognose - Technologiefolgeabschätzung - Gesetze und Normen - ...	- F&E-Projekte/-Potentiale - Entwicklungspotential der Technologien - Kernkompetenzen - ...

Aktivitäten: Trendableitung → Zukunftsprojektionen → Unternehmenspotentiale → Innovationspotentiale → Innovationsaufgaben

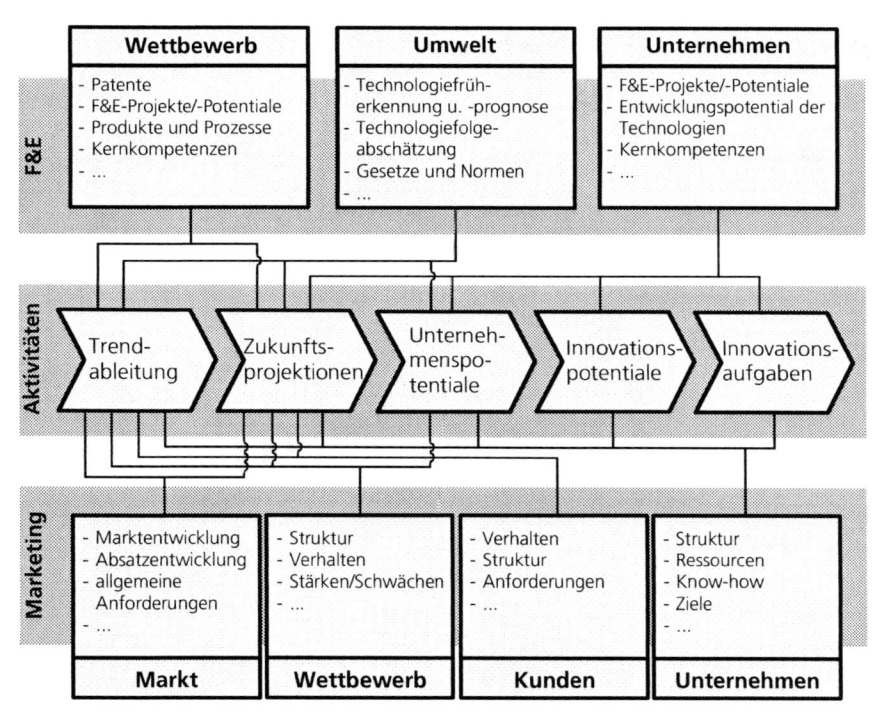

Marketing	Markt	Wettbewerb	Kunden	Unternehmen
	- Marktentwicklung - Absatzentwicklung - allgemeine Anforderungen - ...	- Struktur - Verhalten - Stärken/Schwächen - ...	- Verhalten - Struktur - Anforderungen - ...	- Struktur - Ressourcen - Know-how - Ziele - ...

Bild 4.4: Interaktion und Einzelaktivitäten von F&E und Marketing innerhalb der Zukunftsanalyse

Im zweiten Schritt der Zukunftsanalyse werden die analysierten Unternehmenspotentiale {A13} den formulierten Zukunftspotentialen gegenübergestellt und gemeinsam von F&E und Marketing werden hieraus Innovationspotentiale abgeleitet[1]. Dabei können bereits Problem-, Lösungs- oder sogar Produktideen entstehen. Diese werden zunächst auch als Innovationspotential formuliert und gegebenenfalls im Rahmen der Ideenfindung wieder aufgegriffen und konkretisiert.

Bevor Innovationsaufgaben definiert werden können, werden die abgeleiteten Innovationspotentiale bewertet. F. BRANDENBURG schlägt hierzu ein Portfolio-System vor, das die Ableitung von Handlungsempfehlungen unterstützt [vgl. BRAF01, S. 78 ff.]. Dabei werden die Potentiale bezüglich ihrer Zukunfts- und Unternehmensgewichtung einander gegenübergestellt. Darüber hinaus werden mögliche Korrelationen der Potentiale unter-

---

[1] Methoden zur Ableitung derartiger Potentiale aus den (fertigungs-)technologischen Kompetenzen und den Potentialen eines Unternehmens entwickelten z.B. PELZER [PELZ99], EßMANN [ESSM95] und KEHRMANN [KEHR72]. Eine Methodik um ausgehend von abstrakt formulierten Problemstellungen geeignete unternehmensspezifische technologische Problemlösungskompetenzen zu identifizieren entwickelte SPIELBERG [vgl. SPIE01].

Detaillierung der Methodik

einander berücksichtigt. Anschließend werden aus den Potentialen Innovationsaufgaben definiert, indem sie zu Handlungsanweisungen erweitert werden. Diese Anweisungen beinhalten insbesondere die im weiteren Planungsverlauf notwendigen Aktivitäten.

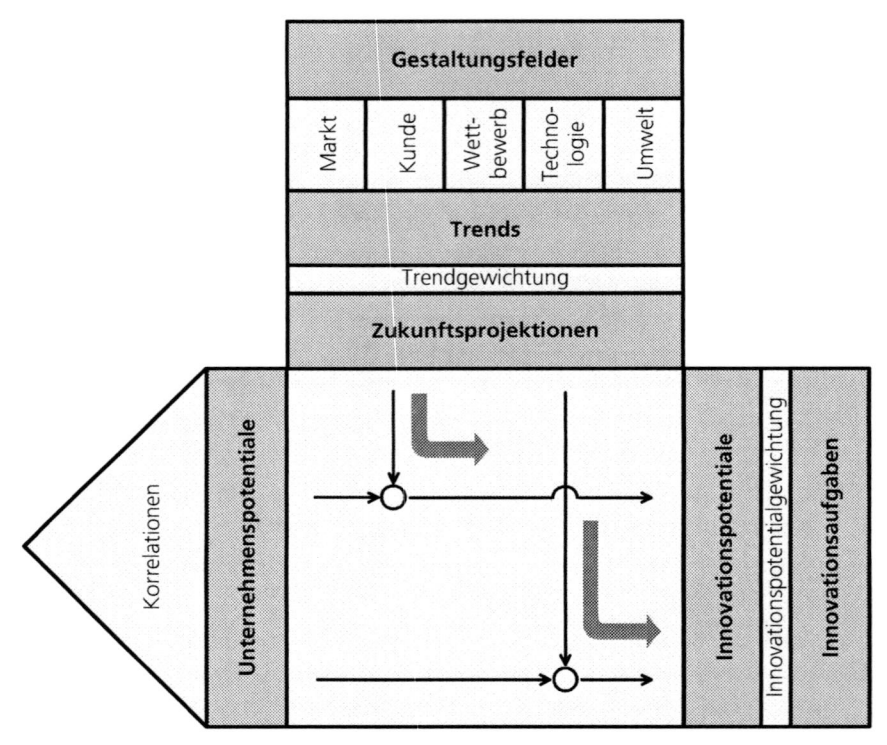

Bild 4.5: Vorgehen bei der Zukunftsanalyse in Anlehnung an F. Brandenburg

Damit sind die wesentlichen Informationen für die nachfolgenden Planungsphasen bereitgestellt und eine Basis für eine spätere Beurteilung der Zukunftsträchtigkeit sowie die zeitliche Einordnung von Produktideen gelegt.

4.1.7 ZWISCHENFAZIT: ZIELBILDUNG UND ZUKUNFTSANALYSE

Im Rahmen der Zielbildung und der Zukunftsanalyse werden durch die Erfassung und Analyse der Unternehmenssituation und Unternehmenspotentiale die innovationsbezogenen Ziele und Strategien festgelegt, auf deren Basis eine Beurteilung der im weiteren Innovationsprozeß zu entwickelnden Produktkonzepte anhand des Leistungs- und Kostenniveaus ermöglicht wird. Hierdurch werden die Randbedingungen bestimmt, durch die eine gezielte Informationsgewinnung hinsichtlich Markt, Wettbewerb und Kunden stattfinden kann.

Vor diesem Hintergrund werden systematisch Gestaltungsfelder für das Unternehmen identifiziert. Auf der Basis von zukünftigen Trends und den ermittelten Unternehmenspotentialen werden für diese Gestaltungsfelder innerhalb der Zukunftsanalyse Innovationspotentiale ermittelt.

Die Ergebnisse dieser Phasen sind generelle, für die Innovationsaktivitäten relevante Informationen, die den Betrachtungsbereich beschreiben sowie systematisch ausgewählte Innovationsaufgaben, die in den nächsten Phasen des Innovationsprozesses in zukunftsträchtige Produktideen überführt werden sollen.

4.2 Ideenfindung und 1. Überprüfung der Ergebnisse

Die definierten Innovationsaufgaben stellen zukunftsorientierte Problemstellungen dar, die systematisch und zielgerichtet erarbeitet wurden. In der kreativen Phase der Ideenfindung {A3} sollen aus diesen Problemstellungen zukunftsträchtige Produktideen entwickelt werden. Hierfür werden die ermittelten Aufgabenstellungen präzisiert und strukturiert. Auf dieser Basis werden möglichst breit Lösungsideen gesammelt, wobei sich ausschließende wie auch sich ergänzende Ideen zugelassen sind. Anschließend werden die einzelnen Ideen strukturiert, verdichtet und bewertet. Vor diesem Hintergrund werden vier wesentliche Teilaktivitäten differenziert:

- Analyse der Innovationsaufgabe und Ermittlung der Anforderungen {A31},
- Sammlung und Generierung von Lösungsideen {A32},
- Strukturierung der Lösungsideen zu Lösungskonzepten {A33} sowie
- Bewertung der entwickelten Lösungskonzepte {A34}.

In der Phase der Überprüfung der Ergebnisse der Ideenfindung {A4} werden die gesammelten und generierten Ideen auf ihre Marktkonformität hin untersucht. Damit soll zum einen die Dynamik von Märkten und sich potentiell ändernden Kundenanforderungen berücksichtigt, zum anderen sollen gleichzeitig Präferenzaussagen über die Merkmalsausprägungen der Lösungskonzepte erhoben werden. Innerhalb dieser Planungsphase werden die folgenden Teilaktivitäten durchgeführt:

- Identifizierung der Merkmale der entwickelten Ideen {A41},
- Validierung der ermittelten Anforderungen {A42} sowie
- Auswahl von Lösungskonzepten {A43}.

Detaillierung der Methodik

4.2.1 ANALYSE DER INNOVATIONSAUFGABE

Im Rahmen der Analyse der Innovationsaufgabe {A31} ist die Aufgabenstellung zu klären und zu präzisieren. Hierzu werden die existierenden Informationen erfaßt und aufbereitet sowie die Problemstellung strukturiert, um eine gerichtete Ideenfindung zu ermöglichen. Desweiteren sind die internen und externen Anforderungen in einer ersten Erhebung zu ermitteln und zu ordnen. Die Aktivitäten innerhalb der Analyse werden interdisziplinär von F&E und Marketing durchgeführt [vgl. BRAF01, S. 82; GEID99, S. 60 ff.; SCLI92]. Als Unterstützung werden in der Literatur zahlreiche analytisch-systematische Methoden empfohlen wie bspw. Patent- und Wertanalyse [vgl. GAUS01; HERB00; SCLI92]. Zur Strukturierung der Innovationsaufgabe und zur Erfassung von Informationen wird hier zunächst eine Funktionsanalyse, die Analyse bestehender Lösungen und die Formulierung des Idealen Produktes vorgeschlagen, bevor Anforderungen ermittelt, strukturiert und bewertet werden (vgl. Bild 4.6).

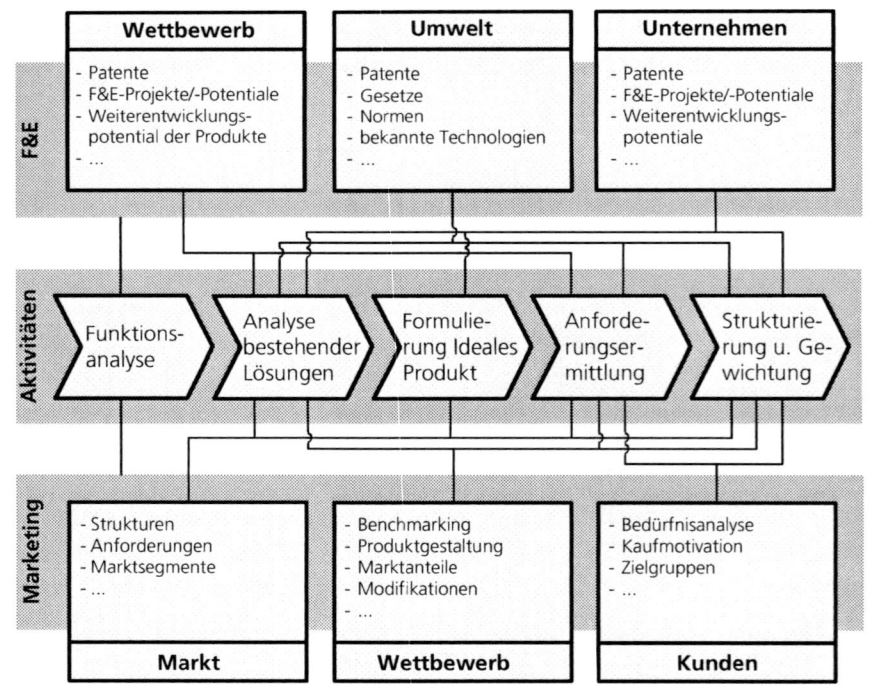

	Wettbewerb	**Umwelt**	**Unternehmen**
F&E	- Patente - F&E-Projekte/-Potentiale - Weiterentwicklungspotential der Produkte - ...	- Patente - Gesetze - Normen - bekannte Technologien - ...	- Patente - F&E-Projekte/-Potentiale - Weiterentwicklungspotentiale - ...
Aktivitäten	Funktionsanalyse → Analyse bestehender Lösungen → Formulierung Ideales Produkt → Anforderungsermittlung → Strukturierung u. Gewichtung		
Marketing	- Strukturen - Anforderungen - Marktsegmente - ...	- Benchmarking - Produktgestaltung - Marktanteile - Modifikationen - ...	- Bedürfnisanalyse - Kaufmotivation - Zielgruppen - ...
	Markt	**Wettbewerb**	**Kunden**

Bild 4.6: Aktivitäten von F&E und Marketing innerhalb der Analyse von Innovationsaufgaben

Detaillierung der Methodik

FUNKTIONSANALYSE

Innerhalb der Funktionsanalyse wird die betrachtete Problemstellung in eine funktionale Sicht transformiert. Dabei werden innerhalb der Problemstellung funktionale Anforderungen identifiziert und bezüglich ihrer Relationen und Zweck-Mittel-Beziehung analysiert. Anschließend wird hieraus eine Funktionenfolge und somit ein erster Funktionsbaum erstellt [vgl. TEUF98, S. 23 ff.; AKIY94, S. 64 ff.].

FORMULIERUNG DES IDEALEN PRODUKTES

Bei dem Idealen Produkt handelt es sich um ein gedankliches Konstrukt, das alle erwünschten Funktionen erfüllt, ohne Ressourcenverbrauch und Nebeneffekte, d.h. es erfüllt den maximalen Nutzen bei minimalem Aufwand (vgl. Kapitel 2.3.1). Folglich kann das ideale Produkt als Zieldefinition verstanden werden, die nicht erreicht werden muß, aber als eine Orientierungshilfe bei der Entwicklung neuer Produkte dienen kann. Darüber hinaus kann es als Mittel zur Überwindung von Denkbarrieren dienen und einen Maßstab bei der Beurteilung von Lösungsalternativen darstellen [vgl. HERB00, S. 72 f.; TEUF98, S. 17 f.]. Insbesondere gelingt es durch die Reduktion des Systems auf seine wesentlichen idealen Eigenschaften und die damit verbundene Möglichkeit, einschränkende Randbedingungen zu ignorieren, sich auf die wesentlichen, angestrebten Eigenschaften und Funktionen zu konzentrieren [TEUF98, S. 92].

Bei der Formulierung der Idealität ist es im Sinne einer markt- und technologieorientierten Produktinnovation notwendig, beide Aspekte zu berücksichtigen. Dementsprechend leiten F&E und Marketing gemeinsam das Ideale Produkt für die betrachtete Problemstellung ab. Durch einen Vergleich des Idealen Produktes mit dem zuvor erstellten Funktionsbaum werden Funktionen offensichtlich, die nicht zum eigentlichen Zweck der Problemlösung beitragen, sondern durch Kompromißlösungen bei anderen Teilproblemen notwendig geworden sind.

ERMITTLUNG DER ANFORDERUNGEN

Bei der Ermittlung der Anforderungen ist zwischen den internen und externen Anforderungen zu trennen. Die interne Anforderungsermittlung erfolgt aufbauend auf der Funktionsanalyse und kann als Vorbereitung für die Erfassung der externen Anforderungen dienen [vgl. GEID99, S. 63 ff.]. Neben Befragungsmethoden wie bspw. Interviews kann hierzu die Methode der Evolutionsgesetze nach Altschuller eingesetzt werden (vgl. Kapitel 2.3.1) [vgl. TEUF98, S. 76 ff.; TERN98, S. 203 ff.]. Dabei werden technologische Evolutionen bestehender Systeme analysiert und diese Evolutionsschritte auf die vorgegebene Aufgabe übertragen. Dies kann bspw. anhand von Patenten bzw. Wettbewerbsprodukten erfolgen. Mittels dieser Methode ist es möglich, Entwicklungen technischer Systeme zu prognostizieren und somit neue, zukünftig potentielle, funktionale Anforderungen zu ermitteln. Hierdurch kann ggf. der entwickelte Funktionsbaum in zeitlichen Entwicklungsstufen abgebildet werden.

Detaillierung der Methodik

Bei der externen Ermittlung werden Daten insbesondere mit dem Kunden erhoben. Sie dient der Analyse der Kundenanforderungen [vgl. GEID99, S. 62 ff.]. Als Methoden können bspw. Gruppendiskussionen und explorative Interviews eingesetzt werden [vgl. GEID99, S. 42 ff.].

Strukturierung und Gewichtung der Anforderungen

Für eine gezielte Handhabung der ermittelten Anforderungen im weiteren Verlauf ist es notwendig diese zu strukturieren. Dabei werden grundsätzlich zwei unterschiedliche Strukturierungsarten unterschieden: die hierarchische Strukturierung und die Klassifizierung nach unterschiedlichen Merkmalsarten.

Durch das KJ-Diagramm[1] wird es ermöglicht, unsortiert vorliegende Daten hierarchisch zu ordnen. Dabei werden die Anforderungen in drei bis vier Ebenen strukturiert und auf ihre Relationen untereinander untersucht. Zunächst werden die primären Anforderungen gruppiert und um sekundäre Anforderungen erweitert. Anschließend werden tertiäre Anforderungen den sekundären zugeordnet. Bei dieser Vorgehensweise kann der zuvor erstellte Funktionsbaum unterstützend genutzt werden. Y. Akao empfiehlt dieses Vorgehen für die Strukturierung der Anforderungen innerhalb der QFD-Methode [vgl. AKAO92, S. 28 f.].

Für die Klassifizierung nach Merkmalsarten unterscheidet N. Kano drei grundsätzliche Zufriedenheitsfaktoren [vgl. KANO84, S. 41 f.]:

- Basisfaktoren
  Sie sind selbstverständlich und werden nicht explizit ausgesprochen, da sie fast nicht mehr bewußt sind. Folglich sind sie schwer zu ermitteln und müssen einen hohen Erfüllungsgrad haben. Werden sie nicht erfüllt, tragen sie in einem hohen Maße zur Unzufriedenheit der Kunden bei.

- Leistungsfaktoren
  Diese Faktoren sind bekannt, werden aber nicht notwendigerweise vorausgesetzt. Vielmehr werden sie im Falle einer Kaufentscheidung zum Vergleich von Produkten herangezogen. Dementsprechend steigt mit der Erfüllung der Leistungsfaktoren auch die Kundenzufriedenheit und umgekehrt.

- Begeisterungsfaktoren
  Sie sind nicht bewußt und werden dadurch nicht erwartet und ausgesprochen. Dementsprechend sind sie schwer zu ermitteln. Bereits ein geringer Anteil an Begeisterungsfaktoren erzeugt beim Kunden eine große Zufriedenheit.

Bei der von N. Kano entwickelten Fragetechnik wird versucht, von den Befragten eine Wertung durch positive und negative Fragen zu erhalten. Die Antworten werden in ei-

---

[1] Das KJ-Diagramm ist auch unter dem Begriff „Affinitätsdiagramm" bekannt [vgl. GEIS99, S. 49, TEUF98, S. 35]. Diese wie auch eine weitere Auswahl an Methoden und Instrumenten, die im Innovationsprozeß unterstützende eingesetzt werden können, sind in Anhang D beschrieben.

ner Matrix ausgewertet und somit die Anforderungskategorien definiert [vgl. GEID99, S. 46 ff.]. Darüber hinaus lassen sich neben den erhobenen Anforderungen auch andere existierende Forderungen wie bspw. die Erfüllung von Normungen und Gesetzen als Basisfaktoren mit in die Strukturierung einbeziehen.

Für die Darstellung der strukturierten Anforderungen hat D. GEISINGER die KANO-Map entwickelt. In ihr werden sowohl die hierarchische Klassifizierung als auch die Klassifizierung nach Merkmalsarten zusammengeführt [vgl. GEID99, S. 66 ff.]. Wird die KANO-Map um die Gewichtungen der einzelnen Anforderungen ergänzt, entsteht eine Darstellung, in der die wesentlichen funktionalen Anforderungen und deren Relationen untereinander sowie deren Bedeutung dokumentiert sind. Für die Gewichtung stehen sowohl direkte als auch indirekte Methoden zur Verfügung[1]. M. WENGLER schlägt in seiner Arbeit u.a. den Paarvergleich vor [vgl. WENG96, S. 65]. Dabei werden die Anforderungen jeweils paarweise miteinander verglichen und beurteilt, welche von zwei Anforderungen als wichtiger zu betrachten ist. Ist eine Anforderung bedeutender, erhält sie die Gewichtung 1, ist sie unwichtiger, wird sie mit 0 gewichtet. Sind beide Anforderungen gleich bedeutend, erhalten beide die Gewichtung 0,5. Für jede Anforderung wird anschließend die Summe der Gewichtungen gebildet. Die beschriebene Vorgehensweise ist zusammenfassend in Bild 4.7 veranschaulicht.

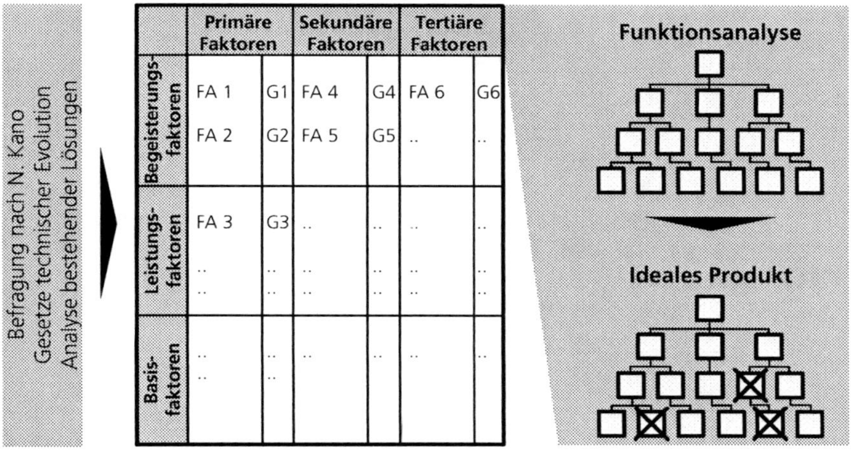

Legende: FA: funktionale Anforderung; G: Gewichtung

Bild 4.7: Vorgehensweise zur Anforderungsstrukturierung

---

[1] Zu den direkten Methoden, bei denen von den Befragten eine direkte Angabe der empfundenen Wichtigkeit verlangt wird, zählen u.a. das Rangreihenverfahren, der Paarvergleich, die Konstantsummenskala und der Analytische Hierarchie Prozeß. Die Multidimensionale Skalierung sowie die Conjoint Analyse zählen zu den indirekten Methoden, bei denen die Gewichtung aus dem Verhalten oder anderen Äußerungen der Befragten abgeleitet wird [vgl. GEID99, S. 52 f.].

Unter der Prämisse, daß eine Differenzierung der Produkte durch Begeisterungs- und Leistungsanforderung ermöglicht wird, werden im weiteren Planungsverlauf die Schwerpunkte systematisch auf die Begeisterungs- und Leistungsfaktoren gesetzt. Diesbezüglich werden dann gezielt Ideen entwickelt. Durch die hierarchische Strukturierung kann die funktionale Struktur der Problemstellung in analoger Weise als eine Anforderungsstruktur abgebildet werden. Es entsteht eine Anforderungsmatrix, in der die gewichteten funktionalen Anforderungen sowohl hierarchisch als auch nach Merkmalsarten klassifiziert strukturiert abgebildet sind.

4.2.2 Ideenfindung, -Strukturierung und -Bewertung

Mit der Analyse der Problemstellung sowie der Strukturierung und Gewichtung der funktionalen Anforderungen ist es nun möglich, systematisch Ideen zu entwickeln. Ziel der Ideenfindung ist die Sammlung und Generierung[1] von Lösungsideen im Rahmen kreativer Denkprozesse [vgl. MARR73, S. 75 ff.]. In der Literatur wird für die Ideenfindung die Bildung von interdisziplinären Teams[2] sowie der Einsatz von sogenannten Kreativitätstechniken empfohlen [vgl. HABE99; HAUS96; SCLI92; GESC86]. Darüber hinaus werden in den letzten Jahren verstärkt Methoden der widerspruchsorientierten Ideen- und Lösungsfindung eingesetzt wie bspw. die TRIZ-Methodik (vgl. Kapitel 2.3.1), welche im Anschluß an die Funktionsanalyse angewandt werden kann[3].

Hierzu werden zunächst Probleme und Widersprüche innerhalb der aufgestellten hierarchischen Struktur der funktionalen Anforderungen (vgl. Kapitel 4.2.1) identifiziert. Dabei wird davon ausgegangen, daß innerhalb eines Funktionsstranges zwischen Funktionen zweier benachbarter Ebenen keine Widersprüche auftreten dürfen. Ist dies der Fall, bedeutet das einen Fehler in der Vorgehensweise innerhalb der Aufstellung der Funktionsfolge bzw. der Funktionsanalyse insgesamt, da die Zweck-Mittel-Beziehung dann nicht mehr erfüllt wäre [vgl. TEUF98, S. 27]. Ist so die Richtigkeit der Funktionenfolgen überprüft worden, wird eine „über Kreuz"-Prüfung vorgenommen. Dabei werden funktionale Anforderungen, beginnend bei der niedrigsten Hierarchieebene, mit denen gleicher oder höherer Ebenen anderer Funktionsstränge verglichen. Werden Widersprüche ermittelt, können zu deren Aufhebung entsprechende Instrumente aus der TRIZ-Methodik

---

[1] Die Unterscheidung zwischen Sammlung und Generierung soll kennzeichnen, daß es sich zum einen um die Erfassung und Nutzung vorhandener Informationen zum anderen um die Erzeugung neuer Informationen handelt. Als dritte Möglichkeit der Ideenfindung nennt Hauschild den Zukauf von Ideen [vgl. HAUS97, S. 48 ff.]. Dieser ist in der vorliegenden Untersuchung von untergeordneter Bedeutung.

[2] Die interdisziplinären Teams sollten insbesondere aus Mitarbeitern aus den Bereichen F&E und Marketing zusammengesetzt sein, damit schon bei der Ideenfindung sowohl die Markt- als auch die Technologiesicht berücksichtigt werden kann. Unter dieser Prämisse wird in diesem Unterkapitel nicht explizit auf die Interaktion eingegangen.

[3] Eine detaillierte Darstellung der einzelnen Methoden würde den Rahmen der vorliegenden Arbeit sprengen. Daher sei an dieser Stelle auf die Fachliteratur verwiesen [vgl. z.B. HABE99; TERN98; TEUF98; ALTS98; HAUS96; LINH93; SCLI92].

wie bspw. die Widerspruchmatrix angewandt und so neue Lösungsideen generiert werden [1].

Im nächsten Schritt werden die Lösungsideen strukturiert, in dem sie zu Lösungskombinationen zusammengesetzt werden. Hierzu wird zunächst das Gesamtsystem der Problemstellung in charakteristische Parameter unterteilt (Merkmale, Funktionseinheiten, Subsysteme etc.). Für die Unterteilung werden die bereits erhobenen und hierarchisch strukturierten funktionalen Anforderungen aus der Anforderungsmatrix herangezogen. Als Parameter werden dann die funktionalen Anforderungen, die auf einer Hierarchieebene stehen, gewählt. Dies sind in erster Linie die primären Anforderungen. Durch ihre Position in der Hierarchie der Anforderungen ist eine Charakterisierung der gesamten Problemstellung möglich[2]. Zu jeder funktionalen Anforderung werden anschließend die potentiellen Lösungsideen in ein Schema, den Morphologischen Kasten, eingetragen. Jede Kombination einer Lösungsidee einer funktionalen Anforderung mit je einer der anderen Anforderungen stellt eine theoretisch denkbare Lösungskombination dar. Die Verknüpfung der notwendigen funktionalen Anforderungen führt zu verschiedenen Lösungskonzepten. Aus der Struktur der Problemstellung und der Lösungsideen kann somit eine Morphologie aufgestellt werden [vgl. ZWIC66], die es erlaubt, aus den Einzellösungen sinnvolle Gesamtlösungen kombinatorisch abzuleiten. Die Methode soll zur Bildung ungewöhnlicher Lösungskombinationen anregen, wodurch die Auswahlmöglichkeiten erweitert werden [vgl. HABE99, S. 179][3].

Im dritten Schritt werden die Lösungskombinationen bewertet. Hierzu wird ein Portfolio verwendet, das durch die Achsen „Nutzen" und „Aufwand" aufgespannt werden kann. Die entwickelten Lösungskonzepte werden mit dem formulierten Idealen Produkt verglichen und in das Portfolio eingeordnet. Für die weitere Vorgehensweise werden diejenigen Lösungskonzepte priorisiert, die einen großen Nutzen bei gleichzeitig geringem Aufwand aufweisen. In <u>Bild 4.8</u> ist die erläuterte Vorgehensweise schematisch dargestellt.

Ist die Anzahl an zu verfolgenden Lösungskonzepten sehr hoch, kann die Selektion mittels der Anforderungsmatrix detailliert werden. Dabei wird in einem Vergleich untersucht, in wieweit die Kombinationen die Begeisterungs- und Leistungsfaktoren erfüllen. Es werden dann die Lösungskonzepte detailliert entwickelt, die die größte Anzahl dieser

---

[1] In Kapitel 4.4 wird die Vorgehensweise bei der Anwendung der Widerspruchmatrix in der Interaktion zwischen F&E und Marketing näher erläutert.

[2] Sollte das Gesamtsystem der Problemstellung damit noch nicht ausreichend detailliert charakterisiert sein, werden die Sekundär- oder sogar die Tertiäranforderungen hinzugezogen.

[3] Darüber hinaus können durch die Anwendung der TRIZ-Methodik Ideen entwickelt werden, die nicht direkt zu der betrachteten Innovationsaufgabe passen. Diese können ggf. in einen anderen Prozeß wie z. B. die Grundlagenforschung, die Technologieentwicklung, die Serienentwicklung oder Marketing-/Vertriebsaktivitäten einfließen. In jedem Fall sollte vermieden werden, Ideen zu verwerfen; vielmehr sollten auch Teillösungen dokumentiert werden.

Detaillierung der Methodik

Faktoren erfüllen[1]. Darüber hinaus findet sich in der Literatur ein Spektrum von Beiträgen zur Bewertung von technologischen Innovationen [vgl. z. B. BRAN96, S. 7-4 ff.; WITJ96, S. 32 ff.; PFEI95, S 668 f.; COOP93, S. 163 ff.; VDI93, S. 37; MANN92, S. 73 ff.; VDI91; VDI83, S. 91 ff.; BROS82, S. 177 ff.; HERO78; WIEN76, S. 63 ff.; FRIE75, S. 88 ff.; SCMJ72, S. 82 ff.]. Verwiesen sei an dieser Stelle insbesondere auf F. BRANDENBURG, der in diesem Zusammenhang ein zweistufiges Bewertungsverfahren entwickelt hat. Bei diesem wird der Beitrag der einzelnen Produktidee zur Erreichung der definierten Unternehmensziele ermittelt und mit anderen konkurrierenden Ideen vergleichbar gemacht. Darüber hinaus wird eine Auswahl im Sinne der effektiven Ressourcenallokation angestrebt. Durch die Nutzung von entscheidungstheoretischen Ansätzen sowie von Modellen der Fuzzy-Set-Theorie wird dabei der Unsicherheit und Komplexität von Innovationen Rechnung getragen. Als Basis für die unternehmens- und situationsspezifische Anpassung dient ein Kriterienmodell. Eine Portfoliosystematik trägt zur transparenten Visualisierung der Bewertungsergebnisse bei [vgl. BRAF01, S. 90 ff.].

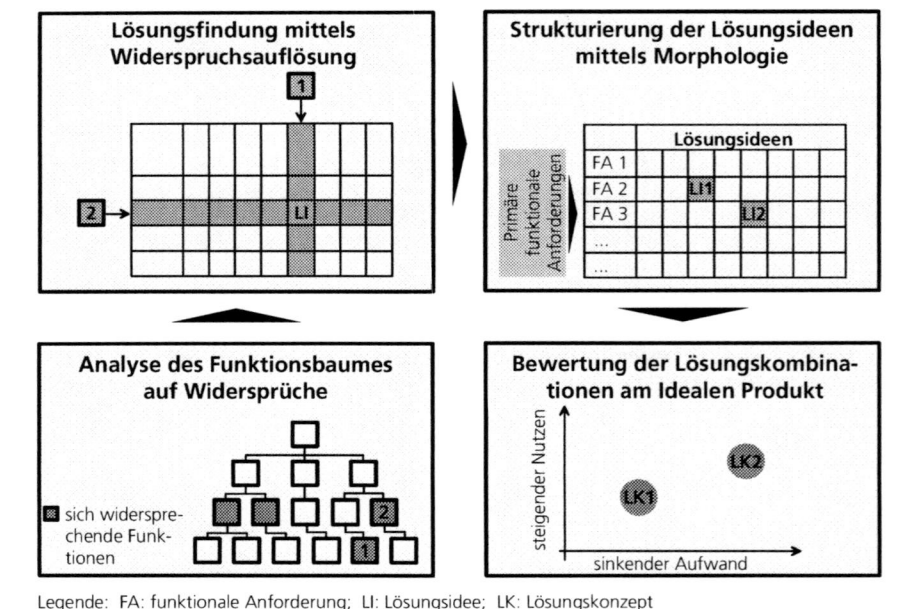

Legende: FA: funktionale Anforderung; LI: Lösungsidee; LK: Lösungskonzept

Bild 4.8: Ideenfindung, -strukturierung und -bewertung

---

[1] Die Basisanforderungen müssen von den Lösungskonzepten erfüllt werden, da die Nichterfüllung eine hohe Unzufriedenheit der Kunden hervorruft (vgl. die Strukturierung der Anforderungen in Kapitel 4.2.1).

Detaillierung der Methodik

4.2.3 Überprüfung der Ergebnisse der Ideenfindung

Vor dem Hintergrund der Umweltdynamik und der damit verbundenen Unsicherheit und Unschärfe im Innovationsprozeß ist es notwendig, die in der Phase der Ideenfindung entwickelten Lösungsideen in bezug auf Marktanforderungen und Marktattraktivität zu untersuchen. Dabei werden drei Teilziele verfolgt:

- Ermittlung des realen Erfüllungsgrades der Anforderungen durch die Lösungsideen,
- Aktualisierung der in der Aufgabenanalyse erfaßten Anforderungen sowie
- Aktualisierung der Anforderungsgewichtung.

Der Erfüllungsgrad und damit die Gewichtung der einzelnen Lösungsideen ist durch eine Befragung schwer abzuleiten. Um entsprechend aussagekräftige Informationen über die Marktattraktivität zu erhalten, ist es zweckmäßig, eine reale Auswahlsituation widerzuspiegeln. Diese Auswahlsituation ist gegeben, wenn über ein gesamtes Produktkonzept Informationen erfaßt werden. Darüber hinaus sind dadurch die Anforderungen an die Befragten relativ gering, da sie in der Befragung vor die gleiche Entscheidung gestellt werden, mit der sie in einer realen Auswahl- und Kaufsituation konfrontiert sind [vgl. STIP99, S. 152; CALL96, S. 183]. Bei der Anwendung der Conjoint Analyse wird für die Befragten eine solche Auswahlsituation geschaffen, indem verschiedene Konzepte als Ganzes bewertet werden [vgl. BACK96, S. 500]. Es wird dabei unterstellt, daß sich die Gesamtgewichtung additiv aus den einzelnen Teilgewichtungen zusammensetzt. Diese Nutzenadditivität ergänzt sich mit dem Strukturierungsansatz, der dem Kano-Modell zugrunde liegt, da auch dort für die für einzelnen Anforderungsfaktoren Additivität unterstellt wird [vgl. GEID99, S. 54; BACK96, S. 500]. Der Ablauf der Conjoint Analyse ist in Bild 4.9 dargestellt.

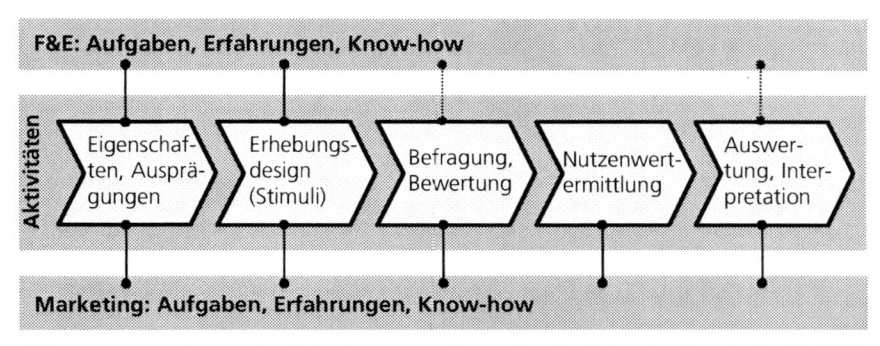

Bild 4.9: Vorgehensweise bei der Anwendung der Conjoint Analyse [vgl. BACK96, S. 502 ff.]

Zunächst sind die Merkmale und deren Ausprägungen festzulegen. Hierfür bietet die Struktur der Problemstellung, die bereits im Morphologischen Kasten für die Bildung

Detaillierung der Methodik

von Lösungskombinationen verwendet wurde, eine gute Grundlage (vgl. Kapitel 4.2.2). Sie ist bereits bei der Analyse der Aufgabenstellung hinsichtlich Vollständigkeit, Unabhängigkeit und Umfang geprüft und überarbeitet worden[1]. Die primären funktionalen Anforderungen aus der Anforderungsmatrix werden somit innerhalb der Conjoint Analyse als Merkmale verwendet. Die jeweils zu einer Anforderung entwickelten Lösungsideen stellen die Ausprägung der Merkmale dar.

Im Rahmen der Wahl des Erhebungsdesigns wird entschieden, wie die Stimuli[2] definiert werden und wie viele von ihnen bei der Erhebung vorgestellt werden. In dem hier vorliegenden Fall werden als Stimuli die in der Ideenfindung {A3} entwickelten Lösungskonzepte gewählt. Die Anzahl der Konzepte wird i.d.R. bereits im Rahmen der Bewertung reduziert[3]. Sollte die Anzahl dennoch zu hoch sein, ist von F&E und Marketing aus der Menge der Lösungskonzepte (vollständiges Design) eine zweckmäßige Teilmenge (reduziertes Design) auszuwählen. Die Grundidee eines reduzierten Design besteht darin, eine Teilmenge zu finden, die das vollständige Design möglichst gut repräsentiert [vgl. BACK96, S. 508]. In der experimentellen Forschung sind vielfältige Verfahren entwickelt worden, die zur Lösung dieses Problems herangezogen werden können [vgl. BACK96, S. 508; THOS79].

Die Auskunftspersonen werden meist durch das Marketing befragt. Soll keine generelle Befragung durchgeführt, bietet es sich an, Kundengruppen des eigenen Unternehmens und insbesondere Lead-User heranzuziehen. Bei der Bewertung durch die Befragten kommt der Skalierung, d.h. dem Meßniveau der Urteilsdaten eine große Bedeutung zu. Grundsätzlich können vier Meßniveaus unterschieden werden: die Unterteilung der nichtmetrischen Skalen in NOMINAL- und ORDINAL-SKALA sowie die INTERVALL- und RATIOSKALA als Beurteilungsmaßstab des metrischen Meßniveaus [vgl. BACK96, S. XVII]. Eine Methode zur Bewertung metrischskalierter Eingangsdaten[4] ist die Methode der Rangverteilung [vgl. GEID99, S. 54; BACK96, S. 510]. Dabei werden die Lösungskonzepte nach empfundenem Nutzen bzw. Gewichtung mit Rangwerten versehen. Bei einer größeren Anzahl werden die Lösungskonzepte zunächst in Gruppen unterschiedlichen

---

[1] Bei der Auswahl der Merkmale ist zu beachten, daß diese relevant, beeinflußbar, unabhängig voneinander und realisierbar sind [vgl. BACK96, S. 503 f.]. Insbesondere sollte die Anzahl der Merkmale und der Konzepte begrenzt sein, da sonst der Beurteilungsaufwand für die Befragten überproportional steigt und die Validität der Ergebnisse gefährdet ist [vgl. HENR98, S. 15].

[2] Als Stimuli wird hier in Anlehnung an K. BACKHAUS die Kombination von Merkmalsausprägungen verstanden, die den Auskunftspersonen zur Beurteilung vorgelegt werden [vgl. BACK96, S. 505].

[3] Bereits ab einer Stimulianzahl von 20 muß mit einer Informationsüberlastung gerechnet werden [vgl. THOS83, S. 310].

[4] Ging es ursprünglich bei der Conjoint Analyse um die Untersuchung ordinaler Urteilsdaten, so läßt sich heute zunehmend ein Trend zum Einsatz metrisch skalierter Eingangsdaten feststellen. In der Praxis wird zumeist die Methode der Rangverteilung verwendet, die jeder Alternative einen Rang zuweist, die Methode des Rangordnens, ein Sortieren der Produktalternativen nach Präferenz der Befragten, sowie die Beurteilung der Alternativen durch metrische Präferenzwerte in Form der Präferenzwertmethode [SCUB91, S. 169].

Nutzens grob eingeteilt, z.B. niedriger, mittlerer, hoher Nutzen. Anschließend werden innerhalb der Gruppen Rangfolgen ermittelt, die dann zu einer Gesamtrangordnung zusammengefaßt werden.

Auf Basis der ermittelten Rangdaten werden die Teilnutzenwerte bzw. Gewichtungen der Lösungsideen GLI ermittelt [vgl. SCUB91, S. 229]. Dies wird durch die Wahl eines Schätzverfahrens erreicht, welches den Algorithmus zur Schätzung festlegt[1]. Aus den hierbei gewonnenen Teilgewichtungen lassen sich im folgenden die metrische Gesamtgewichtung für alle Lösungskonzepte und die relative Wichtigkeit für die einzelnen Lösungsideen ableiten [vgl. BACK96, S. 509]. Aus der Verknüpfung der Teilgewichtungen ergibt sich die Gesamtgewichtung eines Lösungskonzeptes GLK. Wird im Fall von zwei funktionalen Anforderungen das folgende additive Modell zugrunde gelegt:

$$GLK = GLI_A + GLI_B$$

läßt sich das additive Modell der Conjoint Analyse für mehrere funktionale Anforderungen wie folgt formulieren:

$$GLK_k = \sum_{j=1}^{J} \sum_{m=1}^{M} GLI_{jm} * x_{jm}$$

mit
GLK_k : geschätzte Gesamtgewichtung für Lösungskonzept k
GLI_{jm} : Teilgewichtung für die Lösungsidee m der funktionalen Anforderung j
x_{jm} : 1 falls bei Lösungskonzept k die funktionale Anforderung j durch die Lösungsidee m vorliegt; sonst = 0

Dementsprechend besagt das additive Modell der Conjoint Analyse, daß die Summe der Teilgewichtungen die Gesamtgewichtung ergibt. Zur Ermittlung der Teilgewichtungen wird üblicherweise die monotone Varianzanalyse verwendet [vgl. BACK96, S. 512].

Die bisherigen Betrachtungen bezogen sich auf die Analyse der Nutzen- bzw. Gewichtungsstruktur einer einzelnen Person. In der Regel sind die aggregierten Gewichtungen für eine Mehrzahl von befragten Personen von Interesse. Hierfür kann zum einen eine gemeinsame Conjoint Analyse für eine Mehrzahl von Personen durchgeführt werden. Zum anderen ist es möglich, Individualanalysen durchzuführen und die Einzelergebnisse anschließend durch die Mittelwertbildung über die Personen zu aggregieren [vgl. BACK96, S. 522 ff.].

---

[1] Da bei der Conjoint Analyse zumeist eine große Anzahl von Daten geschätzt werden muß, wird in der Regel auf eine computerunterstützte Auswertung zurückgegriffen. Die Schätzverfahren lassen sich in zwei Klassen unterteilen, die auf metrischen oder nichtmetrischen Algorithmen basieren, und die durch die darüber hinaus existierenden statistischen Ansätze ergänzt werden [vgl. SCUB91, S. 230 ff.].

Detaillierung der Methodik

Für einen Vergleich der Analyseergebnisse von mehreren Personen ist es in jedem Fall notwendig, die Teilgewichtungen zu normieren. Dabei muß sichergestellt werden, daß die errechneten Teilgewichtungen für alle Befragten jeweils auf dem gleichen „Nullpunkt" und der gleichen Skaleneinheit basieren. Bezüglich des Nullpunktes wird derjenige Parameter auf Null gesetzt, der den geringsten Nutzenbeitrag liefert. Das am stärksten präferierte Lösungskonzept wird bei allen Auskunftspersonen auf 1 gesetzt. Damit ergeben sich die normierten Teilgewichtungen der Lösungsideen wie folgt:

$$GLI'_{jm} = \frac{GLI^*_{jm}}{\sum_{j=1}^{J} \max_{m}\{GLI^*_{jm}\}}$$

mit

$$GLI^*_{jm} = GLI_{jm} - GLI_{j}^{min}$$

wobei
GLI^*_{jm} : Spannweite der Teilgewichtung für die Lösungsidee m der funktionalen Anforderung j
GLI_{j}^{min} : minimale Teilgewichtung einer Lösungsidee bei der funktionalen Anforderung j

Die normierten Teilgewichtungen der Lösungsideen entsprechen der relativen Gewichtung [vgl. BACK96, S. 522]. Somit gilt

$$gLI_{jm} = GLI'_{jm}$$

mit
gLI_{jm}: relative Gewichtung der Lösungsidee m der funktionalen Anforderung j

Sind die Bedeutungen der einzelnen Lösungsideen identifiziert, wird auf dieser Basis die Gewichtung der funktionalen Anforderungen aus der Anforderungsmatrix validiert. Entscheidend für die Wichtigkeit einer funktionalen Anforderung für die Präferenzveränderung ist hierbei die Spannweite, d.h. die Differenz zwischen der höchsten und der niedrigsten Teilgewichtung der verschiedenen Lösungsideen jeweils einer Anforderung. Die relative Wichtigkeit ergibt sich somit aus dem Quotienten von Spannweite der einzelnen Lösungsideen zur Summe der Spannweiten aller Lösungsideen [vgl. BACK96, S. 522]:

$$gFA_j = \frac{\{\max_m(GLI_{jm}) - \min_m(GLI_{jm})\}}{\sum_{j=1}^{J}\{\max_m(GLI_{jm}) - \min_m(GLI_{jm})\}}$$

wobei
gFA$_j$: relative Wichtigkeit der funktionalen Anforderung j
m : Lösungsidee
GLI$_{jm}$: Teilgewichtung für die Lösungsidee m des Parameters j

Es ist anzumerken, daß sich bei weniger wichtigen Anforderungen die Präferenzwerte kaum ändern, wenn die Lösungsideen dieser Anforderungen variiert werden, bei besonders priorisierten Anforderungen allerdings Veränderungen der Lösungsideen zu starken Änderungen der Gesamtbeurteilung führen [vgl. SCUB91, S. 239].

Die durch die Conjoint Analyse validierten Gewichtungen der funktionalen Anforderungen werden in der Anforderungsmatrix dokumentiert. Weichen dabei ursprünglich angenommene Anforderungsgewichtungen von den validierten Werten ab, wird in der Matrix eine entsprechende Korrektur vorgenommen. Sind neue Anforderungen während der Analyse hinzugekommen bzw. ursprüngliche weggefallen, wird dies entsprechend festgehalten.

Ergebnisse sind sowohl aus Kundensicht beurteilte Lösungskonzepte, die in einem Morphologischen Kasten systematisiert sind, als auch aktualisierte funktionale Anforderungen, die in der Anforderungsmatrix strukturiert erfaßt sind. Auf dieser Basis können in der Phase der Ideendetaillierung {A6} die Lösungsideen und -konzepte konkretisiert werden.

4.2.4 ZWISCHENFAZIT: IDEENFINDUNG UND 1. ÜBERPRÜFUNG DER ERGEBNISSE

Um eine gezielte Entwicklung von Lösungsideen zu ermöglichen, ist eine gezielte Analyse der zu betrachtenden Problemstellung grundlegende Voraussetzung. Hierzu wurde eine methodische Vorgehensweise entwickelt, durch die die systematische Strukturierung der Problemstellung auf Basis funktionaler Anforderungen gewährleistet wird. Mittels Funktionsanalyse, Untersuchung bestehender Lösungen, Formulierung des Idealen Produktes sowie Erhebung und Strukturierung von internen und externen Anforderungen wurde eine Anforderungsmatrix konzipiert, in der die Klassifizierung der Anforderungen sowohl nach den drei Merkmalsarten Basis-, Leistungs- und Begeisterungsfaktoren als auch hierarchisch ermöglicht wird. Hierdurch konnte ein direkter Zusammenhang zwischen der Wichtigkeit der Anforderungen und der funktionalen Struktur der Problemstellung geschaffen werden. Durch diese Verknüpfung wird eine Entwicklung von anforderungsgerechten Lösungsideen erreicht. Als ein Instrument für die Entwicklung von Lösungsideen auf Basis von Funktionsbäumen wurde die Widerspruchsanalyse aus der TRIZ-Methodik vorgeschlagen. Für die Strukturierung der Ideen anhand der funktionalen Anforderungen wurde der Morphologische Kasten angewandt.

Im Rahmen der Überprüfung der Ergebnisse der Ideenfindung {A4} wurden mittels der Conjoint Analyse die entwickelten Lösungskonzepte bezüglich Marktanforderungen und

Marktattraktivität priorisiert. Dabei wurden der reale Erfüllungsgrad der Anforderungen durch die entwickelten Lösungskonzepte, die Aktualität der funktionalen Anforderungen sowie die Bedeutung und Gewichtung der Lösungskonzepte und -ideen identifiziert.

Durch die methodisch unterstützte Zusammenarbeit von F&E und Marketing bereits in diesen frühen Phasen des Innovationsprozesses werden frühzeitig relevante markt- und technologieseitige Informationen und Erkenntnisse für eine effiziente Produktinnovation berücksichtigt. Hierdurch wird das Innovationsrisiko deutlich reduziert.

Als Ergebnisse der Phasen Ideenfindung {A3} und 1. Überprüfung der Ergebnisse {A4} liegen damit anforderungsgerechte Lösungskonzepte und -ideen vor, die strukturiert und im Hinblick auf ihr Marktpotential gewichtet sind. Im folgenden sind diese weiter zu detaillieren und Lösungsalternativen zu generieren.

4.3 Ideendetaillierung und 2. Überprüfung der Ergebnisse

Durch die lösungsideenbezogene Informationsakquisition sowie Validierung und Aktualisierung der Anforderungen in der Phase der 1. Überprüfung der Ergebnisse {A4} können die Risiken von Innovationsvorhaben deutlich reduziert werden [vgl. GESC99, S. 21]. Vor diesem Hintergrund gilt es in der fünften Phase des Innovationsprozesses, die Lösungskonzepte auf Basis der Anforderungen zu konkretisieren und Produktkonzepte zu entwickeln {A5}. Hierzu werden drei wesentliche Teilaktivitäten differenziert:

- Entwicklung von Detaillösungen auf Basis der Lösungskonzepte {A51},
- Aufstellung von Produktkonzepten {A52} sowie
- Bewertung der Produktkonzepte und Detaillösungen {A53}.

Ziel der Phase der 2. Überprüfung der Ergebnisse {A6} ist es, die entwickelten Produktkonzepte hinsichtlich ihrer Anforderungserfüllung zu untersuchen sowie ggf. Optimierungspotentiale frühzeitig aufzudecken. Dabei werden folgende Aktivitäten unterschieden:

- Analyse der Anforderungserfüllung der ermittelten Produktkonzepte {A61},
- Konsistenzprüfung innerhalb der Produktkonzepte {A62} sowie
- Auswahl von Produktkonzepten {A63}.

4.3.1 Vorgehen bei der Ideendetaillierung

Zweck der Ideendetaillierung ist es, für die betrachtete Innovationsaufgabe die in der Phase der Ideenfindung {A3} entwickelten Lösungsideen zu konkretisieren. Zur methodi-

Detaillierung der Methodik

schen Unterstützung der Vorgehensweise und der Interaktion zwischen F&E und Marketing wird die QFD-Methodik mit Bausteinen der TRIZ-Methodik verknüpft. Dabei werden zunächst die funktionalen Anforderungen in technische Produktmerkmale überführt und das erste House of Quality erstellt. Im Dach des HoQ werden die technischen Produktmerkmale bezüglich ihrer Korrelationen untereinander untersucht. Potentielle technische Zielkonflikte werden anschließend mit Hilfe von Werkzeugen aus der TRIZ-Methodik bearbeitet und so Detaillösungen entwickelt [vgl. TEUF98; ALTS98]. Schließlich werden analog zur Ideenstrukturierung {A33} in der Phase der Ideenfindung {A3} mittels Morphologie systematisch Produktkonzepte gebildet (vgl. Kapitel 4.2.2). Die Vorgehensweise ist in Bild 4.10 veranschaulicht.

F&E: Aufgaben, Erfahrungen, Know-how

Aktivitäten:
- Skalierung der FA
- Umwandlung der FA in tech. PM
- Korrelationen zw. techn. PM
- DL mit Widerspruchsanalyse
- Strukturierung der DL, Bildung PK

Marketing: Aufgaben, Erfahrungen, Know-how

Legende: FA: funktionale Anforderungen   DL: Detaillösungen
PM: technische Produktmerkmale   PK: Produktkonzepte

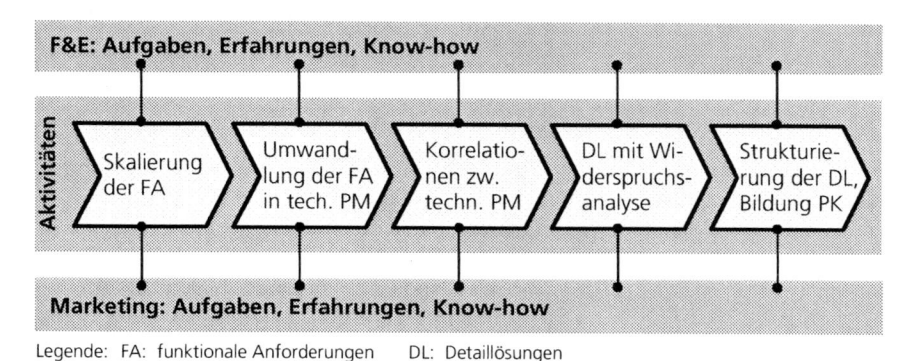

Bild 4.10: Vorgehensweise bei der Ideendetaillierung

Die interdisziplinäre Zusammenarbeit von F&E und Marketing ist bei der Ideendetaillierung unbedingt erforderlich, damit die Problemstellung nicht einseitig gelöst wird, sondern insbesondere markt- und technologieseitige Aspekte und Ideen gleichzeitig berücksichtigt werden. Nur durch eine direkte Zusammenarbeit ist es möglich, nicht nur explizites Wissen in Form von Informationen als vielmehr marktliches und technologische Erfahrungen (implizites Wissen) direkt in die Produktkonzepte zu integrieren [vgl. TEUF98, S. 40; EURI95, S. 2; HART94, S. 12].

Mit der Innovationsaufgabe liegen systematisch und zielgerichtet erarbeitete Problemstellungen vor (vgl. Kapitel 4.2), für die Detailideen entwickelt werden sollen. Es wird dabei von der Theorie ausgegangen, daß ein anspruchsvolles technisches Problem sich durch einen Zielkonflikt auszeichnet, d.h. durch mindestens zwei zu optimierende Merkmale, deren gleichzeitige Realisierung keinen zufriedenstellenden Kompromiß erlaubt (vgl. Kapitel 2.3.1) [vgl. ALTS84, S. 24]. Ein solcher Zielkonflikt wird im Rahmen der TRIZ-Methodik als Widerspruch bezeichnet [vgl. TERN98, S. 118 f.]. Eine neue Lösung mit hohem erfinderischen Wert erlaubt jedoch die gleichzeitige Realisierung dieser zu optimierenden Merkmale.

Detaillierung der Methodik

Um die Widersprüche innerhalb der betrachteten Problemstellung zu identifizieren sowie systematisch und gezielt aufzulösen, ist es notwendig, die technischen Produktmerkmale innerhalb der Problemstellung zu ermitteln, die zur Lösung der betrachteten Problemstellung beitragen. Diese werden miteinander verglichen, um potentielle Zielkonflikte aufzudecken. Dabei werden bei der Konfliktauflösung diejenigen Widersprüche priorisiert, die durch besonders wichtige Produktmerkmale verursacht werden. Zur Gewichtung der Produktmerkmale entsprechend der Anforderungen an die Problemstellung (vgl. Kapitel 4.2.1) wird zunächst die QFD-Methodik angewendet.

Für die Erstellung eines HoQ werden in einer Matrix die funktionalen Anforderungen technischen Produktmerkmalen gegenübergestellt. Als Basis dient die aktualisierte Anforderungsmatrix aus der Phase der 1. Überprüfung {A4} (vgl. Kapitel 4.2.3). Für die Verwendung im HoQ werden die dort strukturierten gewichteten Anforderungen auf ganze Zahlen im Wertebereich von 1 bis 5 skaliert, wobei die wichtigste Anforderung den Wert 5 hat [vgl. WENG96, S. 65; HART94, S. 10].

Für die Identifizierung der technischen Produktmerkmale werden die in der Conjoint Analyse gewichteten Lösungskonzepte herangezogen (vgl. Kapitel 4.2.3). Diese bilden die Basis für die Bestimmung und die funktionale Strukturierung der Merkmale. Die erstellte Struktur wird anschließend auf Vollständigkeit und Korrelationen überprüft. Hierzu wird die Stoff-Feld-Analyse aus der TRIZ-Methodik angewendet (vgl. Kapitel 2.3.1)[1].

Im Sinne der Stoff-Feld-Analyse wird die erwünschte Funktion eines Systems durch das Zusammenspiel von Stoffen und Feldern erzeugt (vgl. Kapitel 2.3.1) [vgl. TERN98, S. 177 ff.; TEUF98, S. 64 f.; ALTS84, S. 34 ff.]. Dabei werden als Stoffe Objekte bezeichnet, die Funktionen erfüllen können und von beliebiger Komplexität sind. Es kann sich um ganze Systeme, Subsysteme, einfache Objekte, Werkzeuge oder Gegenstände handeln [vgl. TERN98, S. 177 f.]. Die Aktion oder die Mittel und Möglichkeiten, eine Aktion zu verwirklichen, werden Feld genannt. Das Feld stellt die zur Realisation eines Effektes notwendige Energie, Kraft oder Wirkung zur Verfügung[2] [vgl. TERN98, S. 177 f.]. Somit sind zwei Stoffe und ein Feld notwendige und hinreichende Voraussetzung zur Abbildung eines arbeitsfähigen technischen Systems, wobei ein komplettes Modell durch die Triade aus zwei Stoffen und einem Feld repräsentiert wird, um die Beziehung zwischen beiden Stoffen und zugehörigem Feld zu illustrieren[3]. Die exakte Zuordnung der beiden Stoffe S1 und S2 ist von der konkreten Situation abhängig. S1 ist in der Re-

---

[1] Darüber hinaus können überflüssige Funktionen innerhalb der Struktur der Produktmerkmale durch einen Vergleich mit dem bereits formulierten Produkt frühzeitig eliminiert werden (vgl. Kapitel 4.2.1).

[2] Die Energiequelle oder das Feld, das auf die Stoffe wirkt, läßt sich meist in Gruppen einordnen bzw. klassifizieren: mechanisch, thermisch, chemisch, elektrisch, magnetisch und Gravitation [vgl. TERN98, S. 180 f.].

[3] Die Beziehung zwischen den Komponenten wird durch unterschiedliche Liniensymbole dargestellt [vgl. TEUF98, S. 99].

gel der Empfänger der Feld-Aktion, während S2 der Verursacher der Feld-Einwirkung auf S1 ist (vgl. Bild 4.11).

```
        F1              F2
       ↗  ↘           ↗  ↘
┌─────────┐    ┌─────────┐    ┌─────────┐
│ Stoff S1│───▶│ Stoff S2│┄┄▶│ Stoff S3│
└─────────┘    └─────────┘    └─────────┘
```

Bedeutung der Pfeilsymbole
∿▶ schädliche Wirkung auf
⟶ nützliche Wirkung auf
⟹ muß umgewandelt werden in
┄▶ unzureichende Wirkung auf

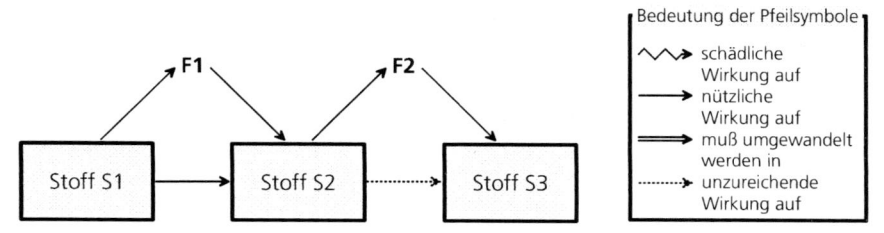

Bild 4.11: Prinzip der Stoff-Feld-Analyse

Dementsprechend werden auf Basis des erstellten Funktionsbaums für die identifizierten technischen Produktmerkmale Stoff-Feld-Modelle erstellt, wobei die einzelnen Merkmale die Stoffe darstellen. Anschließend wird innerhalb der aus zwei Merkmalen gebildeten Triaden untersucht, wie und wodurch die beiden Merkmale von einander abhängen. Sind die Felder und Abhängigkeiten identifiziert und die einzelnen Modelle erstellt, werden die Vollständigkeit und die Effektivität des aus den einzelnen Modellen zusammengesetzten Systems bewertet. Hierdurch kann festgestellt werden, ob Produktmerkmale fehlen oder überflüssig sind; dabei kann der bereits erstellte Funktionsbaum unterstützend eingesetzt werden. Diese Vorgehensweise wird solange iterativ durchgeführt, bis ein komplettes Modellsystem gefunden ist, das alle notwendigen Produktmerkmale abbildet sowie potentielle Beziehungen untereinander darstellt.

Im nächsten Arbeitsschritt wird der Zusammenhang zwischen jedem technischen Produktmerkmal und allen Anforderungen untersucht und darauf aufbauend die Merkmale gewichtet. Die Wichtungen stellen durch die interdisziplinäre Zusammenarbeit ein objektiviertes Maß für die Bedeutung der einzelnen Merkmale dar [vgl. HART94, S. 13]. Ergebnis sind potentielle funktionale Betrachtungsschwerpunkte, die sich aus dem Ranking der technischen Merkmale ergeben.

Um Widersprüche oder Synergien technischer Merkmalskombinationen identifizieren zu können, ist es notwendig, die gewünschte Änderungsrichtung der Produktmerkmale festzulegen. Auf Basis der durchgeführten Stoff-Feld-Analyse werden die Merkmale paarweise mit einander verglichen und anschließend im Dach des HoQ die Korrelationen eingetragen. Durch die Gewichtung der technischen Produktmerkmale ist es möglich, auch die Widersprüche zu priorisieren. D.h. es können zuerst die Widersprüche zwischen denjenigen Produktmerkmalen betrachtet werden, deren Bedeutung sehr hoch ist. Die beschriebene Vorgehensweise ist in Bild 4.12 dargestellt.

Detaillierung der Methodik

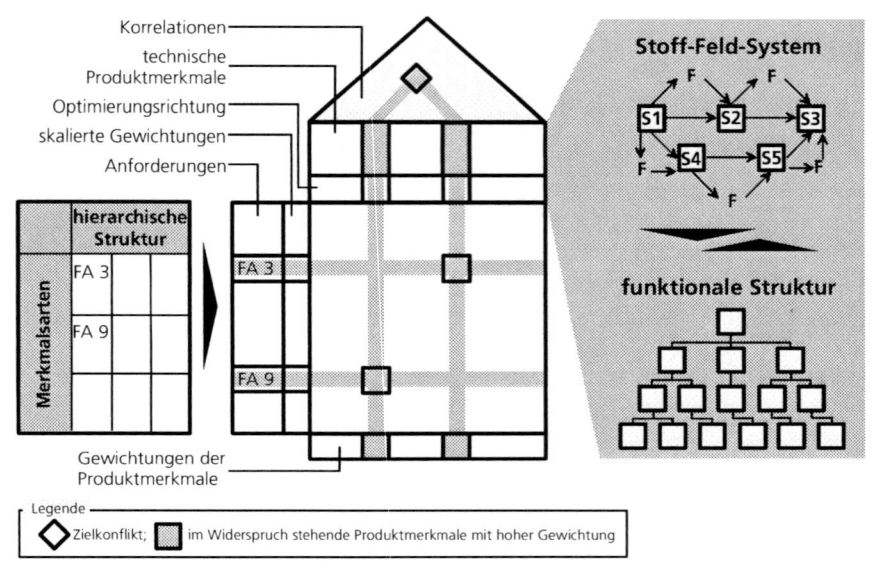

Bild 4.12: Identifizierung von Widersprüchen innerhalb der Problemstellung

In der englischen Literatur ist der Begriff „Widerspruch" nicht mit „Contradiction" bezeichnet, sondern mit „Compromise", da bislang bei auftretenden Widersprüchen der am wenigsten schädliche Kompromiß gesucht und eingegangen wurde [vgl. KING94]. Mit der nachfolgenden Anwendung der Contradiction-Matrix der TRIZ-Methodik sollen jedoch Widersprüche aufgelöst und keine Kompromisse eingegangen werden.

In der Contradiction-Matrix sind die von Altschuller identifizierten 39 technischen Standardparameter[1] einander gegenübergestellt. Ihre Felder enthalten eine für die jeweilige Kombination geeignete Auswahl aus 40 Innovationsprinzipien. Diese Prinzipien stellen allgemeine, abstrakte Ansätze zur Lösungsfindung bei Zielkonflikten zwischen zwei Parametern dar (vgl. Kapitel 2.3.1). Zeichnet sich ein reales technisches Problem durch einen Zielkonflikt aus, d.h. durch mindestens zwei zu optimierende Merkmale, deren gleichzeitige Realisierung mit bekannten technischen Mitteln keinen zufriedenstellenden Kompromiß erlaubt, so wird zunächst der technische Widerspruch analysiert. Dementsprechend werden für die Anwendung der Contradiction-Matrix zunächst die beiden im Widerspruch stehenden technischen Merkmale dahingehend abstrahiert, daß zwei der technischen Standardparameter anwendbar sind. Mittels der Matrix werden dann die dazugehörigen Innovationsprinzipien identifiziert. Da diese auch abstrakt formuliert sind, müssen sie mit Bezug auf den Anwendungsfall konkretisiert werden (vgl. Bild

---

[1] Die empirischen Untersuchungen Altschullers ergaben, daß sich nahezu alle technischen Probleme auf 39 Parameter zurückführen lassen (vgl. auch Kapitel 2.3.1) [vgl. TEUF98, S. 67].

Detaillierung der Methodik

4.13). Dies erfolgt in einem kreativen Prozeß, in dem Kreativitäts- und Problemlösungstechniken unterstützend eingesetzt werden können [vgl. HABE99; HAUS96]. Ergebnis sind Lösungen, die den Widerspruch zwischen den dazu gehörigen technischen Produktmerkmalen auflösen. Somit stellen die entwickelten Lösungen auch gleichzeitig Detaillösungen für die betrachtete Innovationsaufgabe dar.

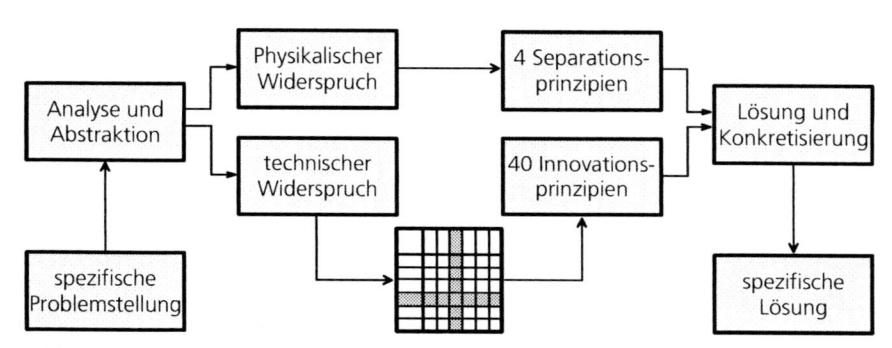

Bild 4.13: Anwendung der Contradiction-Matrix und der Separationsprinzipien

Bietet die Contradiction-Matrix keine geeigneten Lösungsprinzipien zur Auflösung des Widerspruchs an, so können die Separationsprinzipien der TRIZ-Methodik angewandt werden. Hierzu muß der technische Widerspruch in einen physikalischen Widerspruch transformiert werden (vgl. 2.3.1). Auch die Anwendung der Separationsprinzipien erfordert sowohl zuerst die Abstrahierung als auch die anschließende Konkretisierung auf den Anwendungsfall (vgl. Bild 4.13). Wie schon bei der Anwendung der Contradiction-Matrix vorgeschlagen, können hier wiederum Kreativitäts- und Problemlösungstechniken unterstützend wirken.

Im nächsten Schritt werden die mittels der TRIZ-Methodik generierten funktionalen Detaillösungen strukturiert und zu Produktkonzepten zusammengesetzt. Hierzu werden den bei der Erstellung des HoQ ermittelten Produktmerkmalen die entsprechend entwickelten Detaillösungen systematisch zugeordnet und so ein Morphologischer Kasten erstellt. Durch die Kombination einer Detaillösung eines Produktmerkmals mit je einer der anderen Merkmale entstehen Lösungskombinationen, die gleichzeitig Produktkonzepte darstellen.

Bei der Bewertung der entwickelten Produktkonzepte werden diese zunächst anhand der erstellten Anforderungsmatrix auf ihren Erfüllungsgrad bezüglich der funktionalen Anforderungen beurteilt. Hierzu werden analog zu der in Kapitel 4.2.2 beschriebene Vorgehensweise die Detaillösungen je Produktkonzept in einem weiteren Morphologischen Kasten den funktionalen Anforderungen zugeordnet. Hieraus geht hervor, mit welcher Detaillösung die Produktkonzepte die jeweiligen funktionalen Anforderungen erfüllen. Darüber hinaus kann festgestellt werden, ob wichtige funktionale Anforderungen von Produktkonzepten nicht erfüllt werden und so eine erste Selektion der Konzepte für die weitere Betrachtung stattfinden.

Desweiteren werden aktuelle Marktinformationen mittels Markt- und Wettbewerbsanalysen erhoben. Auf Basis dieser Informationen wird das Marktrisiko abgeschätzt. Darüber hinaus werden sowohl das technologische Potential als auch der qualitative Unternehmens-Fit der Produktkonzepte beurteilt und das Technologierisiko charakterisiert. Vor diesem Hintergrund werden die Konzepte hinsichtlich Unternehmens-, Markt- und Technologiesicht priorisiert und eine Rangfolge der als umsetzbar bewerteten Konzepte aufgestellt. Zurückgestellte Ideen werden dokumentiert[1].

Mittels der Unterstützung durch die QFD-Methodik und durch Werkzeuge der TRIZ-Methodik konnten Detaillösungen entwickelt werden. Diese wurden mit Hilfe der Morphologie zu Produktkonzepten verknüpft. Durch die anschließende Bewertung können Produktkonzepte und Detaillösungen systematisch ausgewählt werden. In der nachfolgenden Überprüfung wird für jedes der ausgewählten Produktkonzepte untersucht, ob Detaillösungen innerhalb eines Konzeptes negativ korrelieren bzw. neue Widersprüche aufgelöst werden müssen.

4.3.2 Überprüfung der Ergebnisse der Ideendetaillierung

Bei der Überprüfung werden die priorisierten Produktkonzepte jeweils auf ihre Qualität untersucht. Dabei werden insbesondere zwei Aspekte betrachtet:

- ob die entwickelten Produktkonzepte mit ihren Detaillösungen die aktuellen Anforderungen des Marktes erfüllen und wenn ja, welche Bedeutung die Detaillösungen und die Konzepte haben, und
- ob ein Produktkonzept noch Widersprüche in sich birgt und dadurch noch Optimierungsbedarf besteht.

Für die Untersuchung des ersten Aspektes kann analog zu Kapitel 4.2.3 eine Conjoint Analyse durchgeführt werden. Vorteilhaft ist dabei die direkte Untersuchung der Produktkonzepte in bezug auf Marktanforderungen und Marktattraktivität. Dadurch können der reale Erfüllungsgrad der Anforderungen durch die Produktkonzepte sowie die Gewichtung der Detaillösungen ermittelt werden. Darüber hinaus können so die in der Aufgabenanalyse erfaßten funktionalen Anforderungen (vgl. Kapitel 4.2.1) und ihre Gewichtungen aktualisiert sowie in der Anforderungsmatrix entsprechende Korrekturen

---

[1] Wie bereits in Kapitel 4.2.2 erwähnt, sind in der Literatur zahlreiche Bewertungsmethoden zu finden [vgl. z. B. BRAN96, S. 7-4 ff.; WITJ96, S. 32 ff.; PFEI95, S. 668 f.; COOP93, S. 163 ff.; VDI93, S. 37; MANN92, S. 73 ff.; VDI91; FRIE75, S. 88 ff.; VDI83, S. 91 ff.; BROS82, S. 177 ff.]. Insbesondere sei auf die von F. BRANDENBURG entwickelte Methode zur Bewertung von Produktinnovationen verwiesen [vgl. BRAF01, S. 90 ff.].

vorgenommen werden. Die aktualisierten Anforderungen können anschließend in die Untersuchung des zweiten Aspektes einfließen.

Eine einfachere Vorgehensweise bietet der Vergleich der Produktkonzepte mit den Anforderungen aus der Matrix, ohne daß eine Conjoint Analyse durchgeführt wird. Jedoch können dabei den einzelnen Detaillösungen nicht systematisch Gewichtungen zugeordnet werden.

Für die Analyse des Optimierungsbedarfes eines Produktkonzeptes werden zunächst dessen konzeptspezifische technische Merkmale auf Basis seiner Detaillösungen aufgestellt und mit den technischen Produktmerkmalen aus der ersten Anwendung der QFD-Methodik verglichen. Eine erneute Anwendung der Methodik ist sinnvoll, wenn zum einen neue Merkmale ermittelt werden oder sich zum anderen die funktionalen Anforderungen und deren Gewichtungen verändert haben. Diese Änderungen implizieren auch eine Änderung der Bedeutung der technischen Produktmerkmale. Demgemäß werden im Fokus der Betrachtung die Auflösung anderer Widersprüche priorisiert.

Zur Identifizierung und Auflösung der Widersprüche innerhalb der Produktkonzepte werden analog zu der in Kapitel 4.3.1 beschriebenen Vorgehensweise die QFD- und die TRIZ-Methodik angewendet. Die neu entwickelten Detaillösungen werden anschließend zu modifizierten Produktkonzepten verknüpft (vgl. Kapitel 4.3.1). Dieser Prozeß wird iterativ durchlaufen, bis keine zusätzlichen Merkmale in den modifizierten Produktkonzepten identifiziert werden können und die Widersprüche hinreichend aufgelöst worden sind.

Als Ergebnis der 2. Überprüfung liegen damit strukturierte und in sich weitestgehend widerspruchsfreie Produktkonzepte vor, die die vorausgesetzten funktionalen Anforderungen erfüllen. In der folgenden Phase kann nun eine Realisierung im Sinne eines Produkt- und Marktentwicklungsprozesses angestoßen werden.

4.3.3 Zwischenfazit: Ideendetaillierung und Überprüfung der Ergebnisse

Im Rahmen der Ideendetaillierung und der 2. Überprüfung der Ergebnisse wurde eine systematische Vorgehensweise entwickelt, durch die eine gezielte und anforderungsgerechte Entwicklung von Produktkonzepten und Detaillösungen ermöglicht wird. Hierzu wurde die in der Ideenfindung {A3} entwickelte Anforderungsmatrix, die QFD-Methodik mit den Werkzeugen Contradiction-Matrix und Stoff-Feld-Analyse aus der TRIZ-Methodik sowie die Morphologie systematisch miteinander kombiniert. Dadurch wurde die Interaktion zwischen F&E und Marketing gezielt methodisch unterstützt und gefördert, so daß sowohl markt- als auch technologieorientierte Produktkonzepte und Detaillösungen entwickelt werden konnten. Für die Überprüfung der Qualität der Entwicklungsergebnisse hinsichtlich Marktattraktivität und Konsistenz wurde eine Vorgehensweise vorgeschlagen, die auf der Conjoint Analyse sowie auf einer weiteren Anwendung der QFD- und der TRIZ-Methodik beruht.

Als Ergebnisse der beiden Phasen liegen damit systematisch entwickelte und qualitativ überprüfte anforderungsgerechte Produktkonzepte und Detaillösungen vor. Im folgenden sind diese in konkrete Produktinnovationsaktivitäten zu überführen sowie die in den vorhergehenden Phasen gewonnenen Erkenntnisse zu aggregieren. Desweiteren sollen die Produktkonzepte und Detaillösungen in einer ersten wirtschaftlichen Einschätzung grob bewertet und mit den Innovationszielen abgeglichen werden.

4.4 Umsetzungsplanung und 3. Überprüfung der Ergebnisse

Entscheidend für den Erfolg am Markt ist insbesondere der Zeitpunkt der Einführung von Produktinnovationen. So kann der Markt sowohl noch nicht „reif" für eine Innovation, als auch der optimale Zeitpunkt für eine Einführung bereits verstrichen sein [vgl. BRAF01, S. 110 ff.; ABEL78, S. 21 ff.]. Notwendigerweise ist die zeitliche Einstufung der Entwicklungsaktivitäten mit dem Zeitpunkt der Markteinführung neuer Produkte verbunden. Um effektiv und effizient agieren zu können, müssen folglich geplante Aktivitäten systematisch zeitlich und inhaltlich strukturiert werden. Damit nicht nur kurzfristige Zeiträume betrachtet werden, sondern auch mittel- bis langfristig geplant werden kann, werden auf Basis der chronologischen Einordnung der Ergebnisse der Zukunftsanalyse {A2} die entwickelten Produktkonzepte zeitlich strukturiert. Hieraus lassen sich anschließende konkrete Innovationsaktivitäten ableiten. Die Phase der Umsetzungsplanung gliedert sich entsprechend in die folgenden Teilschritte:

- Strukturierung von Zukunftsprojektionen und Innovationsaufgaben {A71},
- Zuordnen der entwickelten Produktkonzepte und Detaillösungen sowohl in inhaltlicher als auch in zeitlicher Hinsicht {A72} sowie
- Ableitung von Produktinnovationsaktivitäten {A73}.

Darüber hinaus besteht die Notwendigkeit einer ersten wirtschaftlichen Abschätzung der Produktkonzepte, damit bereits in den frühen Phasen ein Einfluß auf die Kostenstruktur von Produktinnovationen genommen werden kann. Diese wirtschaftliche Analyse unterstützt gleichzeitig die Überprüfung der angestrebten Produktkonzepte mit den am Anfang des Innovationsprozesses gebildeten Innovationszielen {A8}. Dabei werden folgende Aktivitäten durchgeführt:

- Identifizierung des Leistungsniveaus {A81},
- Ermittlung des Kostenniveaus {A82} sowie
- Auswahl umzusetzender Produktkonzepten {A83}.

Detaillierung der Methodik

4.4.1 Umsetzungsplanung

Ziel der Phase der Umsetzungsplanung {A7} ist es, die Ergebnisse der bisherigen Planung in Produktinnovationsaktivitäten zu überführen. Hierzu sind die gewonnenen Erkenntnisse systematisch zu aggregieren und chronologisch zu strukturieren. Als Grundlage dient dabei die von F. BRANDENBURG entwickelte InnovationRoadMap, die durch eine getrennte Strukturierung von Produktkonzepten und Detaillösungen erweitert werden kann [vgl. BRAF01, S. 110 ff.]. Da die Ergebnisse auf den gemeinsamen Erkenntnissen und Aktivitäten von F&E und Marketing beruhen, ist für die Aggregation und Strukturierung weiterhin eine intensive Interaktion erforderlich. Nur so können die zukünftigen Innovationsaktivitäten systematisch aufeinander abgestimmt werden. Die Vorgehensweise in dieser Phase ist in Bild 4.14 dargestellt.

	Umwelt	**Unternehmen**
F&E	- Technologiefolgeabschätzung - technische Machbarkeit - Gesetze und Normen - ...	- Entwicklungsdauer und -aufwand - Konkretisierung F&E-Projekte/-Potentiale - Priorisierung der Ziele und Optionen - Beurteilung Zukunftsträchtigkeit - ...

Aktivitäten: Strukturierung der ZP und der IA → Zuordnung der PK → Zuordnung der DL → Aufstellung der IRM → Ableitung Innovationsaktivitäten

Marketing	- Marktsegmente - Absatzbeziehungen - Einführungsstrategien - ...	- Modifikationen - Verhaltensabgrenzung - Marktanteile - ...	- Produktziele - Produktprogramm - Marketingkonzept - Verhalten am Markt ...
	Markt	**Wettbewerb**	**Unternehmen**

Legende: ZP: Zukunftsprojektionen   DL: Detaillösungen   IRM: InnovationRoadMap
IA: Innovationsaufgaben   PK: Produktkonzepte

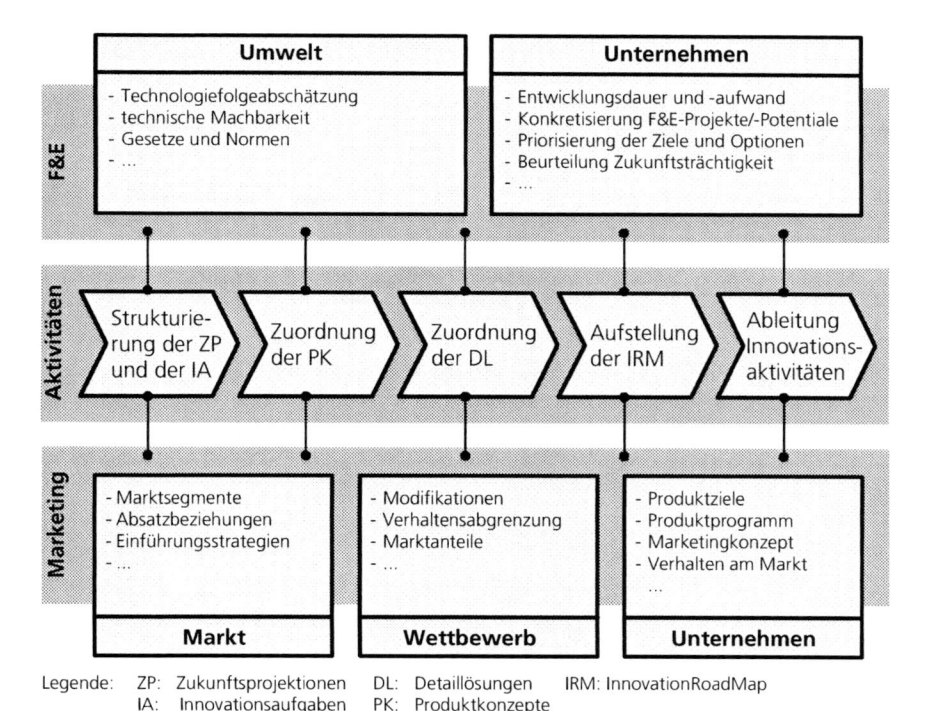

Bild 4.14: Vorgehensweise bei der Umsetzungsplanung

In einem ersten Schritt werden die von F&E und Marketing in der Phase der Zukunftsanalyse {A2} gemeinsam abgeleiteten Zukunftsprojektionen in kurz-, mittel- und langfristige Kategorien zeitlich aufgeteilt. Entsprechend können die aus Zukunftsprojektionen und Unternehmenspotentialen abgeleiteten Innovationsaufgaben strukturiert werden.

Detaillierung der Methodik

Die Zuordnung der entwickelten Produktkonzepte und der entsprechenden Detaillösungen erfolgt im zweiten Schritt. Da ein Produktkonzept aus unterschiedlichen Kombinationen von Detaillösungen bestehen kann, werden Konzepte und Lösungen getrennt betrachtet. Zunächst werden die Produktkonzepte sowohl inhaltlich den Zukunftsprojektionen und Innovationsaufgaben zugeteilt als auch zeitlich gegliedert. Anschließend werden die Detaillösungen vor dem Hintergrund ihrer technischen Umsetzbarkeit chronologisch strukturiert und dann auf Basis des in der Ideendetaillierung {A5} entwickelten Morphologischen Kastens mit den Produktkonzepten verknüpft.

Die vorgenommene Strukturierung der im Planungsverlauf ermittelten Ergebnisse wird in der erweiterten InnovationRoadMap abgebildet. Hierin werden die marktseitigen Anforderungen und Potentiale den dazu passenden zukünftig relevanten Technologieentwicklungen in Form von Produktkonzepten und technologischen Detaillösungen über einen Zeitraum gegenübergestellt. Durch die aufgespannten Achsen Markt, Technologie und Zeit entstehen zwei große Bereiche: der markt- und der technologiebezogene Bereich. Letzterer ist in zwei Abschnitte unterteilt. In dem oberen Bereich werden die Produktkonzepte, im unteren die Detaillösungen eingeordnet (vgl. Bild 4.15).

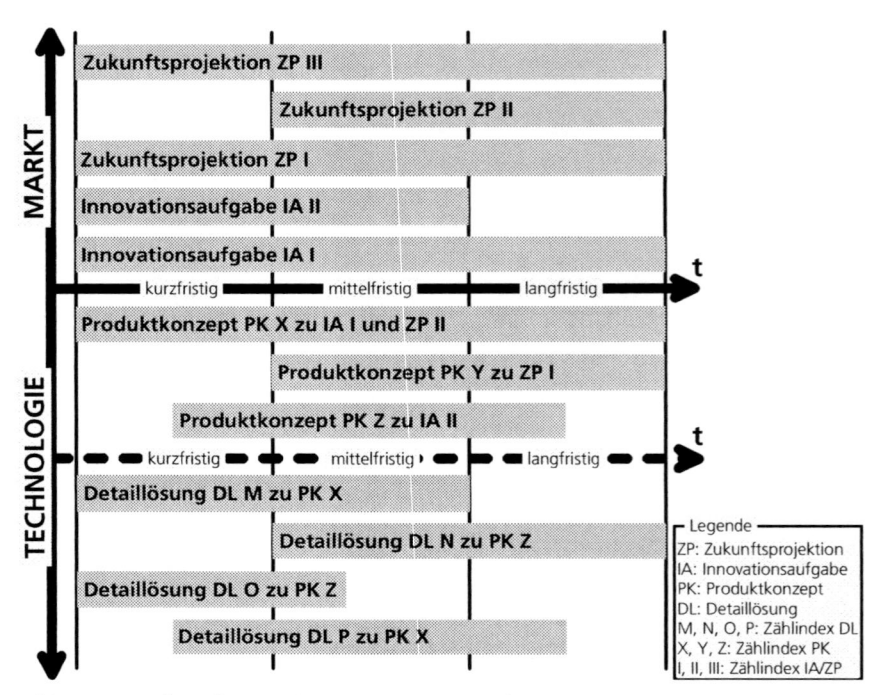

Bild 4.15: Struktur der erweiterten InnovationRoadMap

Als Ordnungskriterium in vertikaler Richtung kann im Marktbereich der Innovation RoadMap die mit der ersten Anwendung der Conjoint Analyse ermittelte Gewichtung der Zukunftsprojektionen und der Innovationsaufgaben genutzt werden (vgl. Kapitel 4.2.3). Im Technologiebereich können sowohl die Produktkonzepte als auch die Detaillösungen vertikal nach ihrer Gewichtung strukturiert werden. Diese Werte ergeben sich aus der zweiten Anwendung der Conjoint Analyse (vgl. Kapitel 4.3.2).

Durch die Darstellungsform können Synergieeffekte zwischen einzelnen Vorhaben erkannt und somit genutzt werden. Darüber hinaus ist es möglich, eine geeignete Ressourcenzuteilung für die Detaillierung der Produktideen entsprechend der zeitlichen Dringlichkeit vorzunehmen. Desweiteren können Angaben über fehlende Innovationsaufgaben und Produktkonzepte gemacht werden, zeitliche Rückstände in der Problemlösung (Technologielücken) werden offensichtlich und können gezielt bearbeitet werden [vgl. BRAF01, S. 113].

Aus den Positionen und beschreibenden Merkmalen der Markt- und Technologieeinordnungen können im abschließenden Schritt der Umsetzungsplanung {A7} unternehmensweite Produktinnovationsaktivitäten abgeleitet und zeitlich synchronisiert werden. Aus der Strukturierung resultiert eine Rangfolge der Innovationsaktivitäten, die sich je nach zeitlicher Dringlichkeit konkretisieren lassen.

4.4.2 ÜBERPRÜFUNG DER ERGEBNISSE DES INNOVATIONSPROZESSES

Die Durchführung konkreter Produktinnovationsaktivitäten setzt die Konformität dieser Aktivitäten mit den zu Beginn der Planung vorgegebenen Zielen {A1} voraus. Auf Basis der allgemeinen Unternehmensstrategien und -ziele sowie der Unternehmenssituation wurden in der ersten Phase Innovationsstrategien und -ziele abgeleitet. Insbesondere die Marktposition soll durch ein hohes Leistungs- sowie entsprechendes Kostenniveau der Produktinnovationen gefestigt und erweitert werden (vgl. Kapitel 4.1.4). Vor diesem Hintergrund ist das Ziel dieser letzten Phase des Planungsprozesses, die Produktkonzepte, welche als erstes umgesetzt werden sollen, hinsichtlich ihres Leistungs- und Kostenniveaus zu überprüfen. Die Vorgehensweise ist in Bild 4.16 dargestellt.

In einem ersten Schritt wird das Leistungsniveau des betrachteten Produktkonzeptes ermittelt. Als Leistungsniveau wird dabei der Erfüllungsgrad der funktionalen Anforderungen des jeweiligen Konzeptes definiert und in einem Bereich von 0 bis 100% angegeben. D.h. ein Produktkonzept erhält bei Erfüllung aller gewünschten Anforderungen den maximalen Wert. Dagegen wird der minimale Wert eingesetzt, wenn lediglich die Basisanforderungen erfüllt werden. Folglich wird mit der Höhe des Leistungsniveaus die Erfüllung der Leistungs- und Begeisterungsfaktoren ausgedrückt. Für die Berechnung müssen zunächst die relativen Gewichtungen der funktionalen Anforderungen der gestellten Innovationsaufgabe vorhanden sein. Diese wurden bereits durch die Anwendung der Conjoint Analyse ermittelt (vgl. Kapitel 4.2.3 und Kapitel 4.3.2).

Detaillierung der Methodik

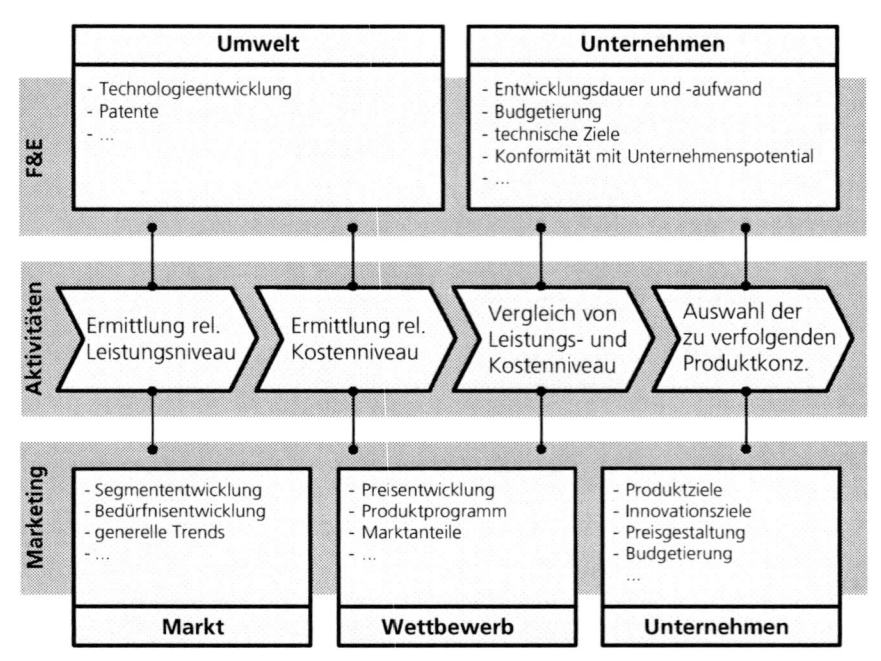

	Umwelt	Unternehmen
F&E	- Technologieentwicklung - Patente - ...	- Entwicklungsdauer und -aufwand - Budgetierung - technische Ziele - Konformität mit Unternehmenspotential - ...
Aktivitäten	Ermittlung rel. Leistungsniveau → Ermittlung rel. Kostenniveau → Vergleich von Leistungs- und Kostenniveau → Auswahl der zu verfolgenden Produktkonz.		
Marketing	- Segmententwicklung - Bedürfnisentwicklung - generelle Trends - ...	- Preisentwicklung - Produktprogramm - Marktanteile - ...	- Produktziele - Innovationsziele - Preisgestaltung - Budgetierung ...
	Markt	**Wettbewerb**	**Unternehmen**

Bild 4.16: Vorgehensweise bei der Überprüfung der zu verfolgenden Produktkonzepte

In der Phase der Ideendetaillierung {A5} wurde ein Morphologischer Kasten erstellt, in dem die Detaillösungen den funktionalen Anforderungen der Innovationsaufgabe zugeordnet wurden. Aus der Kombination der Detaillösungen wurden Produktkonzepte entwickelt. Hieraus kann abgeleitet werden, welche funktionalen Anforderungen innerhalb des betrachteten Produktkonzeptes berücksichtigt werden. Das Leistungsniveau des Konzeptes setzt sich nun aus der Summe der relativen Gewichtungen der berücksichtigten funktionalen Anforderungen zusammen.

$$LN_x = \sum_{x=1}^{X}(gFA)_x$$

mit

LN_x : Leistungsniveau des Produktkonzeptes X

$(gFA)_x$: relative Gewichtungen der in Produktkonzept X enthaltenen funktionalen Anforderungen

Das Kostenniveau des betrachteten Produktkonzeptes wird im zweiten Schritt ermittelt. Dabei wird davon ausgegangen, daß die zulässigen Kosten eines Produktkonzeptes in direktem Zusammenhang mit der Bedeutung des jeweiligen Konzeptes stehen. D.h. je höher die Bedeutung eines Konzeptes ist, desto höher ist dessen akzeptables Kostenniveau. Für die weiteren Ausführungen wird ein direktproportionaler Zusammenhang angenommen. Dabei ist der Proportionalitätsfaktor sowohl von unternehmensspezifischen als auch von unternehmensexternen Faktoren abhängig, wie bspw. Wettbewerbsaktivitäten und Höhe des Innovationsbudgets, und somit ein Maß dafür, wieviel ein Unternehmen bereit ist, für die Umsetzung von Produktkonzepten, abhängig von ihrem Bedeutungsgrad, zu investieren.

Für eine Vergleichbarkeit wird der relative Bedeutungsgrad als Maß für die Bedeutung eines Produktkonzeptes herangezogen. Dieser setzt sich additiv aus den relativen Gewichtungen der im Konzept beinhalteten Detaillösungen zusammen. Diese wiederum beruhen auf den Ergebnissen der zweiten Conjoint Analyse, bei der die Teilgewichtungen der Detaillösungen identifiziert wurden (vgl. Kapitel 4.3.2). Die relative Gewichtung der einzelnen Detaillösungen werden analog zu den relativen Gewichtungen der Lösungsideen berechnet (vgl. Kapitel 4.2.3). Entsprechend gilt:

$$gDL_d = \frac{GDL^*_{jd}}{\sum_{j=1}^{J} \max_d \{GDL^*_{jd}\}}$$

mit

$$GDL^*_{jd} = GDL_{jd} - GDL_j^{min}$$

wobei
GDL^*_{jd} : Spannweite der Teilgewichtung von der Detaillösung d der funktionalen Anforderung j
GDL_j^{min} : minimale Teilgewichtung einer Detaillösung der funktionalen Anforderung j
gDL_{dj} : relative Gewichtung der Detaillösung d der funktionalen Anforderung j
$\Sigma maxGDL$: maximal erreichbarer Nutzenwert eines Produktkonzeptes

Das Produktkonzept, das alle funktionalen Anforderungen einbezieht und für jede Anforderung die Detaillösung mit der höchsten Teilgewichtung beinhaltet, hat damit den maximalen Nutzenwert, d.h. eine relative Bedeutung bzw. relative Gewichtung von 1. Der relative Bedeutungsgrad, d.h. die relative Gewichtung eines Produktkonzeptes läßt sich damit formulieren als:

$$gPK_x = \left(\sum gDL\right)_x$$

mit
gPK_x : relativer Bedeutungsgrad des Produktkonzeptes x
$(\Sigma gDL)_x$: Summe der relativen Gewichtungen der im Produktkonzept x enthaltenen Detaillösungen

Detaillierung der Methodik

Da der relative Bedeutungsgrad als Maß für die Bedeutung herangezogen wird und angenommen wurde, daß dieser direkt proportional zum akzeptablen Kostenniveau ist, bietet es sich an, auch das Kostenniveau relativ anzugeben. Dadurch wird eine direkte Vergleichbarkeit der Niveaus der unterschiedlichen Produktkonzepte unterstützt. Dementsprechend ist das relative, akzeptable Kostenniveau gleichzusetzen mit der relativen Bedeutung der Produktkonzepte[1].

Im dritten Schritt werden relatives Leistungs- und Kostenniveau gegenübergestellt. Zur Visualisierung läßt sich ein Portfolio mit den entsprechenden Achsen aufspannen, in welches die bewerteten Produktkonzepte eingetragen werden (vgl. Bild 4.17).

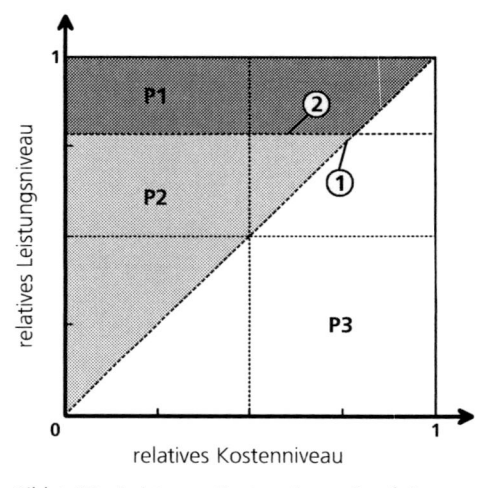

Bild 4.17: Leistungs-Kostenniveau-Portfolio

In Anlehnung an das Target Costing wird davon ausgegangen, daß ein Produktkonzept, welches ein 100%-iges Leistungsniveau erfüllt, maximal das volle Kostenniveau erreichen darf. Umgekehrt gilt: Wird ein Leistungsniveau von 0% erreicht, wird auch ein Kostenniveau von 0 angenommen. Der Optimalzustand für jedes Produktkonzept ist dann erreicht, wenn das Verhältnis von Leistungs- zu Kostenniveau maximal den Wert 1 annimmt. D.h. die Ursprungsgerade im Portfolio mit der Steigung 1 veranschaulicht eine untere Grenze für sinnvoll umzusetzende Produktkonzepte. Darüber hinaus wurde in der Zielbildung ein minimales Leistungsniveau vorgegeben. Entsprechend verdeutlicht die Gerade mit der Steigung 0 durch das minimale Leistungsniveau eine zweite untere

---

[1] Für die direkte Kostenabschätzung können auch Zielkosten für das Produktkonzept mit dem höchsten Leistungsniveau als Proportionalitätsfaktor eingesetzt werden. Eine ähnliche Anwendung ist bei N. STIPPEL zu finden. Allerdings bezieht sich diese auf Funktionskomponenten, die in der vorliegenden Arbeit nicht in den frühen Phasen betrachtet werden [vgl. STIP99, S. 143 ff.].

Grenze. Demnach sind die Produktkonzepte zu priorisieren, die oberhalb von beiden Grenzen liegen.

Auf analoge Weise läßt sich ein Leistungs-Kostenniveau-Portfolio auch für Detaillösungen entwickeln. Hierdurch kann veranschaulicht werden, welchen Kostenanteil die einzelnen Lösungen im gesamten Produktkonzept einnehmen.

Das Leistungs-Kostenniveau-Portfolio stellt jedoch kein Instrument zur Erreichung potentieller Zielkosten dar, sondern bietet vielmehr die Möglichkeit Kostengestaltungspotentiale offenzulegen. Darüber hinaus können im weiteren Verlauf des Entwicklungsprozesses die Kostenniveaus auch auf Komponentenebene übertragen und fortgeschrieben werden. Es handelt sich also um ein Instrument zur Steuerung und Überwachung der Leistungs- und Kostenniveauerreichung.

4.4.3 DOKUMENTATION DER ERGEBNISSE

Im Rahmen des Innovationsprozesses sind eine Vielzahl von Informationen notwendig, um systematisch und zielgerichtet erfolgreiche Produktinnovationen zu entwickeln. Diese werden von unterschiedlichen Funktionsbereichen wie F&E und Marketing zu unterschiedlichen Zeitpunkten gewonnen. Häufig wird dabei ein und dieselbe Information in verschiedenen Bereichen genutzt und weiterverarbeitet. Damit die Planungsschritte effektiv und effizient durchgeführt sowie Synergien ausgeschöpft werden können, ist eine transparente und nachvollziehbare Dokumentation der Aktivitäten und Informationen erforderlich. Hierdurch haben alle involvierten Mitarbeiter einen einheitlichen, aktuellen Informationsstand und bereichsübergreifende Informationsbeschaffung, -aufbereitung und -austausch werden unterstützt. Darüber hinaus kann die Dokumentation als Leitfaden dienen, welche Informationen innerhalb des Innovationsprozesses beschafft werden müssen. Die Planungsaktivitäten und ihre Ergebnisse können nachvollzogen werden. Werden alle Erkenntnisse und Ideen festgehalten, wird eine Wissensbasis geschaffen, auf die zum einen bei nachfolgenden Aktivitäten systematisch zurückgegriffen werden kann; zum anderen können Synergien genutzt und Potentiale ausgeschöpft werden.

Ziel der Dokumentation ist es, alle innovationsbezogenen, planungsrelevanten Informationen in Informationsträgern zu konzentrieren. Entsprechend der erweiterten InnovationRoadMap kann ausgehend von den Innovationsaufgaben, wie in Kapitel 3.3.2.2 beschrieben, eine hierarchische Struktur der Informationsträger erstellt werden:

- INNOVATIONSDATENBLÄTTER
  In diesen Datenblättern werden die Informationen zu den aus den Zukunftsprojektionen und Unternehmenspotentialen abgeleiteten Innovationsaufgaben dokumentiert. Darin enthalten sind die Aufgabenbeschreibung und das Innovationspotential, das Unternehmenspotential und die aus den Trends gebildeten Zukunftsprojektionen

Detaillierung der Methodik

bezüglich Markt, Technologie und eigenem Unternehmen sowie die zu der Aufgabe entwickelten Produktideen. Darüber hinaus beinhalten diese Datenblätter auch organisatorische Aspekte wie Verfasser, Datum, Unternehmensbereich etc.

- PRODUKTIDEENDATENBLÄTTER
  Diese enthalten Informationen zu den jeweiligen Produktideen wie Beschreibung der Lösungsideen, Vermerke auf die entsprechenden Innovationsaufgaben, Innovationspotentiale und Unternehmenspotential sowie technologische Daten und Marktdaten. Letztere können unterteilt werden in allgemeine Marktdaten, Wettbewerbs- und Kundendaten. Insbesondere beinhalten die Produktideendatenblätter einen Verweis auf die zur Idee gehörenden Detaillösungen, die in den Prinziplösungsdatenblättern dokumentiert werden.

- PRINZIPLÖSUNGSDATENBLÄTTER
  In den Prinziplösungsdatenblättern werden die Detaillösungen dokumentiert. Analog zu den beiden anderen Datenblättern enthalten auch diese eine Beschreibung der jeweiligen Lösung, organisatorische und technische Daten sowie Marktinformationen. Darüber hinaus beinhalten sie Verweise auf die dazugehörigen Produktideen und Innovationsaufgaben.

Für die drei Datenblätter ist eine Gliederung in die vier Teilbereiche ORGANISATION, IDEENBESCHREIBUNG, TECHNOLOGIE und MARKT empirisch ermittelt worden, wobei der Marktbereich in drei weitere Subbereiche unterteilt werden kann: allgemeine Marktinformationen, Wettbewerbs- und Kundeninformationen. Von der obersten Stufe der Innovationsdatenblätter bis hin zu den Prinziplösungsdatenblättern steigt auch der Detaillierungsgrad der in den Datenblättern enthaltenen Informationen. Beispiele für die jeweiligen Datenblätter befinden sich im Anhang C.

Mit der erweiterten InnovationRoadMap und den beschriebenen Datenblättern liegt damit ein Dokumentationssystem vor, anhand dessen die Planungsaktivitäten und deren Ergebnisse nachvollziehbar werden. Hierdurch wird der Informationsaustausch zwischen F&E und Marketing und damit die Koordination der Aktivitäten beider Bereiche systematisch unterstützt.

4.4.4 ZWISCHENFAZIT: UMSETZUNGSPLANUNG UND ÜBERPRÜFUNG DER ERGEBNISSE DES INNOVATIONSPROZESSES

In der Phase der Umsetzungsplanung wurden die im Innovationsproze ermittelten Ergebnisse und Erkenntnisse in der erweiterten InnovationRoadMap aggregiert und chronologisch strukturiert abgebildet. Hierzu wurden Markt- und Technologiesicht über einer Zeitachse aufgetragen. Im Marktbereich wurden die Zukunftsprojektionen und Innovationsaufgaben systematisiert. Der Technologiebereich wurde in zwei Subbereiche unterteilt. Im ersten sind die Produktkonzepte den Zukunftsprojektionen und Innovationsaufgaben gegenübergestellt. Die Zuordnung der entwickelten Detaillösungen zu den jeweiligen Produktkonzepten erfolgte im zweiten Subbereich der InnovationRoadMap. Auf diese Weise wurde es möglich, systematisch Innovationsaktivitäten abzuleiten. Für die Überprüfung der umzusetzenden Produktkonzepte hinsichtlich der zu Beginn der Planung vorgegebenen Ziele wurde der jeweilige Anforderungserfüllungsgrad und die relative Bedeutung der Produktkonzepte herangezogen. Aus diesen Größen konnten das Leistungs- sowie das Kostenniveau der Produktkonzepte ermittelt und ein Leistungs-Kostenniveau-Portfolio konzipiert werden.

Vor dem Hintergrund der Transparenz und der intersubjektiven Nachvollziehbarkeit der Planung wurde ein Dokumentationssystem entworfen, welches aus Innovations-, Produktideen- sowie Prinziplösungsdatenblättern aufgebaut ist. Hierdurch konnte eine Informationsstruktur geschaffen werden, die zum einen die Interaktion von F&E und Marketing zielgerichtet unterstützt und zum anderen als Wissensbasis bei nachfolgenden Planungen verwendet werden kann.

Damit steht für die Interaktion von F&E und Marketing in den frühen Phasen des Innovationsprozesses eine durchgängige Methodik zur Verfügung, durch die eine systematische Entwicklung von Produktinnovationen begünstigt wird. Basierend auf der entwickelten Methodik können im folgenden ihre praktische Anwendbarkeit sowie der damit verbundene Nutzen nachgewiesen werden.

Anwendung der Methodik

5 Anwendung der Methodik

Im Rahmen von Kapitel 3 und 4 wurden die Teilmodelle der Methodik zur Interaktion von F&E und Marketing festgelegt und die Vorgehensweise detailliert. Entsprechend der Forschungsstrategie für angewandte Wissenschaften ist die entwickelte Methodik abschließend im Anwendungszusammenhang zu prüfen [vgl. ULRP76, S. 349]. Hierzu wird im folgenden Kapitel zunächst das Evaluierungskonzept erläutert (Kapitel 5.1). Anhand eines industriellen Beispiels werden anschließend die wesentlichen Interaktionsphasen ausführlich dargestellt (Kapitel 5.2). Abschließend werden weitere praktische Anwendungen der Methodik zusammenfassend beschrieben.

5.1 Konzept zur Evaluierung der Methodik

Ziel der Evaluierung der entwickelten Methodik sowie der integrierten Modelle und Instrumente war es, die konkrete Nutzbarkeit für Aufgaben in den frühen Phasen des Innovationsprozesses zu untersuchen. Das grundlegende Konzept sowie einzelne Methoden für den Betrachtungsbereich der frühen Phasen des Innovationsprozesses wurden im Rahmen eines Verbundprojektes entwickelt [vgl. BRAF99b, S. 25 ff.; BRAF99c; WEIG99]. Der Nachweis der generellen Einsetzbarkeit erforderte darüber hinaus eine Methodikanwendung in produzierenden Industrieunternehmen unterschiedlichster Charakteristika. Vor diesem Hintergrund wurde in mehreren Innovationsprojekten die Anwendbarkeit der Methodik aufgezeigt. Dabei variierten der Umfang und der Fokus innerhalb der Methodikanwendung sowohl aufgrund der unterschiedlichen Randbedingungen in der betrieblichen Praxis als auch in der spezifischen Anwendungssituation von Fall zu Fall. Hierdurch konnten einzelne Methodenschwerpunkte detailliert validiert werden. Im folgenden wird eines dieser Projekte ausführlich erläutert, bevor abschließend eine Auswahl von weiteren Fallbeispielen zusammenfassend dargestellt wird.

5.2 Methodikanwendung

Die entwickelte Methodik wurde in Zusammenarbeit mit einem Unternehmen aus der Zulieferbranche angewendet. Mit ca. 1500 Mitarbeitern und einem Umsatz von knapp 300 Mio. DM gehört das Unternehmen zu den weltweit führenden Herstellern von Gasfedern, Hydraulikdämpfern, Schwingungsdämpfern, Aufpralldämpfersystemen und Höhenverstellsystemen. Seine Produktionsstandorte liegen in Deutschland, Tschechien, USA und Indien, zwei F&E-Bereiche sind in Deutschland und den USA angesiedelt. Darüber hinaus besitzt das Unternehmen ca. 30 weltweit verteilte Vertriebsstandorte. Seine Kompetenzen liegen in der kundenspezifischen Entwicklung und Produktion von technologischen Problemlösungen für die Funktionen Heben, Senken, Neigen und Dämpfen.

Zielbildung {A1}

Grundsätzliche Unternehmenszielsetzung ist es, innerhalb der nächsten Jahre den Umsatz deutlich zu steigern und die Wettbewerbsfähigkeit zu erhalten und auszubauen. Die Unternehmenssituation ist gekennzeichnet durch eine Matrixorganisation nach Produktbereichen und Geschäftsfeldern. Hauptabnehmer der Produkte sind die Büromöbel- und Automobilindustrie sowie führende Waschmaschinenhersteller. Die technologischen Kernkompetenzen liegen in der kundenspezifischen Entwicklung von pneumatischen und hydraulischen Anwendungen, in der Rohrbearbeitung, der Kolbenstangenfertigung sowie in der teilweise hochautomatisierten Montage. Durch die technologische Analyse konnten im Entwicklungsbereich Potentiale aufgezeigt werden, jedoch ergab die Untersuchung der Marktpotentiale, daß die meisten Produkte sich im Reifestadium des Lebenszyklus befinden. Darüber hinaus wurden seit fast zwanzig Jahren keine neuen Geschäftsfelder aufgebaut und neue Produktlösungen entwickelt. Vor dem Hintergrund der von F&E und Marketing gemeinsam ermittelten Analyseergebnisse wurde die innovationsbezogene Zielsetzung abgleitet. Es sollten sowohl basierend auf den technologischen Kernkompetenzen als auch im Hinblick auf die zukünftige Marktentwicklung Produktinnovationen geplant und umgesetzt werden. Die Produktideen sollten weltweit an Massenmärkte adressiert sein, wobei eine Qualitätsführerschaft durch mindestens eine überlegene Produkteigenschaft sichergestellt und gefestigt werden sollte. Dies setzte von Anfang an eine effektive Zusammenarbeit von F&E und Marketing voraus. Mit der Firmengründung 1951 stellten Federbeine für Motorräder und Mopeds die ersten Produkte dar. Auf diesem Gebiet war bereits eine technologische Expertise vorhanden. Vor diesem Hintergrund sollte dieses Gestaltungsfeld im Rahmen der Zukunftsanalyse detailliert untersucht werden.

Zukunftsanalyse {A2}

Der Fokus innerhalb der Zukunftsanalyse lag in der Bildung von Zukunftsprojektionen für das Gestaltungsfeld der Dämpfung und Federung von Zweirädern. Hierzu wurden die Marktentwicklung von Zweirädern sowie das technische Entwicklungspotential von Feder-Dämpfer-Elementen mittels sekundärer Marktforschung analysiert. Dabei konnte ein stetig wachsender Fahrradbestand festgestellt werden. Die Gründe für diesen Anstieg sind vor allem in der Tendenz zum Zweit- oder Drittrad vor dem Hintergrund spezieller Einsatzgebiete wie Touren, Trekking, Cross und Sport zu suchen [vgl. VFM99]. Darüber hinaus wurde ein zunehmender Trend zum sportiven Mountainbike mit hochwerti-

Anwendung der Methodik

ger Ausstattung und zum Cityrad, das ebenfalls verstärkt mit Federungssystemen angeboten wird, identifiziert. Die Anteile dieser Fahrradtypen am gesamten Absatz wurden für die nächsten zwei Jahre mit mehr ca. 60% prognostiziert. Zwar wurde auch eine wachsende Anzahl an Federbeinherstellern identifiziert, jedoch stieg die Zahl erst seit 1996. Darüber hinaus stammen diese Unternehmen hauptsächlich aus dem Bereich der Federgabelentwicklung und konzentrieren sich ausschließlich auf die Produktion von Federgabeln und Federbeinen. Vor diesem wettbewerbsseitigen Hintergrund sowie den verschiedenen Einsatzgebieten von Fahrrädern konnte im technischen Bereich ein Innovationspotential ermittelt werden. Hieraus wurde insbesondere die Innovationsaufgabe formuliert, ein Federbein zu entwickeln, das für jede Fahrweise und die unterschiedlichsten Geländeformen optimal einsetzbar ist.

Ideenfindung {A3}

Neben der Analyse der Wettbewerbsprodukte lag der Schwerpunkt in der Phase der Ideenfindung in der Erfassung der funktionalen Anforderungen. Für die ermittelten Anforderungen sollten in dieser Phase erste Ideen entwickelt und direkt mittels einer Conjoint Analyse überprüft werden. Dies sollte zum einen die Entwicklungsdauer reduzieren und zum andern unnötigen Aufwand durch nicht marktorientierte Entwicklungen frühzeitig verhindern. Auf Basis einer detaillierten Technologie- und Marktanalyse wurde das Ideale Produkt formuliert und eine Anforderungsmatrix aufgestellt (vgl. Bild 5.1)

	Primäranforderungen		Sekundäranforderungen		Tertiäranforderungen	
Begeisterungsfaktoren						
Leistungsfaktoren	- Zuverlässigkeit I	4	- Geländeunabhängigkeit	4	- Einstellung der Dämpfung - Einstellung der Federung	4 4
	- einfache Handhabung	3	- Handlichkeit	3	- leichtes Gewicht - leichte Bedienbarkeit	4 2
	- Image	4			- Wertanmutung	4
Basisfaktoren	- Langlebigkeit	5	- Unempfindlichkeit	5	- Bruchfestigkeit - Verschleißfestigkeit	5 5
	- Zuverlässigkeit II	5	- zeitliche Unabhänigkeit	5	- präzise Funktion	5

Bild 5.1: Anforderungsmatrix für ein Fahrradfederbein mit bereits skalierten Gewichtungen

Als wichtigste Leistungsanforderungen wurden die Einstellbarkeit von Federung und Dämpfung sowie das Gewicht und die Wertanmutung identifiziert. Hierauf aufbauend wurden verschiedene Lösungsideen gesammelt und generiert. Diese unterschieden sich

Anwendung der Methodik

durch die verschiedenen Einstellmechanismen von Feder und Dämpfer sowie durch unterschiedliche Designs. Die Lösungsideen wurden mittels Morphologie zu Lösungskonzepten kombiniert, die die Ausgangsbasis für die nachfolgende Conjoint Analyse darstellten.

2. Überprüfung der Ergebnisse {A4}

Zu den wichtigsten Aufgaben innerhalb der Conjoint Analyse zählte die Festlegung des Informationsbedarfes. Da zu den ermittelten Anforderungen zahlreiche Lösungsideen entwickelt wurden, wurde zunächst die Anzahl der Lösungskonzepte reduziert, die in der Befragung berücksichtigt werden sollten. In Zusammenarbeit mit den Entwicklungsingenieuren und Marketingmitarbeitern des Unternehmens wurden die in Bild 5.2 dargestellten Ausprägungen als relevant identifiziert.

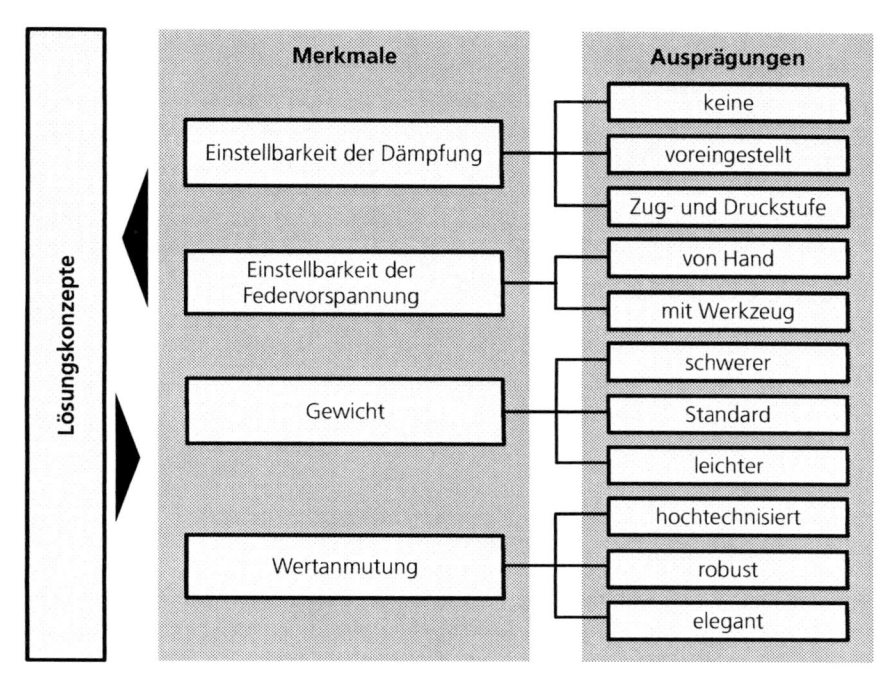

Lösungskonzepte	Merkmale	Ausprägungen
	Einstellbarkeit der Dämpfung	keine
		voreingestellt
		Zug- und Druckstufe
	Einstellbarkeit der Federvorspannung	von Hand
		mit Werkzeug
	Gewicht	schwerer
		Standard
		leichter
	Wertanmutung	hochtechnisiert
		robust
		elegant

Bild 5.2: Eigenschaftsprofil für die Durchführung der Conjoint Analyse

Bei der im Anwendungsfall behandelten Form der Conjoint Analyse wurde bei der Wahl des Präferenzmodells und der Bewertungsfunktion auf das in den meisten Untersuchungen eingesetzte additive Teilnutzenwertmodell zurückgegriffen. Die Voraussetzungen für die Anwendung des Modells, nämlich die Unabhängigkeit der Merkmale, war im vorliegenden Fall erfüllt. Als Erhebungsdesign lag der Untersuchung die traditionelle

Anwendung der Methodik

Profilmethode zugrunde, deren Ausgangsbasis ein asymmetrisches (3x2x3x3)-Design war, resultierend aus den vier Merkmalen mit jeweils zwei bzw. drei Ausprägungen. Die Verwendung des vollständigen Designs von 54 Lösungskonzepten hätte eine Überforderung der Befragten zufolge gehabt. Aus diesem Grund wurde das Design auf neun Konzepte reduziert

Die Auswertung der Befragungsergebnisse ergab die relative Gewichtung für die funktionalen Anforderungen (vgl. Bild 5.3). Festzustellen war, daß die Einstellbarkeit der Dämpfung mit Abstand das wichtigste Kriterium für den Kunden bei der Wahl eines Federbeines war. Diese wurde bislang noch unzureichend in den vom Unternehmen entwickelten Lösungsideen berücksichtigt.

Legende
1: Einstellbarkeit der Dämpfung
2: Einstellbarkeit der Federvorspannung
3: Gewicht
4: Wertanmutung

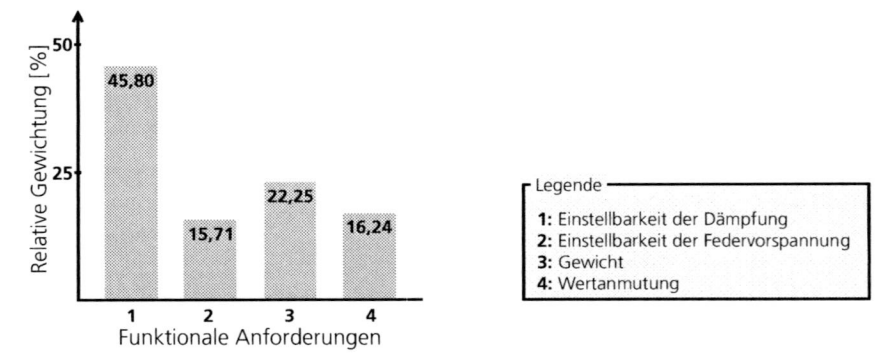

Bild 5.3: *Relative Gewichtung der funktionalen Anforderungen*

Neben der Validierung der bereits ermittelten Anforderungen konnte als weitere wichtige Anforderung die Wartungsmöglichkeit von Federbeinen identifiziert werden. Diese wurde in die Anforderungsmatrix integriert und bei der nachfolgenden Phase der Ideendetaillierung berücksichtigt.

Ideendetaillierung {A5}

Vor dem Hintergrund der Ergebnisse der Conjointanalyse und auf Basis der aktualisierten Anforderungsmatrix wurden die funktionalen Anforderungen skaliert und die technischen Produktmerkmale mittels einer kombinierten Funktions- und Stoff-Feld-Analyse ermittelt. Anschließend wurde die Gewichtung der Produktmerkmale berechnet und deren Abhängigkeiten untereinander durch einen Paarvergleich untersucht. Ein Ausschnitt aus dem entsprechenden HoQ ist in Bild 5.4 dargestellt.

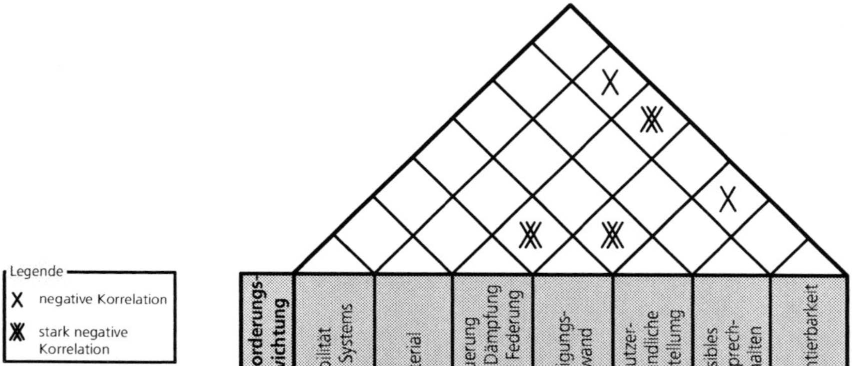

Anwendung der Methodik

Legende
X negative Korrelation
✗ stark negative Korrelation

	Anforderungs-gewichtung	Stabilität des Systems	Material	Steuerung der Dämpfung und Federung	Fertigungs-aufwand	Benutzer-freundliche Einstellung	Sensibles Ansprech-verhalten	Montierbarkeit
Einstellung der Dämpfung	4	1		9	9	9	3	3
Einstellung der Federung	4	1		9	9	9	3	3
Präzise Funktion	5		3	9		1	9	
Bruchfestigkeit	5	9	9					
Verschleißfestigkeit	5	9	9	1		1		
Leichtes Gewicht	4	3	9		1			
Leichte Bedienbarkeit	2			3		9		9
Wertanmutung	4	3	3		1	1		
Gewichtung der Merkmale		**122**	**153**	**128**	**80**	**100**	**69**	**42**

Bild 5.4: Ausschnitt aus dem HoQ für Federbeine

Als wichtige Produktmerkmale, die in einem Zielkonflikt stehen, wurden der geringe Fertigungsaufwand und die Steuerng der Dämpfung und Federung ermittelt. Zur Auflösung des Zielkonfliktes wurde von Mitgliedern des F&E und des Marketing die Contradiction-Matrix aus der TRIZ-Methodik angewendet. Durch eine Abstraktion der betreffenden Produktmerkmale konnten die technischen Standardparameter „Fertigungsfreundlichkeit" (32) und „Komplexität in der Struktur" (36) angewandt werden. Diese führten zu dem Innovationsprinzip „billige Kurzlebigkeit". Durch eine Konkretisierung auf den vorliegenden Anwendungsfall wurde ein modularer Aufbau als Detaillösung entwickelt. Dieser berücksichtigt zum einen die Wartungsfreundlichkeit des Systems. Zum anderen können aber auch leicht austauschbare Standarddämpfungskomponenten, die einfach in verschiedenen Voreinstellung zu fertigen sind, in Betracht gezogen werden.

Die entwickelten Detaillösungen wurden wiederum mittels Morphologie den funktionalen Anforderungen zugeordnet und zu Produktkonzepten kombiniert. Favorisiertes Konzept war ein Federbein, das durch seinen spezifischen modularen Aufbau die erwünschte Wartungsfreundlichkeit erfüllte. Die benutzerfreundliche Einstellung der Federhärte sollte über einen großen, leicht greifbaren Ring realisiert werden. Darüber hinaus wurde ein ansprechendes Design berücksichtigt – ein Aspekt, der bei der Entwicklung bereits etablierter Produkte selten Beachtung fand. Der Einstellung der Dämpfung wurde in dem Konzept in sofern Rechnung getragen, als daß voreingestellte, durch den modularen Aufbau des Systems jeder Zeit austauschbare Dämpfungspatronen verwendet wurden. Dies beinhaltete einen fertigungstechnischen Vorteil: Gerade die Produktion der Dämpfungspatronen baute auf den bereits vorhandenen technischen Erfahrungen und Produktionsstätten aus dem Gasfeder- und Hydraulikdämpferbau auf. Hierdurch konnte eine hohe Produktqualität realisiert werden.

2. Überprüfung der Ergebnisse {A6} und Umsetzungsplanung {A7}

Für die Überprüfung der entwickelten Produktkonzepte wurde eine weitere Befragung durchgeführt. Hierbei konnte insbesondere die Gewichtung der Wartungsfreundlichkeit und damit auch die Bedeutung des modularen Aufbaus validiert werden. Ergebnis der Überprüfung war, daß durch den Systemaufbau des favorisierten Produktkonzeptes alle Anforderungen erfüllt werden konnten.

Im Anschluß an die Überprüfung wurden alle im Planungsverlauf ermittelten Ergebnisse und gewonnenen Erkenntnisse in einer InnovationRoadMap aggregiert. Hierbei wurden im wesentlichen die entwickelten Produktkonzepte den anfangs formulierten Innovationsaufgaben zugeordnet. Anschließend wurden die im Verlauf des Planungsprozesses gesammelten und generierten Detaillösungen in der InnovationRoadMap strukturiert. Darauf basierend konnten unternehmensspezifische Produktinnovationsaktivitäten abgeleitet werden. Es zeigte sich, daß bereits Erkenntnisse auf einem hohen Konkretisierungsniveau vorlagen; so wurde inzwischen mit dem Aufbau des neuen Geschäftsfeldes für Federbeine im Fahrradbereich begonnen.

3. Überprüfung der Ergebnisse {A8}

Die abgeleiteten Produktinnovationsaktivitäten wurden in der letzten Phase vor dem Hintergrund der anfangs gesetzten Innovationsziele überprüft. Hierzu wurde das Leistungs- und Kostenniveau der entwickelten Produktkonzepte ermittelt und im Leistungs-Kostenniveau-Portfolio visualisiert. Als Maß für das Leistungsniveau wurde die Erfüllung der ermittelten Leistungs- und Begeisterungsanforderungen herangezogen. Das Kostenniveau wurde auf Basis der relativen Bedeutung der einzelnen Detaillösungen qualitativ bewertet. Durch die sehr hoch angesetzte Mindestgrenze des relativen Leistungs-

Anwendung der Methodik

niveaus wurde nur eine geringe Anzahl an Produktkonzepten positiv beurteilt. Hierunter fiel auch das vorab favorisierte Produktkonzept.

Alle Ergebnisse wurden von Marketing und F&E in den hierfür vorgesehen Datenblättern während des Planungsprozesses dokumentiert. Hierdurch konnte der Prozeß effizient gestaltet und die Aktivitäten von F&E und Marketing effektiv koordiniert werden. Darüber hinaus konnten durch die Dokumentation bereits entwickelte Ideen, die bislang noch nicht umgesetzt werden konnten, wieder aufgegriffen und in einer zweiten Generation von Fahrradfederbeinen umgesetzt werden.

Durch den beschriebenen Anwendungsfall wurde deutlich, daß die Anwendung der Methodik durchgängig möglich ist. Durch die Interaktion von F&E und Marketing wurde es möglich technologie- und marktrelevante Aspekte in den Entwicklungsprozeß gleichzeitig zu integrieren. Darüber hinaus konnten durch die regelmäßige und frühzeitige anforderungsbasierte Überprüfung von entwickelten Konzepten innerhalb eines kurzen Planungszeitraumes eine Produktinnovation auf einem bereits bestehenden Markt plaziert werden.

5.3 Weitere Praxisanwendungen der Methodik

Wie bereits in Kapitel 5.1 erläutert, wurde die Methodik in weiteren industriellen Projekten eingesetzt. Dabei konnte sie der situativen, spezifischen Situation der jeweiligen Unternehmen angepaßt werden. In einem der Anwendungsprojekte wurde bei einem Automobilzulieferer in einem interdisziplinären Team ein rohrförmiger Träger bei einer gleichzeitigen Funktionsintegration qualitativ verbessert. Hierzu wurden zunächst die funktionalen Anforderungen an das Produkt sowie potentielle Bauteilschnittstellen analysiert. Für die Ideenfindung und -detaillierung wurde die systematische Verknüpfung der QFD-Methodik mit Werkzeugen aus der TRIZ-Methodik genutzt. Es wurden dabei mehr als 80 Detaillösungen innerhalb weniger Tage entwickelt. Auf Basis der Anforderungsstruktur wurden diese zu Produktkonzepten kombiniert. Die Konzepte wurden im Rahmen von Befragungen und deren Auswertungen überprüft. Ergebnis waren drei Produktkonzepte, die umgehend umgesetzt wurden.

Bei der Entwicklung eines Dämpfungssystems für Waschmaschinen lag der Schwerpunkt der Methodikanwendung insbesondere auf der den Prozeß begleitenden intensiven Markt- und Technologieanalyse durch F&E und Marketing. Dabei wurde sowohl eine umfangreiche Marktstudie in Bezug auf Endkunden und Waschmaschinenhersteller als auch eine detaillierte Patentrecherche im Bereich Dämpfungstechnik - und hier insbesondere hinsichtlich des funktionalen Aufbaus von Wettbewerbsprodukten - durchgeführt. Die auf dieser ausführlichen Informationsbasis generierten funktionalen Ideen für ein neues System wurden sukzessive anhand der aktuellen Markt- und Technologieinformationen bewertet und ausgewählt. Eines der generierten Produktkonzepte wurde in

Anwendung der Methodik

einer Entwicklungskooperation intensiv weiterverfolgt und steht inzwischen kurz vor der Markteinführung.

Bei einem Unternehmen aus dem Baunebengewerbe kam die Methodik für die Entwicklung, Bewertung und Auswahl von innovativen Verbindungstechniken zum Einsatz. Dazu wurden mittels der QFD-Methode die wichtigsten Merkmale des zu konzipierenden Produktes identifiziert. Eine detaillierte Patentrecherche stellte den Stand der Technik dar und lieferte erste Ideenansätze zur Verbesserung des bestehenden Konzeptes. Diese wurden mit Werkzeugen aus der TRIZ-Methodik und durch den Einsatz von Kreativitätstechniken in einem interdisziplinären Team detailliert. Parallel dazu wurde für zuvor festgelegte Bereiche ein Expertennetzwerk aufgebaut, um den Anschluß an die Entwicklung betreffender Technologien zu gewährleisten. Die resultierende kurzfristige Produktidee mündete bereits innerhalb des ersten halben Jahres in einem Funktionsmuster. Für ein langfristiges Produktkonzept wurden zahlreiche, prinzipiell unterschiedliche Konzeptideen entwickelt und bewertet. Die dabei entstandene InnovationRoadMap hatte den Charakter eines langfristigen Projektplanes.

Ein Überblick über beschriebene und weitere Anwendungsbeispiele und die in ihnen verfolgten Schwerpunkte der Methodikanwendung ist in Bild 5.5 dargestellt.

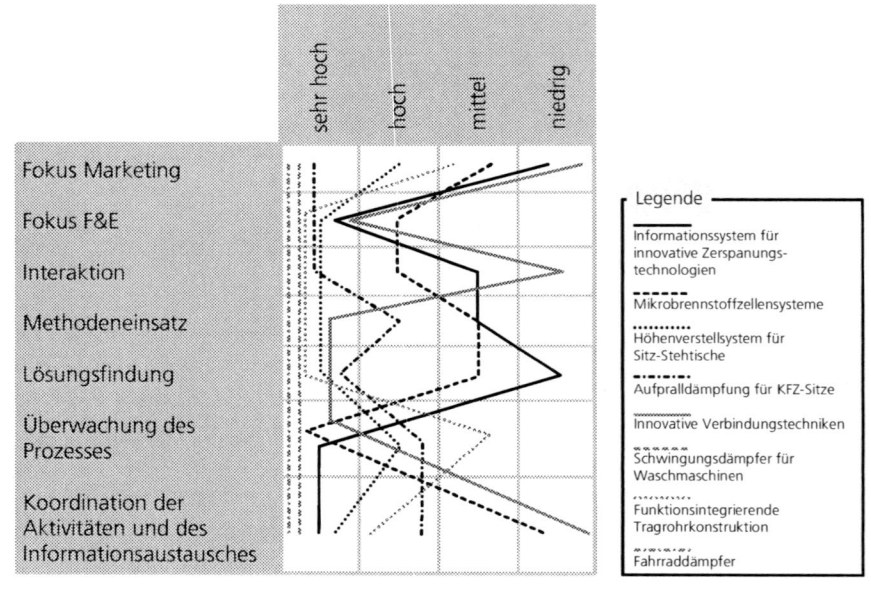

Bild 5.5: Umfang und Schwerpunkte der Planungsaktivitäten innerhalb der industriellen Anwendung

Die entwickelte Methodik zur Interaktion von F&E und Marketing in den frühen Phasen des Innovationsprozesses hat sich im Rahmen der Anwendung als geeignetes Instrument für die Entwicklung von Produktinnovationen erwiesen. Die Fallbeispiele haben gezeigt, daß es mit der Methodik möglich ist, durch eine systematische Koordination der Aktivitäten von F&E und Marketing und eine frühzeitige Überwachung der Ergebnisse gezielt an den technologischen und marktseitigen Anforderungen ausgerichtete Produktinnovationen zu entwickeln. Hierdurch konnten erfolgreiche und qualitativ bessere Ideen als bisher generiert werden. Durch ihre Flexibilität konnte die Methodik in der Praxisanwendung gut auf die spezifische Situation der jeweiligen Unternehmen angepaßt werden. Durch die gezielte bereichsübergreifende Zusammenarbeit von F&E und Marketing sowie den permanenten Informationsaustausch ergab sich eine höhere Sicherheit in der Abschätzung des Marktpotentials und der technischen Machbarkeit. Dies wurde durch eine systematische Dokumentation unterstützt, wodurch die Transparenz der Aktivitäten im Innovationsprozeß gesteigert werden konnte.

6 ZUSAMMENFASSUNG

TECHNOLOGISCHE PRODUKTINNOVATIONEN haben eine herausragende Bedeutung für die erfolgreiche Entwicklung und die Sicherung der langfristigen Wettbewerbsfähigkeit von produzierenden Unternehmen. Dabei haben gerade die frühen Phasen des Innovationsprozesses einen erheblichen Einfluß auf die Entwicklungsdauer und die Erfolgsquote neuer Produkte. Hier werden bereits die Grundlagen und Ansatzpunkte für den technischen und marktseitigen Erfolg festgelegt. Die systematische Zusammenarbeit der Unternehmensbereiche F&E UND MARKETING trägt wesentlich zur Sicherstellung der Marktorientierung von Produktinnovationen bei. Dies wurde zwar erkannt, aber in der Praxis bestehen zwischen beiden Bereichen immer noch Divergenzen hinsichtlich Planungshorizonten, Referenzsystemen und zeitlicher Einteilung der Aktivitäten. Dies führt zu einer Informationsasymmetrie und einer mangelnden kooperativen Verarbeitung von marktseitigen und technologischen Impulsen, die zu Innovationen führen können.

Vor diesem Hintergrund war es Ziel der vorliegenden Arbeit, eine in der Praxis anwendbare und wissenschaftlich fundierte Methodik zu entwickeln, die die INTERAKTION VON F&E UND MARKETING durch eine KOORDINATION UND ÜBERWACHUNG DER PRODUKTINNOVATIONSAKTIVITÄTEN ganzheitlich in den FRÜHEN PHASEN DES INNOVATIONSPROZESSES methodisch unterstützt. Hierfür wurde die Forschungsstrategie in Anlehnung an den Forschungsprozeß für die angewandte Wissenschaft nach H. ULRICH gewählt.

Zunächst wurde der Untersuchungsbereich anhand der Begriffe PRODUKTINNOVATION, INNOVATIONSPROZEß, INTERAKTION, F&E und MARKETING abgegrenzt und präzisiert. Auf dieser Basis wurden bestehende Arbeiten und Konzepte im Untersuchungsbereich analysiert. Für eine potentielle Integration bereits existierender, adaptierbarer Ansätze in die Methodik wurden die TRIZ-Methodik, die Conjoint Analyse, Portfolio-Analysen und die QFD-Methodik ausgewählt und eingehend analysiert. Bei der Diskussion der Arbeiten und Konzepte wurde deutlich, daß Methodiken fehlen, die die Interaktion von F&E und Marketing durchgehend methodisch unterstützen und entscheidungsrelevante Informationen für eine Bearbeitung und Überwachung gerade der frühen Phasen des Innovationsprozesses bereitstellen.

Auf Basis der Defizite der bestehenden Lösungsansätze und unter Berücksichtigung der Problemfelder in der industriellen Praxis wurden ein Zielsystem und ein forschungsleitendes Anforderungsprofil für die Methodik abgeleitet. Auf Grundlage der Anforderungen wurden die Prinzipien der Regelkreisansätze, der Systemtechnik, der Modell- sowie der Kommunikationstheorie für die Konzeption der Methodik genutzt. Als Aufbaustruk-

Zusammenfassung

tur der Methodik wurden ein VORGEHENSMODELL, bestehend aus PROZEß- und REGELUNGSMODELL, sowie ein KOORDINATIONSMODELL mit den Teilmodulen INFORMATIONS- und KOMMUNIKATIONSMODELL eingeführt. Die Verknüpfung der einzelnen Modelle zu einer ganzheitlichen Methodik wird durch das INTERAKTIONSMODELL erreicht. Die Ablaufstruktur der Methodik wird durch das Vorgehensmodell determiniert, mittels des Koordinationsmodells ergänzt und systematisch zu einem Grundmodell der Interaktion erweitert. In diesem werden acht von einander logisch abgrenzbare Phasen unterschieden: ZIELBILDUNG (1), ZUKUNFTSANALYSE (2), IDEENFINDUNG (3), 1. ÜBERPRÜFUNG DER ERGEBNISSE AUS DER IDEENFINDUNG (4), IDEENDETAILLIERUNG (5), 2. ÜBERPRÜFUNG DER ERGEBNISSE AUS DER IDEENDETAILLIERUNG (6), UMSETZUNGSPLANUNG (7) und 3. ÜBERPRÜFUNG DER ERGEBNISSE DES INNOVATIONSPROZESSES (8). Als Modellierungssprache für das Interaktionsmodell wurde die IDEF0-Methode in modifizierter Form ausgewählt.

Aufbauend auf der Ablaufstruktur wurden die Phasen des Interaktionsmodells sukzessive detailliert und den Innovationsprozeß unterstützende Methoden und Instrumente entwickelt bzw. integriert. Für jede der 8 Phasen wurde die Interaktion von F&E und Marketing anhand der Aktivitäten und der zu erarbeitenden Informationen detailliert modelliert. Die praktische Anwendbarkeit wird durch die Entwicklung bzw. Integration von adäquaten Instrumenten und Methoden ermöglicht.

Im Rahmen der ZIELBILDUNG und ZUKUNFTSANALYSE wurden bestehende systematische Analysemethoden und Ansätze integriert, um Unternehmenspotentiale, das innovationsrelevante Zielsystem, erfolgversprechende Gestaltungsfelder sowie Innovationspotentiale und -aufgaben zu identifizieren. Als Grundlage dienten insbesondere das Markt-Unternehmen-Diagramm, das Markt-Technologie-Portfolio sowie die Outpacing-Strategie. Damit wird die eine gezielte und systematische Informationsgewinnung durch F&E und Marketing hinsichtlich Markt, Wettbewerb, Kunde und Technologie systematisch unterstützt.

Die Phase der IDEENFINDUNG gliedert sich in zwei Hauptaktivitäten. Für die Anforderungsermittlung und -strukturierung wurden das Kano-Modell, die Funktionsanalyse, das Konzept des Idealen Produktes zu einer Anforderungsmatrix verknüpft. Zur Unterstützung der Lösungsideenstrukturierung und -findung wurde eine Integration von Funktionsanalyse, TRIZ-Methodik und der Morphologie entwickelt. Damit ließ sich ein direkter Zusammenhang zwischen der Wichtigkeit der Anforderungen und der funktionalen Struktur der Problemstellung schaffen, durch den eine Entwicklung von anforderungsgerechten Lösungsideen erreicht wird.

Für die 1. ÜBERPRÜFUNG DER ERGEBNISSE DER IDEENFINDUNG wurde eine Bewertungsmethode entwickelt, die auf der Conjoint Analyse basiert. Damit kann bereits zu einem sehr frühen Zeitpunkt eine marktorientierte Auswahl erster Lösungskonzepte vorgenommen werden.

Zusammenfassung

Zur IDEENDETAILLIERUNG und 2. ÜBERPRÜFUNG DER ERGEBNISSE wurde die Anforderungsmatrix mit der QFD-Methodik, der Contradiction-Matrix und Stoff-Feld-Analyse aus der TRIZ-Methodik sowie der Morphologie und der Conjoint Analyse verknüpft. Durch die systematische Vorgehensweise wird zum einen die Interaktion von F&E und Marketing methodisch unterstützt. Zum anderen lassen sich hierdurch sowohl markt- als auch technologieorientierte Produktkonzepte und Detaillösungen entwickeln.

Im Rahmen der UMSETZUNGSPLANUNG wird für die Aggregation und Strukturierung der ermittelten Ergebnisse sowie der Ableitung von konkreten Produktinnovationsaktivitäten die InnovationRoadMap eingesetzt. Diese wurde im Technologiebereich durch eine Einordnung der bewerteten Detaillösungen erweitert. Zur 3. ÜBERPRÜFUNG DER ERGEBNISSE DES INNOVATIONSPROZESSES wurde ein Leistungs-Kostenniveau-Portfolio entwickelt, mittels dessen umzusetzende Produktkonzepte hinsichtlich der zu Beginn der Planung vorgegebenen Ziele bewertet werden können. Darüber hinaus wurde ein Dokumentationssystem konzipiert, das die Transparenz innerhalb des Innovationsprozesses gewährleistet sowie den Informationsaustausch, und damit auch die Koordination der Aktivitäten von F&E und Marketing, systematisch unterstützt.

Die praktische Vorgehensweise und der Nutzen der Methodik wurde abschließend exemplarisch anhand industrieller Anwendungen verifiziert. Relevante markt- und technologieseitige Informationen wurden methodisch unterstützt gemeinsam von F&E und Marketing erarbeitet. Hierdurch ergab sich eine höhere Sicherheit in der Abschätzung des Marktpotentials und der technologischen Machbarkeit. Dies führte zu einer Steigerung der Erfolgsquote bei der Entwicklung technologischer Produktinnovationen. Es konnte nachgewiesen werden, daß die Methodik auf die jeweilige unternehmensspezifische Situation angepaßt werden kann.

Damit stellt die entwickelte Methodik einen wichtigen Beitrag für die effektive Zusammenarbeit von F&E und Marketing in den frühen Phasen des Innovationsprozesses dar. Durch den systematischen Methodeneinsatz wird die Entwicklung marktgerechter und umsetzbarer Ideen unterstützt. Durch die Koordination der Aktivitäten von F&E und Marketing wird es möglich, sowohl technologie- als auch marktrelevante Einflußfaktoren zu erkennen und entsprechende Innovationsaktivitäten abzuleiten. Mit einer regelmäßigen und aktuellen Bestandsaufnahme der markt- und technologieseitigen Entwicklungstendenzen eignet sich die entwickelte Methodik neben einem Projektspezifischen Einsatz auch für eine fortlaufende, anforderungsbasierte Kontrolle und Auswahl von Innovationsideen. Darüber hinaus ermöglicht die Methodik die isolierte Nutzung einzelner Elemente und erlaubt den Einstieg in den Planungsprozeß bei unterschiedlichen Methodenschritten.

Ein Unternehmen, das mit Hilfe der entwickelten Methodik seine Marketing- und F&E-Aufgaben verknüpft, hat gute Voraussetzungen geschaffen, um zukunftsorientierte, erfolgreiche Produktinnovationen zu erreichen.

IV Literaturverzeichnis

[ABEL78] Abell, D. F.: Strategic Windows. In: Journal of Marketing. 42. Jg.,1978, Nr. 7, S. 21-26

[AEBE96] Aeberhard, K.: Strategische Analyse: Empfehlungen zum Vorgehen und zu sinnvollen Methodenkombinationen. Diss. Universität Freiburg/Schweiz. (Europäische Hochschulschriften: Reihe 5, Volks- und Betriebswirtschaft, Bd. 1986). Bern: Lang, 1996

[AGAM98] Agamus-Consult: Stars der Innovation – Die Agamus-Consult Innovations-Studie. Starnberg, 1998

[AKAO92] Akao, Y.: QFD – Quality Function Deployment. (Dt. Übers.: Liesegang, G. (Hrsg.)). Landsberg/Lech: Moderne Industrie, 1992

[AKIY94] Akiyama, K.: Funktionenanalyse – Der Schlüssel zu erfolgreichen Produkten und Dienstleistungen. (Dt. Übers.: Pauwels, M.; Hrsg. ders.: Gierse F. J.). 1. Aufl. Landsberg/Lech: Moderne Industrie, 1994

[ALBE91] Albers, S.; Eggers, S.: Organisatorische Gestaltung von Produktinnovations-Prozessen – Führt der Wechsel des Organisationsgrades zu Innovationserfolg. In: zfbf. 43. Jg., 1991, Nr. 1, S. 44-64

[ALTS73] Altschuller, G. S.: Erfinden – (k)ein Problem?: Anleitung für Neuerer und Erfinder. 1. Aufl., 1.-10. Tsd. Berlin: Tribüne, 1973

[ALTS84] Altschuller, G. S.: Erfinden – Wege zur Lösung technischer Probleme. Berlin: Technik, 1984

[ALTS98] Altschuller, G. S.: 40 Principles: TRIZ Keys to Technical Innovation. 1. Aufl. TRIZ Tools, Bd. 1, Technical Innovation Center, Worcester, Januar, 1998

[ANSO75] Ansoff, H. I.: Managing Strategic Surprise by Response to Weak Signals. In: California Management Review. Bd. 18, 1975, Nr. 2, S. 21-33

[AUER99] Auer, P.: Sprachliche Interaktion: Eine Einführung anhand von 22 Klassikern. Tübingen: Niemeyer, 1999

[AUGU90] Augustin, S.: Informationen als Wettbewerbsfaktor: Informationslogistik – Herausforderungen an das Management. Köln: TÜV Rheinland, 1990

[AWK96] Eversheim, W.; Klocke, F.; Pfeifer, T.; Weck, M. (Hrsg.): Wettbewerbsfaktor Produktionstechnik – Aachener Perspektiven. Tagungsband zum Aachener Werkzeugmaschinen-Kolloquium AWK '96. Aachen, 13.-14. Juni. Düsseldorf: VDI, 1996

Literaturverzeichnis

[AWK99]	Eversheim, W.; Klocke, F.; Pfeifer, T.; Weck, M. (Hrsg.): Wettbewerbsfaktor Produktionstechnik – Aachener Perspektiven. Tagungsband zum Aachener Werkzeugmaschinen-Kolloquium AWK '99. Aachen, 10.-11. Juni. Aachen: Shaker, 1999
[BACK96]	Backhaus, K.; Erichson, B.; Plinke, W.; Weiber, R.: Multivariate Analysemethoden – Eine anwendungsorientierte Einführung. 8. Aufl. Berlin: Springer, 1996
[BERA94]	Bergauer, M.: Die Unterstützung der Produktentwicklung durch interfunktionale Kommunikation. Diss. Universität München. (Europäische Hochschulschriften: Reihe 5, Volks- und Betriebswirtschaft, Bd. 1659). Frankfurt/Main: Europäischer Verlag der Wissenschaften, 1994
[BERE96]	Berekoven, L.; Eckert, W.; Ellenrieder, P.: Marktforschung. 7. Aufl. Wiesbaden: Gabler, 1996
[BERG98]	Berger, Markus K.: Effiziente Konzeption von Produktinnovationen: Innovationsprobleme und adäquate Methoden. Diss. Universität Potsdam. Aachen: Shaker, 1998
[BERL60]	Berlo, D.: The process of communication: an introduction to theory and practice. New York: Holt, Rinehart & Winston, 1960
[BERT99]	Berth, R.: Langzeituntersuchungen zum Innovationsmanagement. In: Jensen, S.; Rieker, J.; Schäfer, A.: Arme Leuchten. Manager Magazin. 29. Jg., 1999, Nr. 1, S. 121, 124
[BLEI95]	Bleicher, K.: Technologiemanagement und organisatorischer Wandel. In: Zahn, E. (Hrsg.): Handbuch Technologiemanagement. Stuttgart: Schäffer-Poeschel, 1995, S. 579-596
[BLUM92]	Blumer, H.: Der methodologische Standpunkt des Symbolischen Interaktionismus. In: Burkart, R.; Hömberg, W. (Hrsg.): Kommunikationstheorie. Wien: Braunmüller, 1992
[BOEC86]	Böcker, F.: Präferenzforschung als Mittel marktorientierter Unternehmensführung. In: zfbf. 38. Jg., 1986, Nr. 7-8, S. 543
[BOEH96]	Böhm, E.: Marktorientierte Bewertungsverfahren für Investitionsgüter. Diss. Universität Karlsruhe. Karlsruhe, 1996
[BOOZ91]	Booz, Allen & Hamilton Inc.: Integriertes Technologie- und Innovationsmanagement – Konzepte zur Stärkung von High-Tech-Unternehmen. Berlin: Schmidt, 1991
[BOUT97]	Boutellier, R.: Erfolg durch innovative Produkte – Bausteine des Innovationsmanagement. München: Hanser, 1997
[BOUT99]	Boutellier, R.; Völker, R.; Voit, E.: Innovationscontrolling: Forschungs- und Entwicklungsprozesse gezielt planen und steuern. München: Hanser, 1999

[BRAC97]	Braczyk, H.-J. (Hrsg.): Innovationsstrategien im deutschen Maschinenbau – Bestandsaufnahme und neue Herausforderungen. Arbeitsbericht Nr. 83, Akademie für Technikfolgenabschätzung in Baden-Württemberg. Stuttgartt: Juli 1997
[BRAF97]	Brandenburg, F.; Spielberg, D.: Markterfolg systematisch produzieren – Erschließung strategischer Innovationspotentiale. In: Tools. 4. Jg., 1997, Nr. 1, S. 4-5
[BRAF99a]	Brandenburg, F.: Effektive F&E-Arbeit in schlanken Strukturen. In: Industrieanzeiger, 1999, Sonderausgabe zum AWK, S. 23
[BRAF99b]	Brandenburg, F.: Mit den richtigen Informationen früher zu erfolgreichen Produktinnovationen. In: Weigand, A.; Brandenburg, F. (Hrsg.): Früherkennung als Basis für Innovation und Navigation. Tagungsband zum gleichnamigen Praxisforum. Forschungszentrum Karlsruhe GmbH Technik und Umwelt, November 1999, S. 23-34
[BRAF99c]	Brandenburg, F.; Spielberg, D.: Innovationsmanagement auf der Basis von Frühaufklärung. In: Weigand, A.; Brandenburg, F. (Hrsg.): Früherkennung als Basis für Innovation und Navigation. Tagungsband zum gleichnamigen Praxisforum. Forschungszentrum Karlsruhe GmbH Technik und Umwelt, November 1999, S. A1-A18
[BRAF01]	Brandenburg, F.: Methodik zur Planung technologischer Produktinnovationen. Unveröff. Dissertationsmanuskript. Technische Hochschule Aachen, 2001
[BRAN71]	Brankamp, K.-B.: Planung und Entwicklung neuer Produkte. Berlin: de Gruyter & Co., 1971
[BRAN96]	Brankamp, K.-B.: Produktplanung. In: Eversheim, W.; Schuh, G. (Hrsg.): Die Betriebshütte – Produktion und Management. 7., völlig neu bearb. Aufl. Hamburg: Springer, 1996, S. 7-1 bis 7-16
[BRAS94]	Brassard, M.; Ritter D.: Memory Jogger II. Methuen/USA: GOAL/QPC, 1994
[BRAU95]	Brauchlin, E.: Problemlösungs- und Entscheidungsmethodik. 4., vollst. überarb. Aufl. Berlin: Haupt, 1995
[BREI97]	Breiing, A.; Knosala, R.: Bewerten technischer Systeme – Theoretische und methodische Grundlagen bewertungstechnischer Entscheidungshilfen. Berlin: Springer, 1997
[BROA96a]	o. V.: Brockhaus - Die Enzyklopädie: in vierundzwanzig Bänden. Bd. 10. 20., überarb. und aktual. Aufl. Leipzig: F. A. Brockhaus, 1996
[BROA96b]	o. V.: Brockhaus - Die Enzyklopädie: in vierundzwanzig Bänden. Bd. 12. 20., überarb. und aktual. Aufl. Leipzig: F. A. Brockhaus, 1996

Literaturverzeichnis

[BROC84]   Brockhoff, K.: Probleme in marktorientierter Forschungs- und Entwicklungspolitik. In: Mazanec, J.; Scheuch, F.: Marktorientierte Unternehmensführung. Wien: Service-Fachverlag, 1984, S. 337 bis 374

[BROC90]   Brockhoff, K.: Stärken und Schwächen industrieller Forschung und Entwicklung. Stuttgart: Schäffer-Poeschel, 1990

[BROC93]   Brockhoff, K.; Hauschildt, J.: Schnittstellen-Management. Koordination ohne Hierarchie. In: zfo. 62. Jg., 1993, Nr. 6

[BROC95]   Brockhoff, K.: Management der Schnittstellen zwischen Forschung und Entwicklung sowie Marketing. In: Zahn, E. (Hrsg.): Handbuch Technologiemanagement. Stuttgart: Schäffer-Poeschel, 1995, S. 437-453

[BROC99]   Brockhoff, K.: Forschung und Entwicklung – Planung und Kontrolle. 5., erg. und erw. Aufl. München: Oldenbourg, 1999

[BROS82]   Brose, P.: Planung, Bewertung und Kontrolle technologischer Innovationen. Berlin: Schmidt, 1982

[BRUN91]   Bruns, M.: Systemtechnik – Ingenieurwissenschaftliche Methodik zur interdisziplinären Systementwicklung. Berlin: Springer, 1991

[BUCA98]   Buck, A.; Herrmann, C.; Lubkowitz, D.: Handbuch Trendmanagement – Innovation und Ästhetik als Grundlage unternehmerischer Erfolge. Frankfurt/Main: FAZ-Verlag, 1998

[BUCH96]   Buchholz, W.: Time-to-Market-Management: Zeitorientierte Gestaltung von Produktinnovationsprozessen. Diss. Universität Gießen. Stuttgart: Kohlhammer, 1996

[BUEH82]   Bühler, K.: Sprachtheorie – Die Darstellungsfunktion der Sprache. Stuttgart: Fischer, 1982

[BUEH99]   Bühler, K.: Ausdruck – Appell – Darstellung. In: Auer, P. (Hrsg): Sprachliche Interaktion: Eine Einführung anhand von 22 Klassikern. Tübingen: Niemeyer, 1999, S. 18-29

[BUER96]   Bürgel, H. D.; Haller, C.; Binder, M.: F&E-Management. München: Vahlen, 1996

[BUGD90]   Bugdahl, W.: Methoden der Entscheidungsfindung. 1. Aufl. Würzburg: Vogel, 1990

[BULL94]   Bullinger, H.-J. (Hrsg.): Einführung in das Technologiemanagement. Stuttgart: Teubner, 1994

[CALL96]   Call, G.: Entstehung und Markteinführung von Produktneuheiten – Eine methodenkritische Bestandsaufnahme und Entwicklung eines in die Produktentstehung integrierten Markteinführungskonzeptes. Diss. Technische Hochschule Aachen. Wiesbaden: Gabler, 1996

Literaturverzeichnis

[CHMI79] Chmielewicz, K.: Forschungskonzeptionen der Wirtschaftswissenschaften – Zur Problematik einer entscheidungstheoretischen und normativen Wirtschaftslehre. 2., überarb. und erw. Aufl. Stuttgart: Poeschel, 1979

[CHRI79] Christ, G.-H.: Ermittlung der Kosten und des Nutzens betrieblicher Informationen – ein Versuch zur kosten- und nutzenmäßigen Bewertung von Informationen. Diss. Universität Köln, 1979

[CLAR92] Clark, K. B.; Fujimoto, T.: Automobilentwicklung mit System – Strategie, Organisation und Management in Europa, Japan und USA. Frankfurt/Main: Campus, 1992

[COLL95] Collins, J. C.; Porras, J. I.: Visionary Companies – Visionen im Management. München: Artemis und Winkler, 1995

[COOP93] Cooper, R. G.: Winning at new products: accelerating the process from idea to launch. 2. Aufl. Reading/Massachusetts: Addison-Wesley, 1993

[CORS99] Corsten, H.; Reiß, M. (Hrsg.): Betriebswirtschaftslehre. 3. Aufl. München: Oldenbourg, 1999

[COSE88] Coseriu, E.: Einführung in die Allgemeine Sprachwissenschaft. Tübingen: Francke, 1988

[CRAW92] Crawford, M. C.: Neuproduktmanagement: Ein strategisches Konzept. Frankfurt/Main: Campus, 1992

[DANG92] Dang, N. M.; Lenz, B.: Das Technologieprofil - ein Instrument für die strategische Technologieplanung. In: io management. 61. Jg., 1992, Nr. 3, S. 36-38

[DELP98] o. V.: Delphi '98 - Studie zur globalen Entwicklung von Wissenschaft und Technik. Studie des Fraunhofer ISI im Auftrag des BMBF. Karlsruhe, 1998

[DESC96] Deschamps, J.-P.; Nayak, R. P.; Little, A. D.: Produktführerschaft – Wachstum und Gewinn durch offensive Produktstrategien. Frankfurt/Main: Campus, 1996

[DIEB97] o. V.: Produktinnovation – Von der Idee zum Erfolg. Ergebnisse der Diebold Studie. Diebold Deutschland GmbH. Frankfurt/Main, 1997

[DIN83] Norm DIN 66001 (1983). Sinnbilder und ihre Anwendung

[DIN87] Norm DIN 69910 (1987). Wertanalyse

[DIN94] Norm DIN 19226-1 (1994). Regelungstechnik und Steuerungstechnik. Allgemeine Begriffe

[DROE99] Droege & Comp. AG: Barrieren und Erfolgsfaktoren der Umsetzung von Innovationen – Weltweite Studie Innovationsmanagement, Teil II. Studie der Droege & Comp. AG und des Bundesverbandes der deutschen Industrie e. V. (BDI). Düsseldorf, 1999

Literaturverzeichnis

[DYCK98]   Dyckhoff, H.; Ahn, H.: Integrierte Alternativengenerierung und -bewertung. In: DBW. 58. Jg., 1998, Heft 1, S. 49-63

[EHRL95]   Ehrlenspiel, K.: Integrierte Produktentwicklung – Methoden für Prozeßorganisation, Produkterstellung und Konstruktion. München: Hanser, 1995

[EILH93]   Eilhauer, H.-D.: F&E-Controlling: Grundlagen – Methoden – Umsetzung. Wiesbaden: Gabler, 1993

[EISE99]   Eisenführ, F.; Weber, M.: Rationales Entscheiden. 3., neubearb. und erw. Aufl. Berlin: Springer, 1999

[EPPL97]   Eppler, M. J.: Information oder Konfusion: neue Kriterien für die innerbetriebliche Kommunikation. In: io management. 66. Jg., 1997, Nr. 5, S. 38-41

[ESSM95]   Eßmann, V.: Planung potentialgerechter Produkte – Ein Beitrag zur Produktkonversion. Diss. Universität Dortmund, Wiesbaden: Dt. Universitäts-Verlag, 1995

[EURI95]   Euringer, C.: Marktorientierte Produktentwicklung: Die Interaktion zwischen F&E und Marketing. Diss. Universität München. Wiesbaden: Dt. Universitäts-Verlag, 1995

[EVER94]   Eversheim, W.; Schmidt, R.; Saretz, B.: Systematische Ableitung von Produktmerkmalen aus Marktbedürfnissen. In: io management. 63. Jg., 1994, Nr. 1, S. 66-70

[EVER96]   Eversheim, W.; Schuh, G. (Hrsg.): Die Betriebshütte – Produktion und Management. 7., völlig neu bearb. Aufl. Hamburg: Springer, 1996

[EVER00]   Eversheim, W.: Erfolgspotentiale erschließen durch Produktinnovation. In: Technologiemanagement als Treiber nachhaltigen Wachstums. Tagungsunterlagen zur IV. Technologiemanagement-Tagung. St. Gallen, 2.-3. März 2000, o. S.

[FANK96]   Fank, M.: Einführung in das Informationsmanagement: Grundlagen, Methoden, Konzepte. 2., erg. Aufl. München: Oldenbourg, 1996

[FHG98]   o. V.: Erfolgsfaktoren von Innovationen: Prozesse, Methoden und Systeme. Ergebnisse einer gemeinsamen Studie von Fraunhofer-Instituten, 1998

[FRES92]   Frese, E. (Hrsg.): Handwörterbuch der Organisation. 3., völlig neu gestalt. Aufl. Stuttgart: Schäffer-Poeschel, 1992

[FRIE75]   Friese, W.: Ein System zur koordinierten Produktplanung in Unternehmen der Investitionsgüterindustrie. Diss. Technische Hochschule Aachen. Aachen: Fotodruck Mainz, 1975

[GABL88]	o. V.: Gabler Wirtschafts-Lexikon. 12., vollst. neu bearb. und erw. Aufl. Wiesbaden: Gabler, 1988
[GAIS93]	Gaiser, B.: Schnittstellencontrolling bei der Produktentwicklung – Entwicklungszeitverkürzung durch Bewältigen von Schnittstellenproblemen. München: Vahlen, 1993
[GAUS96]	Gausemeier, J.; Fink, A.; Schlake, O.: Szenario-Management – Planen und Führen mit Szenarien. 2., bearb. Aufl. München: Hanser, 1996
[GAUS97]	Gausemeier, J.; Fink, A. (Red.): Neue Wege zur Produktentwicklung – Kurzbericht über die Untersuchung des Berliner Kreises. Forschungszentrum Karlsruhe GmbH, Projektträgerschaft Fertigungstechnik und Qualitätssicherung (Hrsg.). Karlsruhe, 1997
[GAUS01]	Gausemeier, J.; Ebbesmeyer, P.; Kallmeyer, F.: Produktinnovationen – Strategische Planung und Entwicklung der Produkte von morgen. 1. Aufl. München: Hanser, 2001
[GEID99]	Geisinger, D.: Ein Konzept zur marktorientierten Produktentwicklung: Ein Beitrag zur Steigerung der Erfolgsquoten neuer Produkte. Diss. Universität Karlsruhe. Karlsruhe: Gässer, 1999
[GEIS81]	Geist, M. N.; Köhler, R. (Hrsg.): Die Führung des Betriebes. Stuttgart: Schäffer-Poeschel, 1981
[GERP99]	Gerpott, T. J.: Strategisches Technologie- und Innovationsmanagement. Stuttgart: Schäffer-Poeschel, 1999
[GERY93]	Gerybadze, A.: Kritische Thesen zu integrierten Technologie- und Marktstrategien. In: Thexis. 10. Jg., 1993, Nr. 1, S. 40-45
[GESC83]	Geschka, H.: Innovationsmanagement. In: Management-Enzyklopädie. Das Managementwissen unserer Zeit, Bd. 4. 2. Aufl. Landsberg/Lech: Moderne Industrie, 1983, S. 823-837
[GESC86]	Geschka, H.: Kreativitätstechniken. In: Staudt, E. (Hrsg.): Das Management von Innovationen. Frankfurt/Main: FAZ Verlag, 1986, S. 147-160
[GESC99]	Geschka, H.: Erfolgreiches Innovationsmarketing für den Mittelstand. In: technologie & management. 48. Jg., 1999, Nr. 5, S. 18-21
[GILB87]	Gilbert, X.; Strebel, P. J.: Strategies to outpace the competition In: Journal of Business Strategy. 8. Jg., 1987, Nr. 2, S. 28-36
[GRAI85]	o. V.: Presentation of GRAI Method. Laboratoire GRAI. Bordeaux, 1985
[GREE82]	Green, P. E.; Tull, D. S.: Methoden und Techniken der Marktforschung. 4. Aufl. Stuttgart: Schaeffer-Poeschel, 1982
[GREW79]	Grewendorf, G.: Sprachtheorie – Die Darstellungsfunktion der Sprache. Frankfurt/Main: Suhrkamp, 1979

Literaturverzeichnis

[GREW95]	Grewendorf, G.: Sprache als Organ – Sprache als Lebensform. 1. Aufl. Frankfurt/Main: Suhrkamp, 1995
[HABE99]	Haberfellner, R.; Becker, M.; Büchel, A.; von Massow, H.; Nagel, P.: Systems Engineering – Methodik und Praxis. (Hrsg.: Daenzer, W. F.; Huber, F.). 10. Aufl. Zürich: Industrielle Organisation, 1999
[HAEF00]	Häfliger, G. E.; Meier, J. D. (Hrsg.): Aktuelle Tendenzen im Innovationsmanagement. Heidelberg: Physica, 2000
[HART94]	Hartung, S.: Methoden des Qualitätsmanagements für die Produktplanung und -entwicklung. Diss. Technische Hochschule Aachen. Aachen: Shaker, 1994
[HAUS93]	Hauschildt, J.: Innovationsmanagement. München: Vahlen, 1993
[HAUS96]	Hauschildt, J.: Innovationsförderliche Führung, Organisation und Unternehmenskultur. In: Eversheim, W.; Schuh, G. (Hrsg.): Die Betriebshütte – Produktion und Management. 7., völlig neu bearb. Aufl. Hamburg: Springer, 1996, S. 4-21 bis 4-26
[HAUS97]	Hauschildt, J.: Innovationsmanagement. 2., völlig überarb. und erw. Aufl. München: Vahlen, 1997
[HAXH69]	Hax, H.: Kommunikation. In: Grochla, E. (Hrsg.): Handwörterbuch der Organisation. Stuttgart, 1969
[HEIN91]	Heinen, E.: Industriebetriebslehre – Entscheidungen im Industriebetrieb 9., vollst. neu bearb. und erw. Aufl. Wiesbaden: Gabler, 1991
[HEIR92]	Heinrich, L. J.: Informationsmanagement: Planung, Überwachung und Steuerung der Informations-Infrastruktur. 4., vollst. überarb. und erg. Aufl. München: Oldenbourg, 1992
[HENR98]	Henrichsmeier, S.: Entwicklung eines Modells zur Absatzprognose in frühen Phasen der Produktentwicklung. Diss. Technische Hochschule Aachen. Aachen: Kora, 1998
[HERB00]	Herb, R.; Herb, T.; Kohnhauser, V.: TRIZ – Der systematische Weg zur Innovation. Landsberg/Lech: Moderne Industrie, 2000
[HERO78]	Herold, J.: Ein System zur Produktbewertung und -auswahl für Unternehmen der Investitionsgüterindustrie. Diss. Technische Hochschule Aachen, 1978
[HERS99]	Herstatt, C.: Theorie und Praxis der frühen Phasen des Innovationsprozesses. In: io management. 68. Jg., 1999, Nr. 10, S. 80-91
[HERZ91]	Herzhoff, S.: Innovations-Management: Gestaltung von Prozessen und Systemen zur Entwicklung und Verbesserung der Innovationsfähigkeit von Unternehmungen. Diss. Universität Siegen. Bergisch Gladbach: Eul, 1991

[HIGG96]	Higgins, J. M.; Wiese, G. G.: Innovationsmanagement. Berlin: Springer, 1996
[HILK95]	Hildebrand, K.: Informationsmanagement – Wettbewerbsorientierte Informationsverarbeitung mit Standardsoftware und Internet. 1. Aufl. München: Oldenbourg 1995
[HINT92]	Hinterhuber, H. H.: Strategische Unternehmensführung – 1. Strategisches Denken: Vision, Unternehmenspolitik, Strategie. 5. Aufl. Berlin: de Gruyter & Co., 1992
[HOFF96]	Hoffmann, L. (Hrsg.): Sprachwissenschaft. Ein Reader. Berlin: de Gruyter Co., 1996
[HOMB96]	Homburg, C.: Modelle zur Unterstützung strategischer Technologieentscheidungen. Arbeitspapier der Wissenschaftlichen Hochschule für Unternehmensführung WHU. Koblenz, 1996
[HOPF98]	Hopfenbeck, W.: Allgemeine Betriebswirtschafts- und Managementlehre: das Unternehmen im Spannungsfeld zwischen ökonomischen, sozialen und ökologischen Interessen. 12. Aufl. Landsberg/Lech: Moderne Industrie, 1998
[HORV91]	Horváth, P.: Synergien durch Schnittstellen-Controlling. Stuttgart: Schäffer-Poeschel, 1991
[HORV92]	Horváth, P.; Gentner A.: Integrative Controlling-Systeme. In: Hansen, W. (Hrsg.): Integrationsmanagement für neue Produkte. zfbf-Sonderheft 33. 44. Jg., 1992, S. 169-182
[HORV94]	Horváth, P.: Controlling. 5., überarb. Aufl. München: Vahlen, 1994
[HUEB96]	Hübner, H.: Informationsmanagement und strategische Unternehmensführung. München: Oldenbourg, 1996
[HUET97]	Hüttner, M.: Grundzüge der Marktforschung. 5. Aufl. München: Oldenbourg, 1997
[HUXO90]	Huxold, S.: Marketingforschung und strategische Planung von Produktinnovationen: ein Früherkennungsansatz. Berlin: Schmidt, 1990
[KAHD86]	Kahneman, D.; Slovic, P.; Tversky, A. (Eds.): Judgement under uncertainty: Heuristics and biases. 7., unver. Nachdr. Cambridge: University Press, 1986
[KAHH67]	Kahn, H.; Wiener, A. J.: The Year 2000. 5. Aufl. London: Macmillan, 1967
[KAMI93]	Kamiske, G. F., Brauer, Jörg-P.: Qualitätsmanagement von A bis Z – Erläuterung moderner Begriffe des Qualitätsmanagements. München: Hanser, 1993

[KANJ95]	Kanji, G. K. (Hrsg.): Total Quality Management. Proceedings of the first world congress. London, 1995
[KANO84]	Kano, N.; Seraku, N.; Takahashi, F.; Tsuji, S.: Attractive Quality and Must-Be Quality. In: Quality – The Journal of the Japanese Society for Quality Control. 1984, Nr.14/2, S. 39-48
[KANO95]	Kano, N.: Upsizing the organization by attractive quality creation. In: Kanji, G. K. (Hrsg.): Total Quality Management. Proceedings of the first world congress. London, 1995, S. 60-72
[KEHR72]	Kehrmann, H.: Die Entwicklung von Produktstrategien. Diss. Technische Hochschule Aachen, 1972
[KING94]	King, B.: Doppelt so schnell wie die Konkurrenz. 2., überarb. Aufl. (Dt. Übers.: Hofstetter A.). St. Gallen: gfmt, 1994
[KLEI96]	Kleinschmidt, E. J.; Cooper, R. G.; Geschka, H.: Erfolgsfaktor Markt – Kundenorientierte Produktinnovation. Berlin: Springer, 1996
[KLOC97]	Klocke, F.: Neue Produktionstechnologien. In: Schuh, G.; Wiendahl, H.-P. (Hrsg.): Komplexität und Agilität. Berlin: Springer, 1997, S. 185-200
[KNOB92]	Knoblich, H.; Schubert, B.: Konzeptentwicklung im Rahmen des Produktinnovationsprozesses. In: Zeitschrift für Planung. Bd. 3, 1992, Nr. 1, S. 59-71,
[KOPP93]	Koppelmann, U.: Produktmarketing – Entscheidungsgrundlage für Produktmanager. 4. Aufl. Berlin: Springer, 1993
[KRUB82]	Krubasik, E. G.: Technologie – Strategische Waffe. In: Wirtschaftswoche. 36. Jg., 1982, Nr. 25, S. 28-33
[LENK94]	Lenk, E.: Zur Problematik der technischen Bewertung. München: Hanser, 1994
[LINH93]	Linde, H.; Hill, B.: Erfolgreich erfinden: Widerspruchsorientierte Innovationsstrategie für Entwickler und Konstrukteure. Darmstadt: Hoppenstedt, 1993
[LINU97]	Lindemann, U.; Stetter, R.: Restrukturierungsprozesse in Entwicklung und Konstruktion – Beteiligte und Betroffene. In: VDI-Gesellschaft Entwicklung, Konstruktion, Vertrieb (Hrsg.): Unternehmenserfolg durch Restrukturierung von Entwicklungs- und Konstruktionsprozessen. Tagungsband, Fellbach, 5.-6. Juni 1997. Düsseldorf: VDI, 1997, S. 175-193
[LITK93]	Litke, H.-D.: Projektmanagement: Methoden, Techniken, Verhaltensweisen. 2., überarb. und erw. Aufl. München: Hanser, 1993
[LITT94]	Little, A. D. (Hrsg.): Management erfolgreicher Produkte. Wiesbaden: Gabler, 1994, S. 95-109

[LYNN96]	Lynn, G. S.; Morone, J. G.; Paulson, A. S.: Wie echte Produktinnovationen entstehen. In: Harvard Business Manager. 18. Jg., 1996, Nr. 4, S. 80-91
[MANN92]	Manns, J. R.: Produktinnovation als Ergebnis der Koordination von F&E und Marketing: Ursachen, Auswirkungen und Lösungsmöglichkeiten, dargestellt am Beispiel eines Unternehmens der mobilen Kommunikation. Ludwigsburg: Wissenschaft & Praxis, 1992
[MARK59]	Markowitz, H. M.: Portfolio Selection. New Haven/USA: Yale University Printing, 1959
[MARR73]	Marr, R.: Innovation und Kreativität – Planung und Gestaltung industrieller Forschung und Entwicklung. Wiesbaden: Gabler, 1973
[MART95]	Martini, C. J.: Marktorientierte Bewertung neuer Produktionstechnologien. Diss. Hochschule St. Gallen, 1995
[MCQU95]	McQuail, D.; Windahl, S.: Communication Models: For the Study of Mass Communications. New York: Addison Wesley, 1995
[ME83]	o. V.: Management-Enzyklopädie. Das Managementwissen unserer Zeit, Bd. 4. 2. Aufl. Landsberg/Lech: Moderne Industrie, 1983
[MEFF94]	Meffert, H.: Marketing-Management – Analyse, Strategien, Implementierung. (Nachdr. d. 1. Aufl. 1994) Wiesbaden: Gabler, 1994
[MEFF98]	Meffert, H.: Marketing – Grundlagen marktorientierter Unternehmensführung. 8. Aufl. Wiesbaden: Gabler, 1998
[MEYE95]	Meyer, J.: Benchmarking. Stuttgart: Schäffer-Poeschel, 1995
[MEWE73]	Mewes, D.: Der Informationsbedarf im konstruktiven Maschinenbau. Diss. Technische Hochschule Aachen. Düsseldorf: VDI, 1973
[MICW72]	Michels, W.: Systematische Produktüberwachung in Maschinenbauunternehmen. Diss. Technische Hochschule Aachen, 1972
[MIRO00]	Mirow, M.; Linz, C.: Planung und Organisation von Innovationen aus systemtheoretischer Perspektive. In: Häfliger, G. E.; Meier, J. D. (Hrsg.): Aktuelle Tendenzen im Innovationsmanagement. Heidelberg: Physica, 2000, S. 249-268
[MISC00]	Mischke, B.: Informationssystem für das Innovationsmanagement technischer Produkte – ein Beitrag zur systematischen Planung und Unterstützung des Innovationsprozesses technischer Produkte. Unveröff. Dissertationsmanuskript. Technische Hochschule Aachen, 2000
[MITT89]	Mittelstrass, J.: Information oder Wissen? In: Technische Rundschau. 81. Jg., 1989, Nr. 36, S. 8-13
[MM99]	Jensen, S.; Rieker, J.; Schäfer, A.: Arme Leuchten. In: Manager Magazin. 29. Jg., 1999, Nr. 1, S. 112-124

Literaturverzeichnis

[MP99] Management Partner GmbH: Macht Not erfinderisch? – Innovationen als Motor für Wachstum und Unternehmenserfolg. Ergebnisse einer Studie. Stuttgart, 1999

[MUEM98] Müller, M. S.: Qualitätscontrolling komplexer Serienprodukte. Diss. Technische Hochschule Aachen. Aachen: Shaker, 1998

[NIES91] Nieschlag, R.; Dichtl, E.; Hörschgen H.: Marketing. 16., durchges. Aufl. Berlin: Duncker und Humblot, 1991

[NIGG97] Niggemann, H.; Ostendorf, B.: Produktinnovation: Eine Strategie zur Sicherung der Wettbewerbsfähigkeit des deutschen Maschinenbaus – Eine empirische Analyse mit dem NIFA-Panel. In: Braczyk, H.-J. (Hrsg.): Innovationsstrategien im deutschen Maschinenbau – Bestandsaufnahme und neue Herausforderungen. Arbeitsbericht Nr. 83, Akademie für Technikfolgenabschätzung in Baden-Württemberg. Stuttgart, 1997, S. 53-85

[NITZ96] von Nitzsch, R.: Planung und Kontrolle. Skript zur gleichnamigen Vorlesung an der Technische Hochschule Aachen. Eigendruck des Lehrstuhls, 1996

[OECD94] OECD Publications and Information Centre, Frascati, M., 1993: Measurement of Scientific and Technical Activities - Proposed Standard Practice for Surveys of Research and Experimental Development. 5. Aufl. Paris, 1994

[ON89] Richtlinie ON 53: Betriebswirtschaftliche Begriffe: Benennungen und Definitionen: Marketing. Österreichisches Normungsinstitut (Hrsg.). Wien: Jentsch & Co, 1989

[OSTE94] Osterloh, M.: Neue Ansätze im Technologiemanagement: vom Technologieportfolio zum Portfolio der Kernkompetenzen [1]. In: io management. 63. Jg., 1994, Nr. 5, S. 47-50

[PATZ82] Patzak, G.: Systemtechnik – Planung komplexer innovativer Systeme: Grundlagen, Methoden, Techniken. Berlin: Springer, 1982

[PELZ99] Pelzer, W.: Methodik zur Identifizierung und Nutzung strategischer Technologiepotentiale. Diss. Technische Hochschule Aachen. Aachen: Shaker, 1999

[PERI89] Perillieux, R.: Einstieg bei technischen Innovationen: früh oder spät? in: zfo. 58. Jg., 1989, Nr. 1, S. 23-29

[PERI96] Perillieux, R.: Technologietiming. In: Zahn, E. (Hrsg.): Handbuch Technologiemanagement. Stuttgart: Schäffer-Poeschel, 1995, S. 267-284

[PETR62] Petri, C. A.: Kommunikation mit Automaten. Diss. Universität Bonn, 1962

[PFEE96] Pfeifer, T.: Qualitätsmanagement – Strategien, Methoden, Techniken. 2., vollst. Überarb. und erw. Aufl. München: Hanser, 1996

[PFEI82]	Pfeiffer, W.; Metze, G.; Schneider, W.; Amler, R.: Technologie-Portfolio: Zum Management strategischer Zukunftsgeschäftsfelder. Göttingen: Vandenhoeck & Ruprecht, 1982
[PFEI95]	Pfeiffer, W.; Weiß, E.: Methoden zur Analyse und Bewertung technologischer Alternativen. In: Zahn, E. (Hrsg.): Handbuch Technologiemanagement. Stuttgart: Schäffer-Poeschel, 1995, S. 663-679
[PFEI86]	Pfeiffer, W. u.a.: Technologie-Portfolio-Management. In: Staudt, E.: Das Management von Innovationen. 1. Aufl. Frankfurt/Main: FAZ Verlag, 1986, S. 107-124
[PICO91]	Picot, A.; Reichwald, R.: Informationswirtschaft. In: Heinen, E.: Industriebetriebslehre – Entscheidungen im Industriebetrieb. 9., vollst. neu bearb. und erw. Aufl. Wiesbaden: Gabler, 1991, S. 241-393
[PLES96]	Pleschak, F.; Sabisch, H.: Innovationsmanagement. Stuttgart: Schäffer-Poeschel, 1996
[POPP94]	Popper, K. R.: Logik der Forschung. 10., verb. und verm. Aufl. Tübingen: Mohr, 1994
[PORT97]	Porter, M. E.: Wettbewerbsstrategie (Competitive Strategy) – Methoden zur Analyse von Branchen und Konkurrenten. (Dt. Übers.: Brandt, V.; Schwoerer, T. C.). 9. Aufl. Frankfurt/Main: Campus, 1997
[PRAH91]	Prahalad, C. K.; Hamel, G.: Nur Kernkompetenzen sichern das Überleben. In: Harvard Business Manager. 13. Jg., 1991, Nr. 2, S. 66-78
[PRAH95]	Prahalad, C. K.; Hamel, G.: Wettlauf um die Zukunft. 1. Aufl. Wien: Ueberreuter, 1995
[REIN96]	Reinhart, G.; Lindemann, U.; Heinzl, J.: Qualitätsmanagement – Ein Kurs für Studium und Praxis. Berlin: Springer, 1996
[ROBE86]	Robens, H.: Modell- und methodengestützte Entscheidungshilfe zur Planung von Produktportfoliostrategien. Frankfurt/Main: Lang, 1986
[ROSS77a]	Ross, D. T.; Schoman, K. E. Jr.: Structured Analysis for Requirements Definition. In: IEEE Transactions on Software Engineering. Bd. SE-3, 1977, Nr. 1, S. 6-15
[ROSS77b]	Ross, D. T.: Structured Analysis (SA): A Language for Communicating Ideas. In: IEEE Transactions on Software Engineering, Bd. SE-3, 1977, Nr. 1, S. 16-34
[SABI91]	Sabisch, H.: Produktinnovationen. Stuttgart: Schäffer-Poeschel, 1991
[SCEE94]	Scheer, A.-W.: Wirtschaftsinformatik – Referenzmodelle für industrielle Geschäftsprozesse. 5. Aufl. Berlin: Springer, 1994

[SCEL76]	Schelker, T.: Problemlösungsmethoden im Produktinnovationsprozeß: Ergebnisse einer empirischen Untersuchung. Diss. Hochschule St. Gallen. Bern: Haupt, 1976
[SCIE98]	Schierenbeck, H.: Grundzüge der Betriebswirtschaftslehre. 13. Aufl. München: Oldenbourg, 1998
[SCLI77]	Schlicksupp, H.: Kreative Ideenfindung in der Unternehmung. 1. Aufl. Würzburg: Vogel, 1977
[SCLI92]	Schlicksupp, H.: Innovation, Kreativität und Ideenfindung. 4., überarb. und erw. Aufl. Würzburg: Vogel, 1992
[SCMA86]	Schmalholz, H.: Innovationen als Wachstumsmotor. In: ifo-Schnelldienst. 39. Jg., 1986, S. 5-10
[SCME91]	Schmelzer, H. J.: Koordination von Marketing und Produktentwicklung. In: Horváth, P.: Synergien durch Schnittstellen-Controlling. Stuttgart: Schäffer-Poeschel, 1991, S. 109-121
[SCME92]	Schmelzer, H. J.: Organisation und Controlling von Produktentwicklungen. Stuttgart: Schäffer-Poeschel, 1992
[SCMG70]	Schmidt, G.: Produkt-Innovation und Organisation. Diss. Universität Gießen, 1970
[SCMJ72]	Schmitt-Grohé, J.: Produktinnovation: Verfahren und Organisation der Neuproduktplanung. Wiesbaden: Gabler, 1972
[SCMR92]	Schmetz, R.: Planung innovativer Werkstoff- und Verfahrensanwendungen. Diss. Technische Hochschule Aachen. Düsseldorf: VDI, 1992
[SCMW96]	Schmitz, W. J.: Methodik zur strategischen Planung von Fertigungstechnologien: Ein Beitrag zur Identifizierung und Nutzung von Innovationspotentialen. Diss. Technische Hochschule Aachen. Aachen: Shaker, 1996
[SCRA65]	Schramm, W.: The Process and Effects of Mass Communication. Urbana/USA: University of Illinois Press, 1965
[SCRO96]	Schröder, H.-H.: Konzepte und Instrumente des Innovations-Controllings. In: Die Betriebswirtschaft. 56. Jg., 1996, S. 489-507
[SCUB91]	Schubert, B.: Entwicklung von Konzepten für Produktinnovationen mittels Conjointanalyse. Stuttgart: Schäffer-Poeschel, 1991
[SCUH97]	Schuh, G.; Wiendahl, H.-P. (Hrsg.): Komplexität und Agilität. Berlin: Springer, 1997
[SCUM64]	Schumpeter, J. A.: Theorie der wirtschaftlichen Entwicklung – Eine Untersuchung über Unternehmergewinn, Kapital, Kredit, Zins und den Konjunkturzyklus. 6. Aufl. Berlin: Duncker und Humblot, 1964

[SEID96]	Seidel, M.: Zur Steigerung der Marktorientierung der Produktentwicklung – Analyse der Interaktion zwischen F&E und Marketing im Innovationsprozeß. Diss. Universität St. Gallen, 1996
[SERV85]	Servatius, H.-G.: Methodik des strategischen Technologie-Managements. Berlin: Schmidt, 1985
[SERV92]	Servatius, H.-G.: Sicherung der technologischen Wettbewerbsfähigkeit Europas – Von der Technologiefrühaufklärung zur visionären Erschließung von Innovationspotentialen. In: VDI-Technologiezentrum (Hrsg.): Technologiefrühaufklärung – Identifikation und Bewertung von Ansätzen zukünftiger Technologien. Stuttgart: Schäffer-Poeschel, 1992, S. 17-40
[SHAN76]	Shannon, C. E.; Weaver, W.: Mathematische Grundlagen der Informationstheorie. München: Oldenbourg, 1976
[SPED00]	Specht, D.; Behrens, S.; Kahmann, J.: Roadmapping – ein Instrument des Technologiemanagements und der Strategischen Planung. In: Industrie Management. 16. Jg., 2000, Nr. 5, S. 42-46
[SPIE01]	Spielberg, D. E.: Methodik zur Konzeptfindung basierend auf technischen Kompetenzen – Ein Beitrag zur Systematisierung der Problemlösung im Produktinnovationsprozeß. Unver. Dissertationsmanuskript, Technische Hochschule Aachen, 2001
[STAC73]	Stachowiak, H.: Allgemeine Modelltheorie. Wien: Springer, 1973
[STAE90]	Staehle, W. H.: Management – Eine Verhaltenswissenschaftliche Perspektive. 5., überarb. Aufl. München: Vahlen, 1990
[STAU86]	Staudt, E.: Das Management von Innovationen. 1. Aufl. Frankfurt/Main: FAZ Verlag, 1986
[STAU96]	Staudt, E.: Innovationsstrategien. In: Eversheim, W.; Schuh, G. (Hrsg.): Die Betriebshütte – Produktion und Management. 7., völlig neu bearb. Aufl. Hamburg: Springer, 1996, S. 4-6 bis 4-14
[STEF00]	Steffenhagen, H.: Marketing – Eine Einführung. 4., vollst. überarb. Aufl. Stuttgart: Kohlhammer, 2000
[STIP99]	Stippel, N.: Innovationscontrolling. München: Vahlen, 1999
[TEBB90]	Tebbe, K.: Die Organisation von Produktinnovationsprozessen. Stuttgart: Schäffer-Poeschel, 1990
[TERN98]	Terninko, J.; Zusman, A.; Zlotin, B.: TRIZ – Der Weg zum konkurrenzlosen Erfolgsprodukt: Ideen produzieren, Nischen besetzen, Märkte gewinnen. (Dt. Übers.: Herb, R.). Landsberg/Lech: Moderne Industrie, 1998

[TEUF98]	Teufelsdorfer, H.; Conrad, A.: Kreatives Entwickeln und innovatives Problemlösen mit TRIZ/TIPS: Einführung in die Methodik und ihre Verknüpfung mit QFD. Erlangen: Publicis-MCD, 1998
[THOM80]	Thom, N.: Grundlagen des betrieblichen Innovationsmanagements 2., völlig neu bearb. Aufl. Königstein/Ts.: Hanstein, 1980
THOM83]	Thom, N.: Innovationsmanagement – Herausforderungen für den Organisator. In: zfo. 52. Jg., 1983, Nr. 1, S. 4-11
[THOS79]	Thomas, L.: Conjoint Measurement als Instrument der Absatzforschung. In: Marketing. Zeitschrift für Forschung und Praxis. 1. Jg., 1979, Nr. 3, S. 199-212
[THOS83]	Thomas, L.: Der Einfluß von Kindern auf die Produktpräferenz ihrer Mütter. Berlin: Duncker und Humblot, 1983
[TRAB96]	Trabant, J.: Elemente der Semiotik. Tübingen: Francke, 1996
[TRAN90]	Tränckner, J.-H.: Entwicklung eines prozeß- und elementorientierten Modells zur Analyse und Gestaltung der technischen Auftragsabwicklung von komplexen Produkten. Diss. Technische Hochschule Aachen, 1990
[TROM90]	Trommsdorff, V. (Hrsg.): Innovationsmanagement in kleinen und mittleren Unternehmen: Grundzüge und Fälle – Ein Arbeitsergebnis des Modellversuchs Innovationsmanagement. München: Vahlen, 1990
[TROM99]	Trommsdorff, V.: zit. aus: Asche, S.: Wie aus Ideen Umsatz wird. In: VDI Nachrichten. 53 Jg., Nr. 46 vom 19.11.1999, S. 28
[TSCH96]	Tschirky, H.; Birkenmeier, B.; Brodbeck, H.: Die Handshake-Analysis: eine neue Methode des Technologie- und Innovationsmanagements. In: io management. 65. Jg., 1996, Nr. 11, S. 19-22
[TVER86]	Tversky, A.; Kahneman, D.: Judgement under uncertainity: Heuristics and biases. In: Kahneman, D.; Slovic, P.; Tversky, A. (Hrsg.): Judgement under uncertainty: Heuristics and biases. 7., unver. Nachdr. Cambridge: University Press, 1986, S. 3-20
[ULRH68]	Ulrich, H.: Die Unternehmung als produktives, soziales System – Grundlagen der allgemeinen Unternehmungslehre. Bern: Haupt, 1968
[ULRH81]	Ulrich, H.: Die Betriebswirtschaftslehre als anwendungsorientierte Sozialwissenschaft. In: Geist, M. N.; Köhler, R. (Hrsg.): Die Führung des Betriebes. Stuttgart: Schäffer-Poeschel, 1981, S. 1-25
[ULRP76]	Ulrich, P.; Hill, W.: Wissenschaftstheoretische Grundlagen der Betriebswirtschaftslehre. In: Dichtl, E.; Issing, O. (Hrsg.): WiSt Zeitschrift für Ausbildung und Hochschulkontakt. 5. Jg., 1976, Nr. 7, S. 304-309 und Nr. 8, S. 345-350

[UTTE94]	Utterback, J. M.: Mastering the Dynamics of Innovation – How Companies Can Seize Opportunities in the Face of Technological Change. Boston: Harvard Business School, 1994
[VAHS99]	Vahs, D.; Burmester, R.: Innovationsmanagement. Stuttgart: Schäffer-Poeschel, 1999
[VDI76]	o. V.: Produktinnovation – Herausforderung und Aufgabe.: VDI-Berichte, Nr. 229. Düsseldorf: VDI, 1976
[VDI80]	Richtlinie VDI 2220 (Mai 1980). Produktplanung – Ablauf, Begriffe und Organisation. VDI-Gemeinschaftsausschuß Produktplanung
[VDI83]	VDI-Gesellschaft Konstruktion und Entwicklung (Hrsg.): Systematische Produktplanung. 2. Aufl. Düsseldorf: VDI, 1983
[VDI91]	Richtlinie VDI 3780 (März 1991). Technikbewertung – Begriffe und Grundlagen. Ausschuß Grundlagen der Technikbewertung
[VDI92]	VDI-Technologiezentrum (Hrsg.): Technologiefrühaufklärung – Identifikation und Bewertung von Ansätzen zukünftiger Technologien. Stuttgart: Schäffer-Poeschel, 1992
[VDI93]	Richtlinie VDI 2221 (Mai 1993). Methodik zum Entwickeln und Konstruieren technischer Systeme und Produkte. Ausschuß Methodisches Konstruieren
[VDI95]	Zentrum Wertanalyse der VDI-GSP (Hrsg.): Wertanalyse: Idee – Methode – System. 5., überarb. Aufl. Düsseldorf: VDI, 1995
[VDI97]	VDI-Gesellschaft Entwicklung, Konstruktion, Vertrieb (Hrsg.): Unternehmenserfolg durch Restrukturierung von Entwicklungs- und Konstruktionsprozessen. Tagung, Fellbach, 5.-6. Juni 1997. Düsseldorf: VDI, 1997
[VDIZ99]	o. V.: Nachholbedarf beim Innovationsmanagement. In: VDI-Z. 141. Jg., 1999, Nr. 9/10, S. 6-7
[VFM99]	Verband der Fahrrad und Motorradindustrie (Hrsg.): Zahlen und Fakten zum Zweiradmarkt 1998. Sulzbach/Ts., 1999
[WALH71]	Walter, H. R.; Fischer, R. A.: Informationssysteme in Wirtschaft und Verwaltung. Berlin: de Gruyter & Co., 1971
[WALT97]	Walter, W.: Erfolgversprechende Muster für betriebliche Ideenfindungsprozesse. Diss. Universität Karlsruhe, 1997
[WARN97]	Warnecke, H.-J.: Komplexität und Agilität – Gedanken zur Zukunft produzierender Unternehmen. In: Schuh, G.; Wiendahl, H.-P. (Hrsg.): Komplexität und Agilität. Berlin: Springer, 1997, S. 1-8
[WATZ69]	Watzlawick, P.; Beavin, J. H.; Jackson, D. D.: Menschliche Kommunikation – Formen, Störungen, Paradoxien. Bern: Huber, 1969

Literaturverzeichnis

[WEBS89] Webster, J. L.; Reif, W. E.; Bracker, J. S.: The Manager's Guide to Strategic Planning Tools an Techniques. In: Planning Review. Bd. 17, 1989, Nr. 6, S. 4-13

[WEIG99] Weigand, A.; Brandenburg, F. (Hrsg.): Früherkennung als Basis für Innovation und Navigation. Tagungsband zum gleichnamigen Praxisforum. Forschungszentrum Karlsruhe GmbH Technik und Umwelt, November 1999

[WENG96] Wengler, M. M.: Methodik für die Qualitätsplanung und -verbesserung in der Keramikindustrie – Ein Beitrag zum Qualitätsmanagement bei der Planung neuer und der Optimierung bestehender Prozesse. Diss. Technische Hochschule Aachen. Düsseldorf: VDI, 1996

[WERN93] Werners, B.: Unterstützung der strategischen Technologieplanung durch wissensbasierte Systeme. Habil.-Schr. Technische Hochschule Aachen, 1993

[WIEN76] Wiendahl, H.-P.: Bewertung von Produkten und Produktideen. In: o. V.: Produktinnovation – Herausforderung und Aufgabe. VDI-Berichte, Nr. 229. Düsseldorf, 1976, S. 63-70

[WILD71] Wild, J.: Zur Problematik der Nutzenbewertung von Informationen. In: ZfB Zeitschrift für die Betriebswirtschaft. 41. Jg., 1971, Nr. 5, S. 315-334

[WITJ96] Witt, J. (Hrsg.): Produktinnovation: Entwicklung und Vermarktung neuer Produkte. München: Vahlen, 1996

[WITT59] Wittmann, W.: Unternehmung und unvollkommene Information. Opladen: Westdeutscher Verlag, 1959

[WOEH96] Wöhe, G.: Einführung in die allgemeine Betriebswirtschaftslehre. 19., neubearb. Aufl. unter Mitarb. v. Ulrich Döring. München: Vahlen, 1996

[WOEH00] Wöhe, G.: Einführung in die allgemeine Betriebswirtschaftslehre. 20., neubearb. Aufl. unter Mitarb. v. Ulrich Döring. München: Vahlen, 2000

[WOLF92] Wolfrum, B.: Grundgedanke, Formen und Aussagewert von Technologieportfolios (I, II). In: WISU. 21. Jg., 1992, Nr. 4, S. 312-320 und Nr. 5, S. 403-407

[WOLF94] Wolfrum, B.: Strategisches Technologiemanagement. 2., überarb. Aufl. Wiesbaden: Gabler, 1994

[YEOM84] Yeomans, P. H.: Improving Quality and Productivity in Systems Development. In: Using the IDEF Methodologies. Crowthorne: MicroMatch Ltd., 1984

[ZAHN92]	Zahn, E.; Weidler, A.: Integriertes Innovationsmanagement: Die Zukunft wird im Kopf gewonnen. In: Gablers Magazin. 6. Jg., 1992, Nr. 10, S. 17-23
[ZAHN95a]	Zahn, E. (Hrsg.): Handbuch Technologiemanagement. Stuttgart: Schäffer-Poeschel, 1995
[ZAHN95b]	Zahn, E.: Gegenstand und Zweck des Technologiemanagements. In: Zahn, E. (Hrsg.): Handbuch Technologiemanagement. Stuttgart: Schäffer-Poeschel, 1995, S. 3-32
[ZAHN95c]	Zahn, E.; Greschner, J.: Grundlagen und Methoden zum Management von Kreativität und Wissen. In: Zahn, E. (Hrsg.): Handbuch Technologiemanagement. Stuttgart: Schäffer-Poeschel, 1995, S. 599-621
[ZAHN98]	Zahn E.; Foschiani, S. (Hrsg.): Innovation, Wachstum und Ertragskraft – Wege zur nachhaltigen Unternehmensentwicklung. Stuttgart: Schäffer-Poeschel, 1998
[ZEHN97]	Zehnder, T.: Kompetenzbasierte Technologieplanung – Analyse und Bewertung technologischer Fähigkeiten im Unternehmen. Diss. Hochschule St. Gallen. Wiesbaden: Gabler, 1997
[ZELE99]	Zelewski, S.: Grundlagen der Betriebswirtschaftslehre. In: Corsten, H.; Reiß, M. (Hrsg.): Betriebswirtschaftslehre. 3. Aufl. München: Oldenbourg, 1999, S. 1-126
[ZEW94]	o. V.: Innovationsverhalten der deutschen Wirtschaft – Ergebnisse der Innovationserhebung 1993. Studie des Zentrums für europäische Wirtschaftsforschung. Mannheim, 7. April 1994
[ZWIC66]	Zwicky, F.: Entdecken, Erfinden, Forschen im Morphologischen Weltbild. München: Droemer Knaur, 1966

7 ANHANG

A Interaktionsmodell der Planungsmethodik **A-2**

    A1   Knotenverzeichnis des Interaktionsmodells A-3

    A2   SADT-Modell der Planungsaktivitäten A-5

B Aufgaben im Planungsprozeß **A-28**

    B1   Aufgaben von F&E A-29

    B2   Aufgaben von Marketing A-33

C Beispiele für die Dokumentationsstruktur **A-36**

    C1   Innovationsdatenblatt A-37

    C2   Produktideendatenblatt A-40

    C3   Prinziplösungsdatenblatt A-43

D Datenblätter zu ausgewählten Methoden **A-46**

E Elemente der TRIZ-Methodik **A-86**

    E1   Die 39 technischen Standardprinzipien A-86

    E2   Die 40 Innovationsprinzipien A-90

    E3   Contradiction-Matrix A-100

Anhang

A Interaktionsmodell der Planungsmethodik

A1 Knotenverzeichnis des Interaktionsmodells

A2 SADT-Modell der Planungsaktivitäten

Anhang

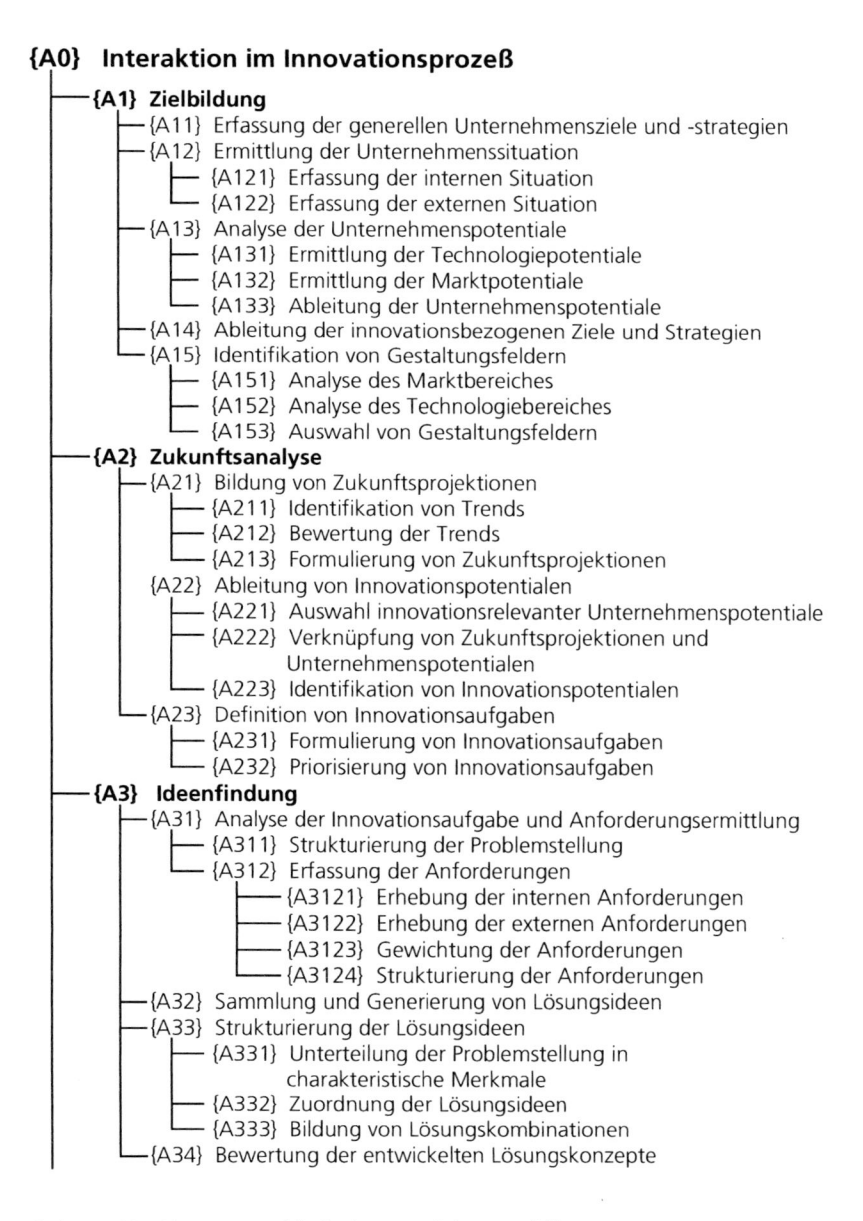

{A0} Interaktion im Innovationsprozeß
- **{A1} Zielbildung**
  - {A11} Erfassung der generellen Unternehmensziele und -strategien
  - {A12} Ermittlung der Unternehmenssituation
    - {A121} Erfassung der internen Situation
    - {A122} Erfassung der externen Situation
  - {A13} Analyse der Unternehmenspotentiale
    - {A131} Ermittlung der Technologiepotentiale
    - {A132} Ermittlung der Marktpotentiale
    - {A133} Ableitung der Unternehmenspotentiale
  - {A14} Ableitung der innovationsbezogenen Ziele und Strategien
  - {A15} Identifikation von Gestaltungsfeldern
    - {A151} Analyse des Marktbereiches
    - {A152} Analyse des Technologiebereiches
    - {A153} Auswahl von Gestaltungsfeldern
- **{A2} Zukunftsanalyse**
  - {A21} Bildung von Zukunftsprojektionen
    - {A211} Identifikation von Trends
    - {A212} Bewertung der Trends
    - {A213} Formulierung von Zukunftsprojektionen
  - {A22} Ableitung von Innovationspotentialen
    - {A221} Auswahl innovationsrelevanter Unternehmenspotentiale
    - {A222} Verknüpfung von Zukunftsprojektionen und Unternehmenspotentialen
    - {A223} Identifikation von Innovationspotentialen
  - {A23} Definition von Innovationsaufgaben
    - {A231} Formulierung von Innovationsaufgaben
    - {A232} Priorisierung von Innovationsaufgaben
- **{A3} Ideenfindung**
  - {A31} Analyse der Innovationsaufgabe und Anforderungsermittlung
    - {A311} Strukturierung der Problemstellung
    - {A312} Erfassung der Anforderungen
      - {A3121} Erhebung der internen Anforderungen
      - {A3122} Erhebung der externen Anforderungen
      - {A3123} Gewichtung der Anforderungen
      - {A3124} Strukturierung der Anforderungen
  - {A32} Sammlung und Generierung von Lösungsideen
  - {A33} Strukturierung der Lösungsideen
    - {A331} Unterteilung der Problemstellung in charakteristische Merkmale
    - {A332} Zuordnung der Lösungsideen
    - {A333} Bildung von Lösungskombinationen
  - {A34} Bewertung der entwickelten Lösungskonzepte

Anhang A1: Knotenverzeichnis des Interaktionsmodells

Anhang

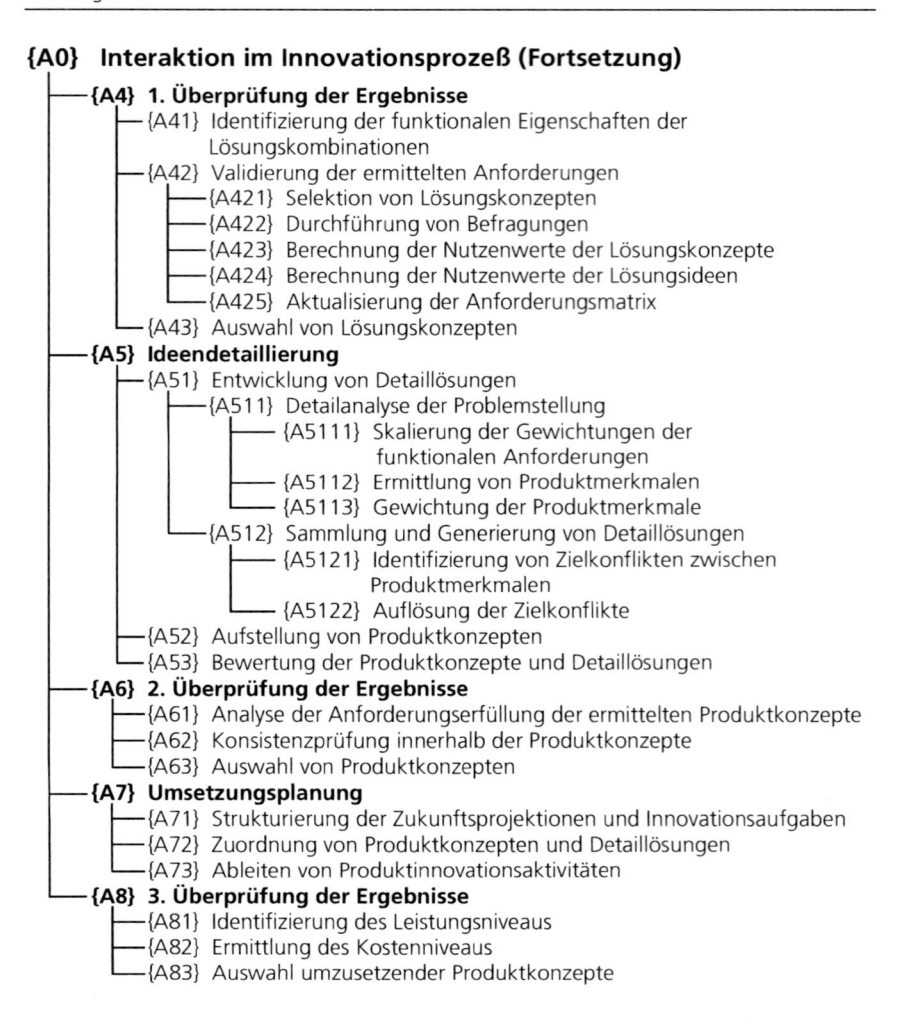

{A0} Interaktion im Innovationsprozeß (Fortsetzung)
- **{A4} 1. Überprüfung der Ergebnisse**
  - {A41} Identifizierung der funktionalen Eigenschaften der Lösungskombinationen
  - {A42} Validierung der ermittelten Anforderungen
    - {A421} Selektion von Lösungskonzepten
    - {A422} Durchführung von Befragungen
    - {A423} Berechnung der Nutzenwerte der Lösungskonzepte
    - {A424} Berechnung der Nutzenwerte der Lösungsideen
    - {A425} Aktualisierung der Anforderungsmatrix
  - {A43} Auswahl von Lösungskonzepten
- **{A5} Ideendetaillierung**
  - {A51} Entwicklung von Detaillösungen
    - {A511} Detailanalyse der Problemstellung
      - {A5111} Skalierung der Gewichtungen der funktionalen Anforderungen
      - {A5112} Ermittlung von Produktmerkmalen
      - {A5113} Gewichtung der Produktmerkmale
    - {A512} Sammlung und Generierung von Detaillösungen
      - {A5121} Identifizierung von Zielkonflikten zwischen Produktmerkmalen
      - {A5122} Auflösung der Zielkonflikte
  - {A52} Aufstellung von Produktkonzepten
  - {A53} Bewertung der Produktkonzepte und Detaillösungen
- **{A6} 2. Überprüfung der Ergebnisse**
  - {A61} Analyse der Anforderungserfüllung der ermittelten Produktkonzepte
  - {A62} Konsistenzprüfung innerhalb der Produktkonzepte
  - {A63} Auswahl von Produktkonzepten
- **{A7} Umsetzungsplanung**
  - {A71} Strukturierung der Zukunftsprojektionen und Innovationsaufgaben
  - {A72} Zuordnung von Produktkonzepten und Detaillösungen
  - {A73} Ableiten von Produktinnovationsaktivitäten
- **{A8} 3. Überprüfung der Ergebnisse**
  - {A81} Identifizierung des Leistungsniveaus
  - {A82} Ermittlung des Kostenniveaus
  - {A83} Auswahl umzusetzender Produktkonzepte

Anhang A1: Knotenverzeichnis des Interaktionsmodells (Fortsetzung)

Anhang

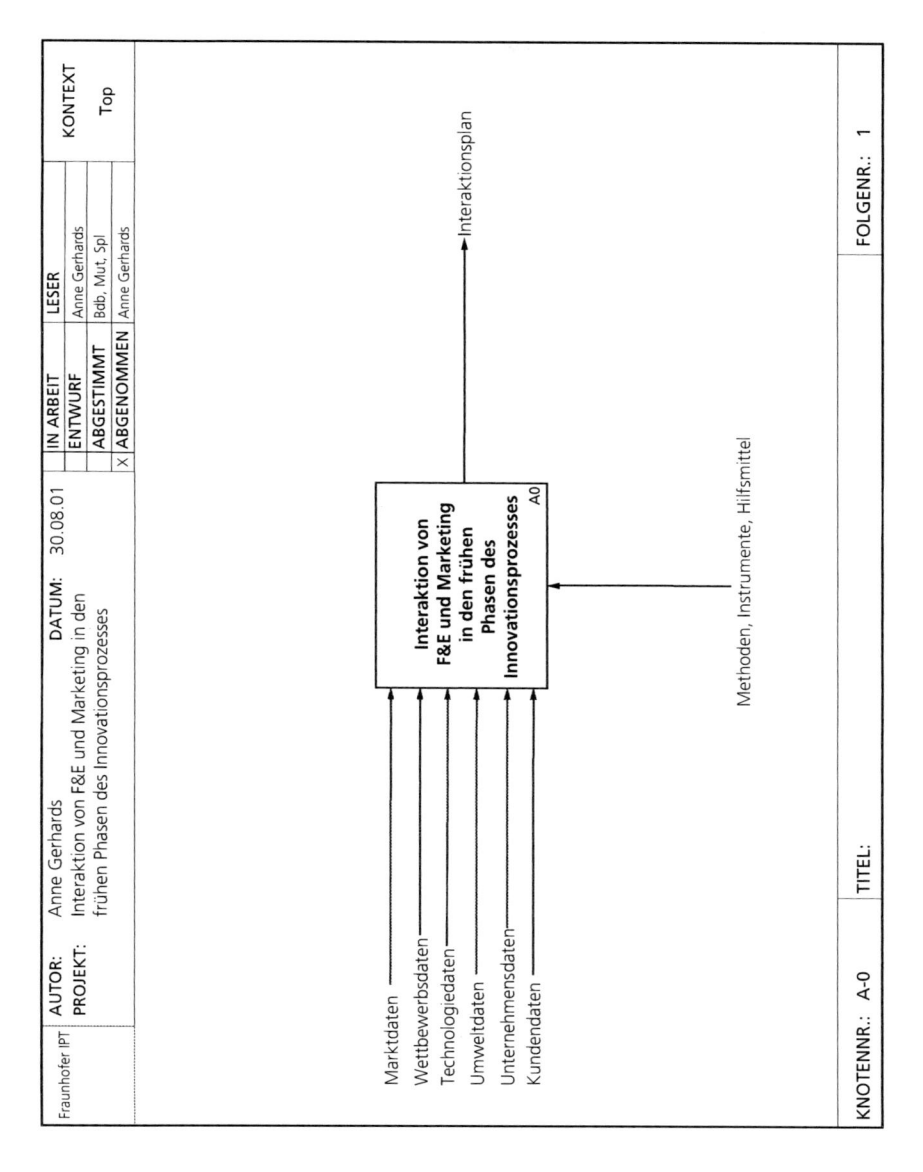

Fraunhofer IPT	AUTOR:	Anne Gerhards	DATUM: 30.08.01	IN ARBEIT		KONTEXT
	PROJEKT:	Interaktion von F&E und Marketing in den frühen Phasen des Innovationsprozesses		ENTWURF	LESER	Top
				ABGESTIMMT	Anne Gerhards	
					Bdb, Mut, Spl	
				X ABGENOMMEN	Anne Gerhards	

Marktdaten →
Wettbewerbsdaten →
Technologiedaten → **Interaktion von F&E und Marketing in den frühen Phasen des Innovationsprozesses** A0 → Interaktionsplan
Umweltdaten →
Unternehmensdaten →
Kundendaten →

↑ Methoden, Instrumente, Hilfsmittel

| KNOTENNR.: A-0 | TITEL: | FOLGENR.: 1 |

Anhang A2: SADT-Modell der Planungsaktivitäten (1)

A-5

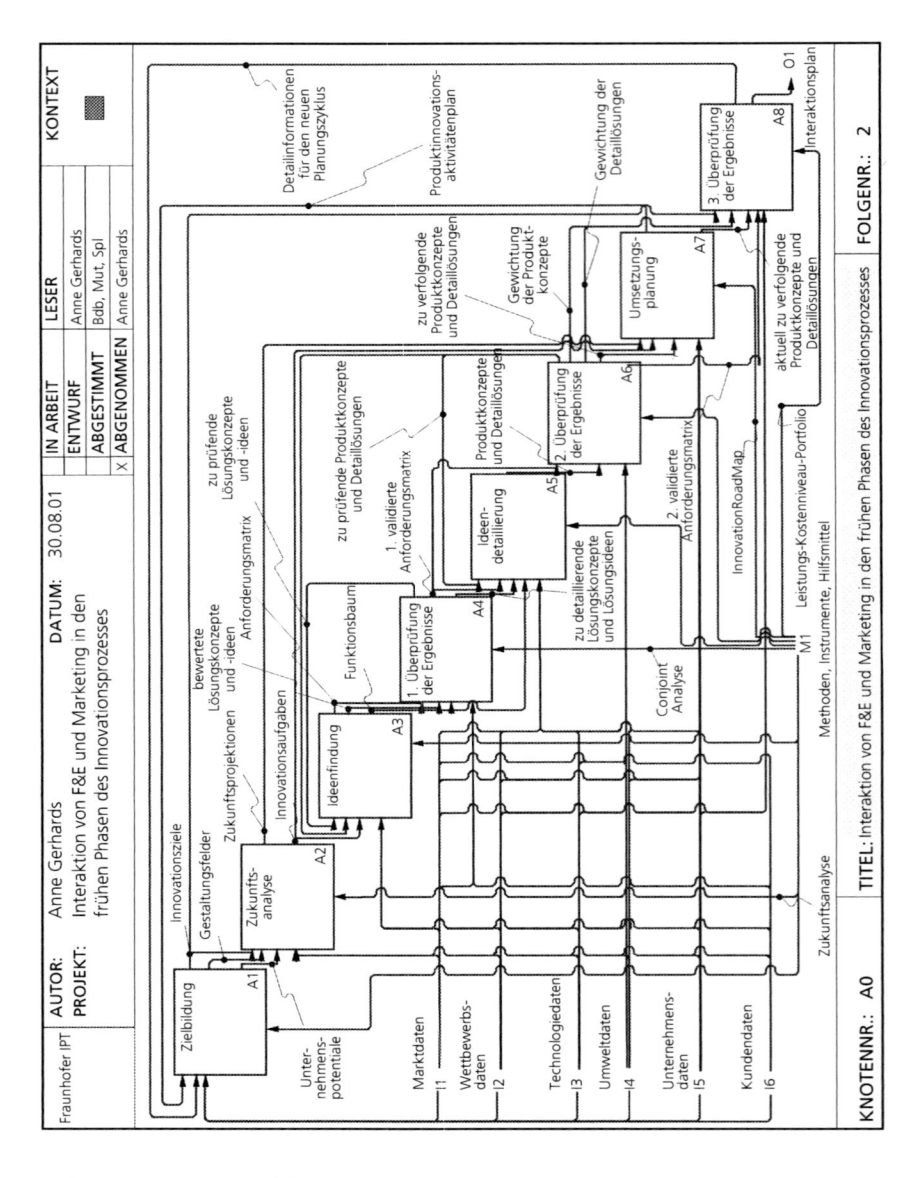

Anhang

Anhang A2: SADT-Modell der Planungsaktivitäten (2)

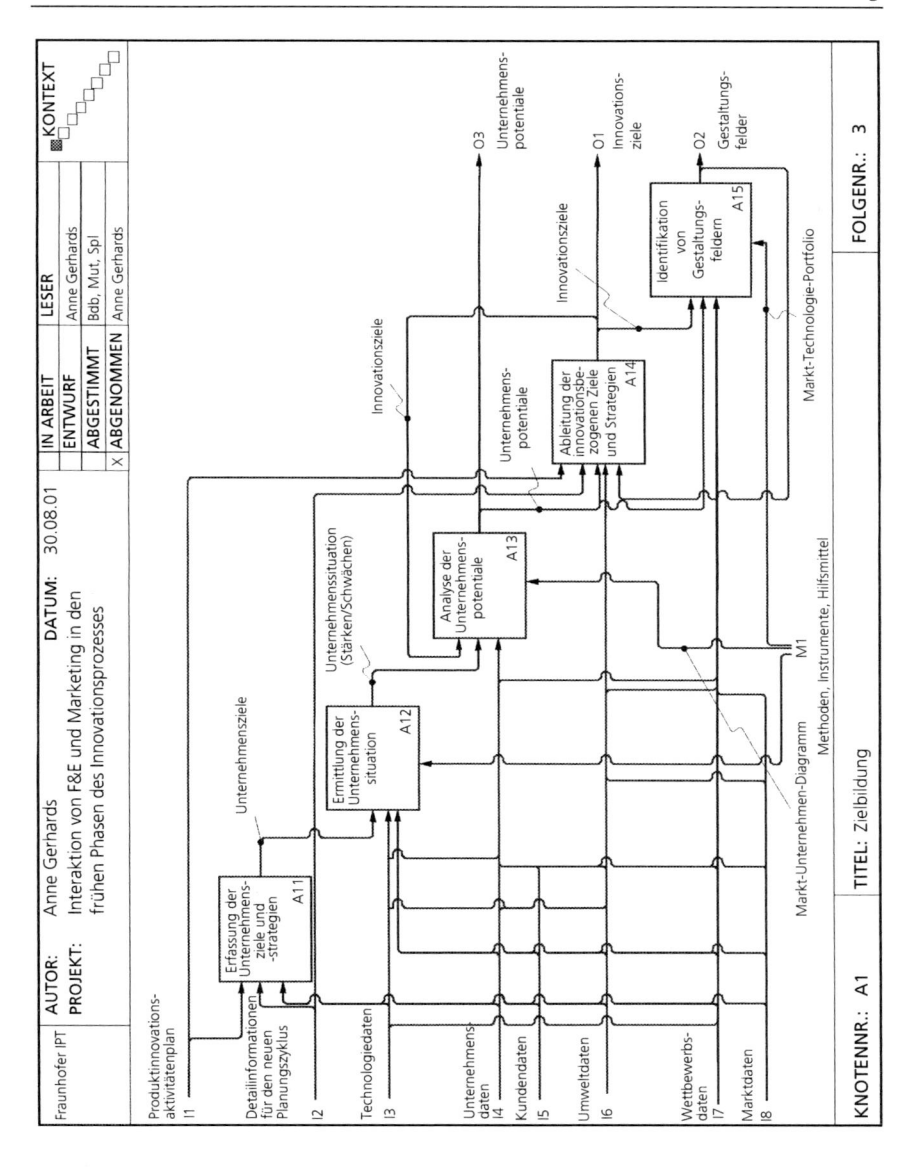

Anhang

Anhang A2: SADT-Modell der Planungsaktivitäten (3)

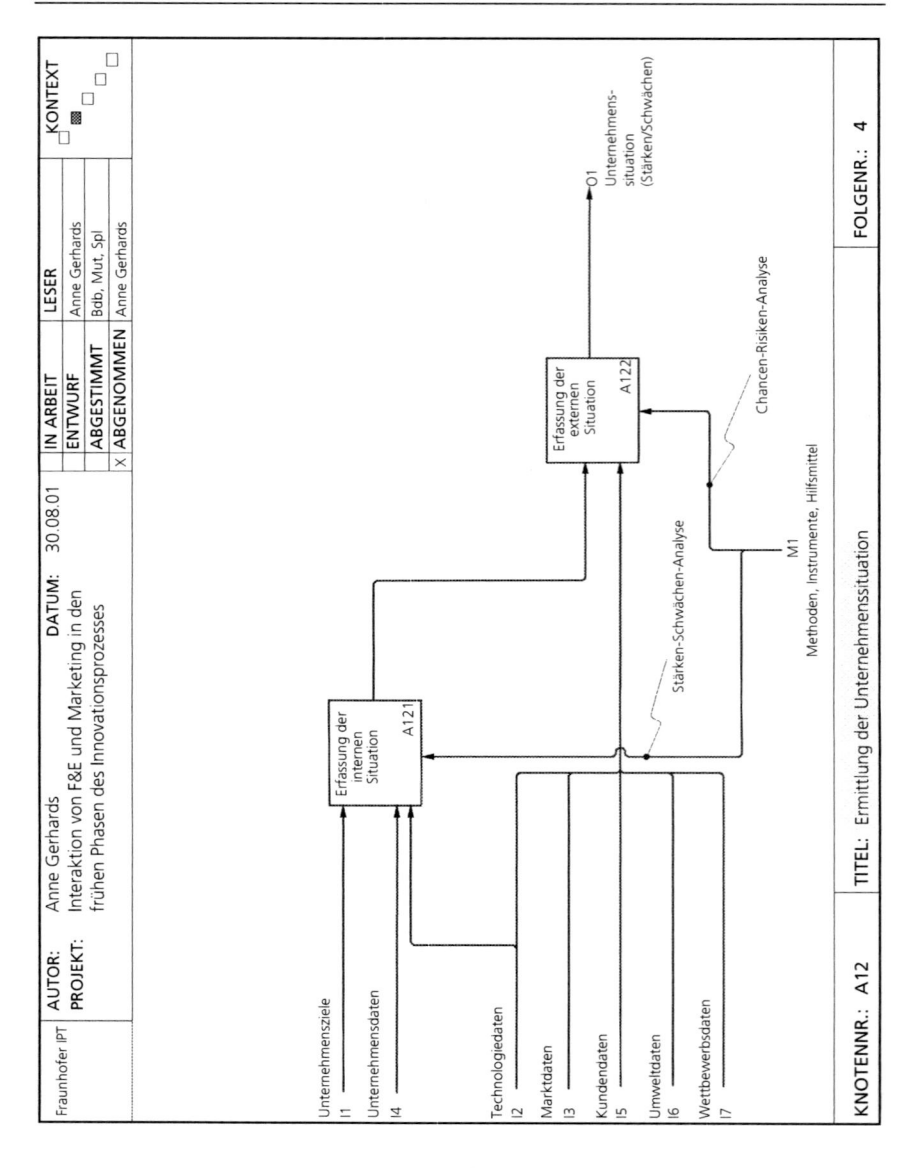

Anhang

Anhang A2: SADT-Modell der Planungsaktivitäten (4)

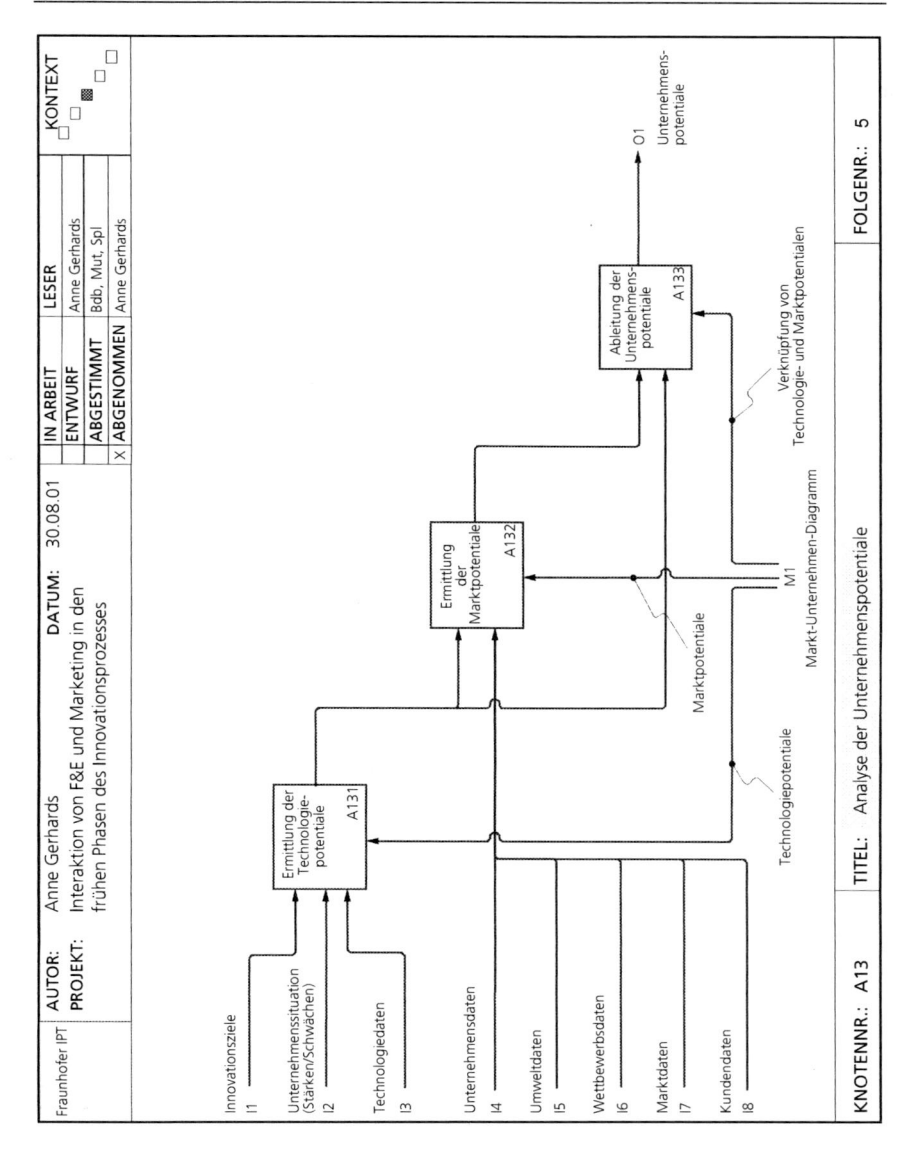

Anhang

Anhang A2:   SADT-Modell der Planungsaktivitäten (5)

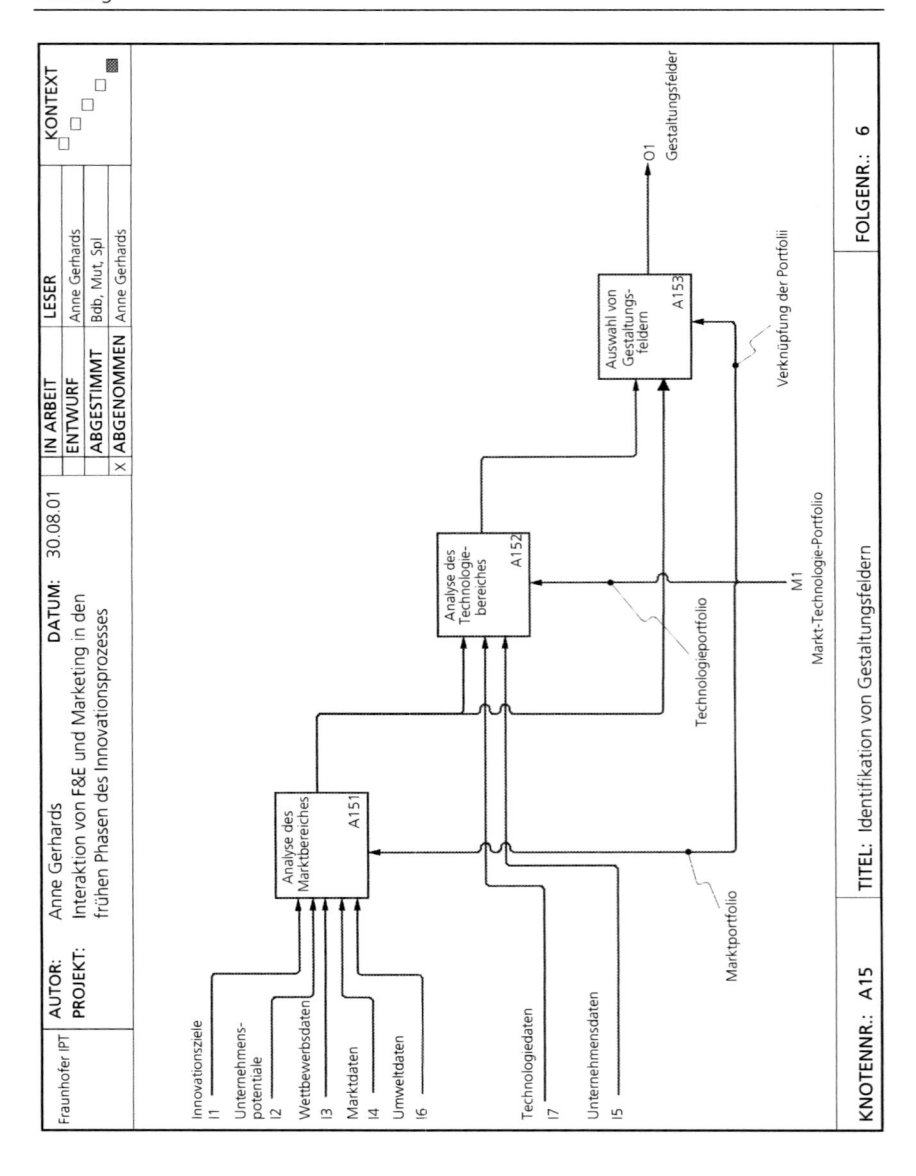

Anhang

Anhang A2: SADT-Modell der Planungsaktivitäten (6)

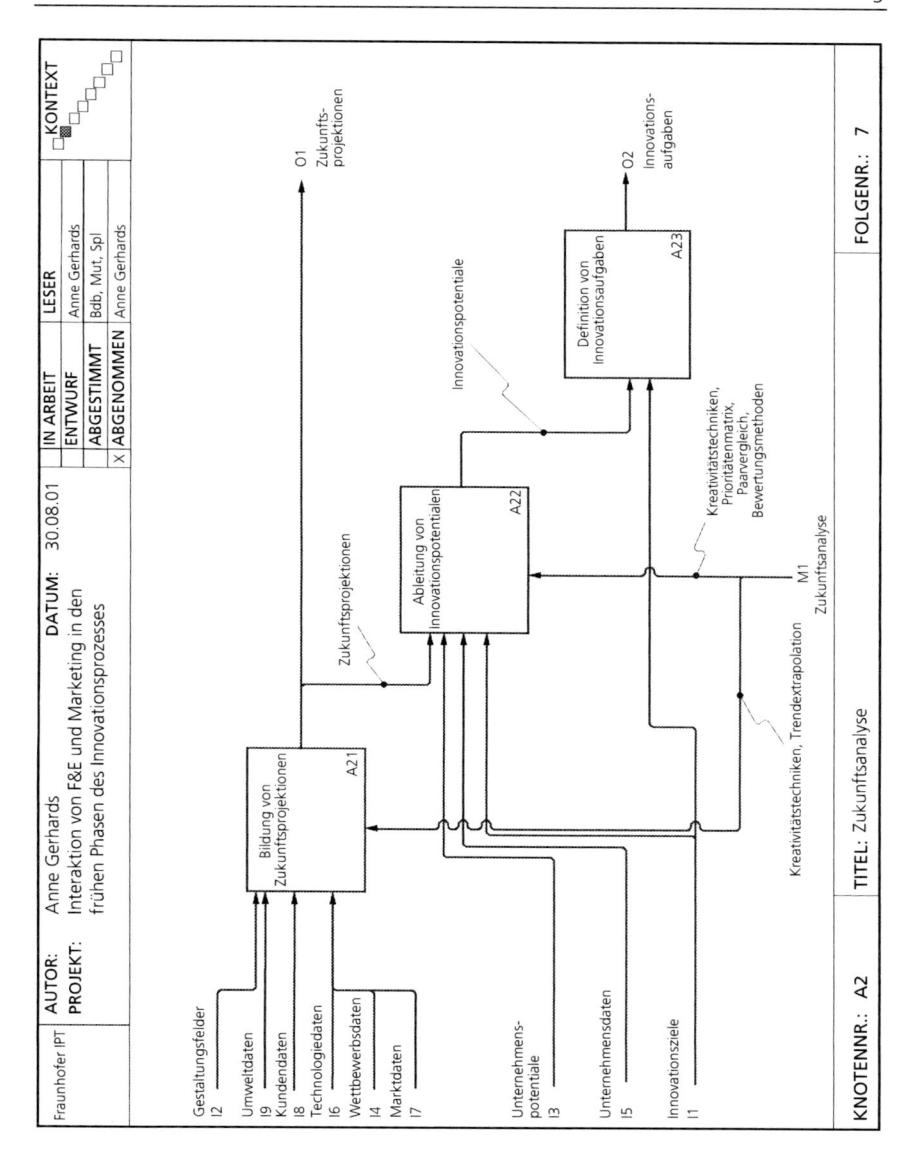

Anhang

Anhang A2:   SADT-Modell der Planungsaktivitäten (7)

A-11

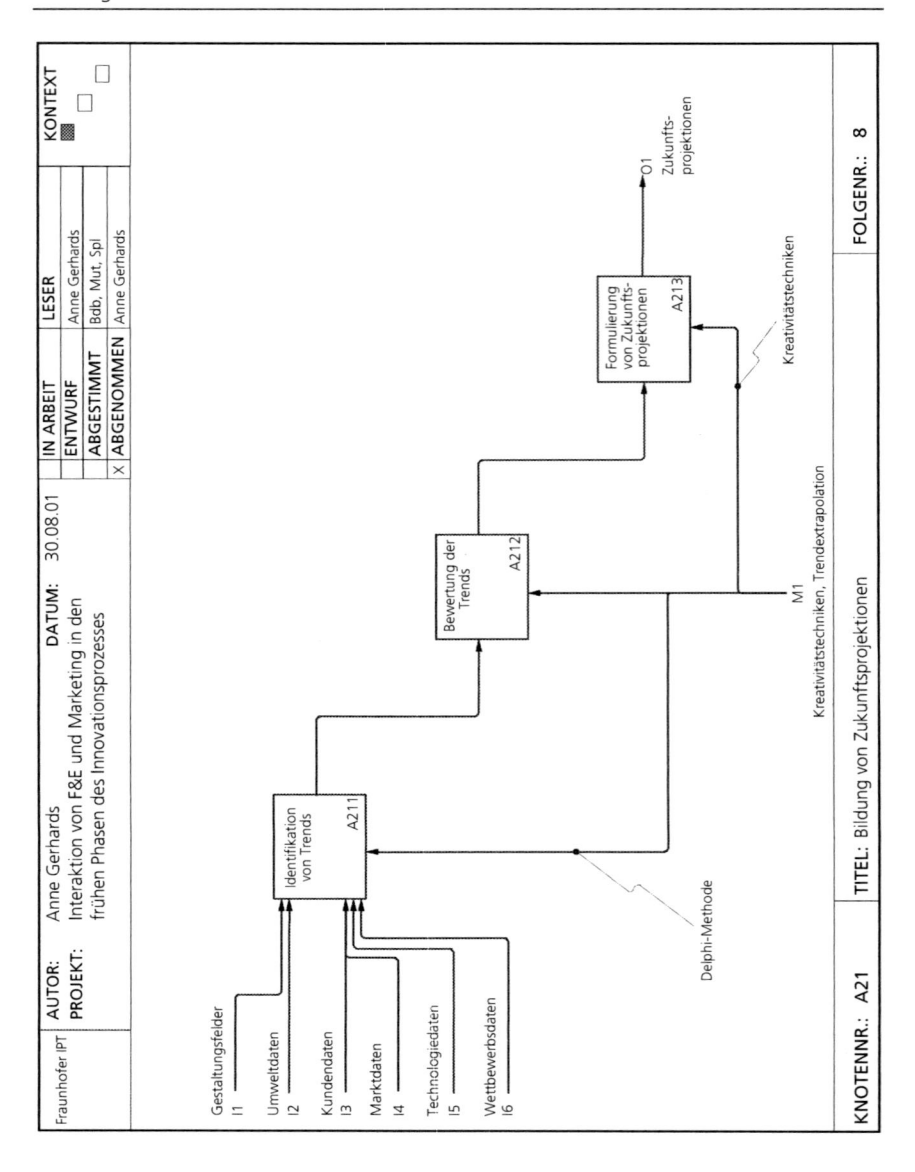

Anhang

Anhang A2:   SADT-Modell der Planungsaktivitäten (8)

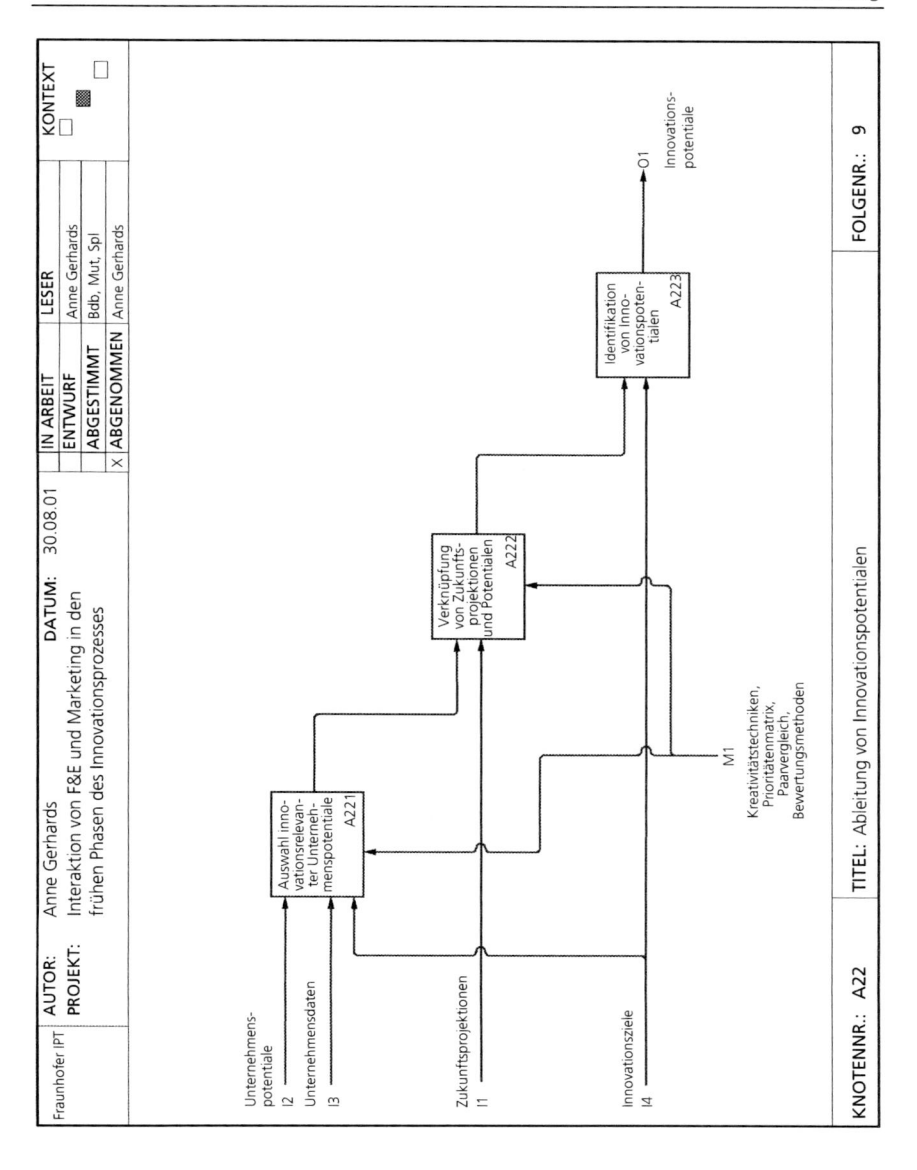

Anhang

Anhang A2:   SADT-Modell der Planungsaktivitäten (9)

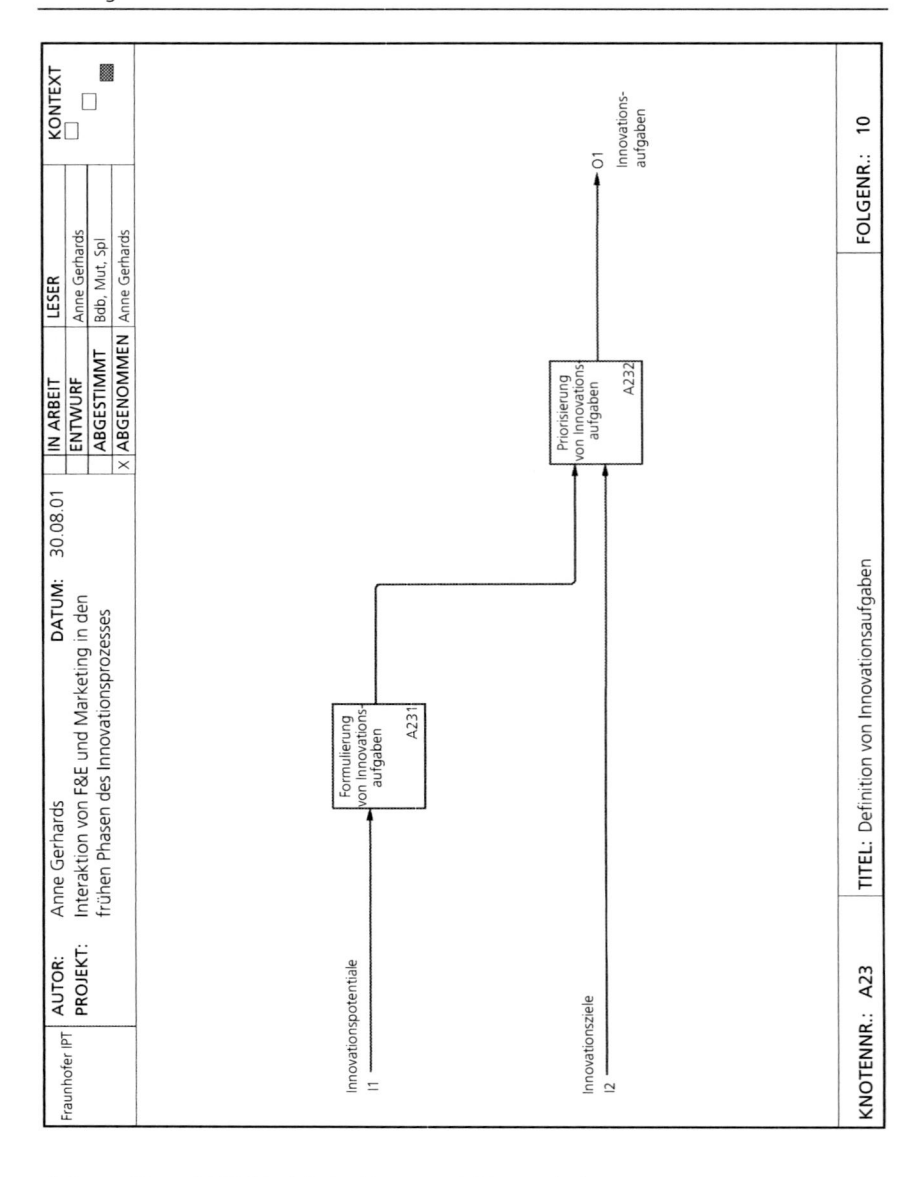

Anhang

Anhang A2: SADT-Modell der Planungsaktivitäten (10)

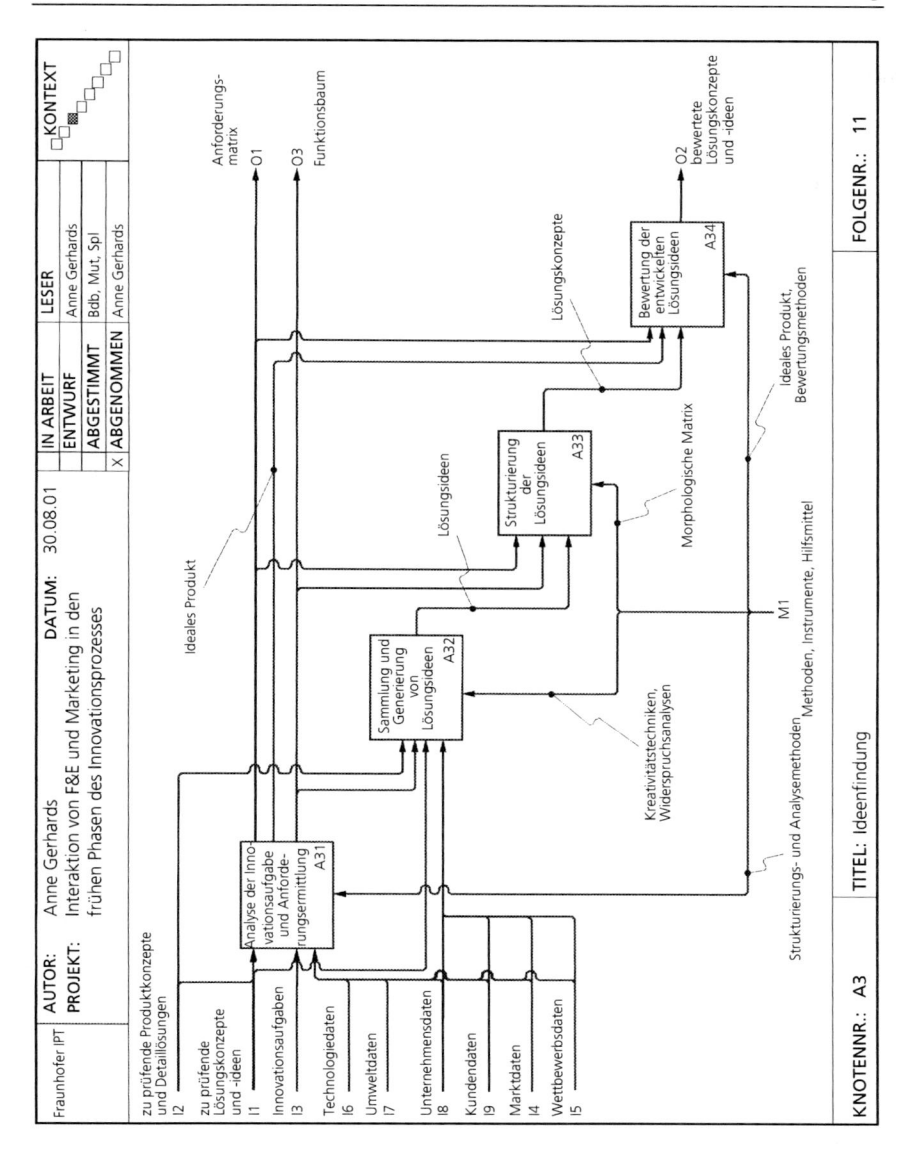

Anhang

Anhang A2: SADT-Modell der Planungsaktivitäten (11)

A-15

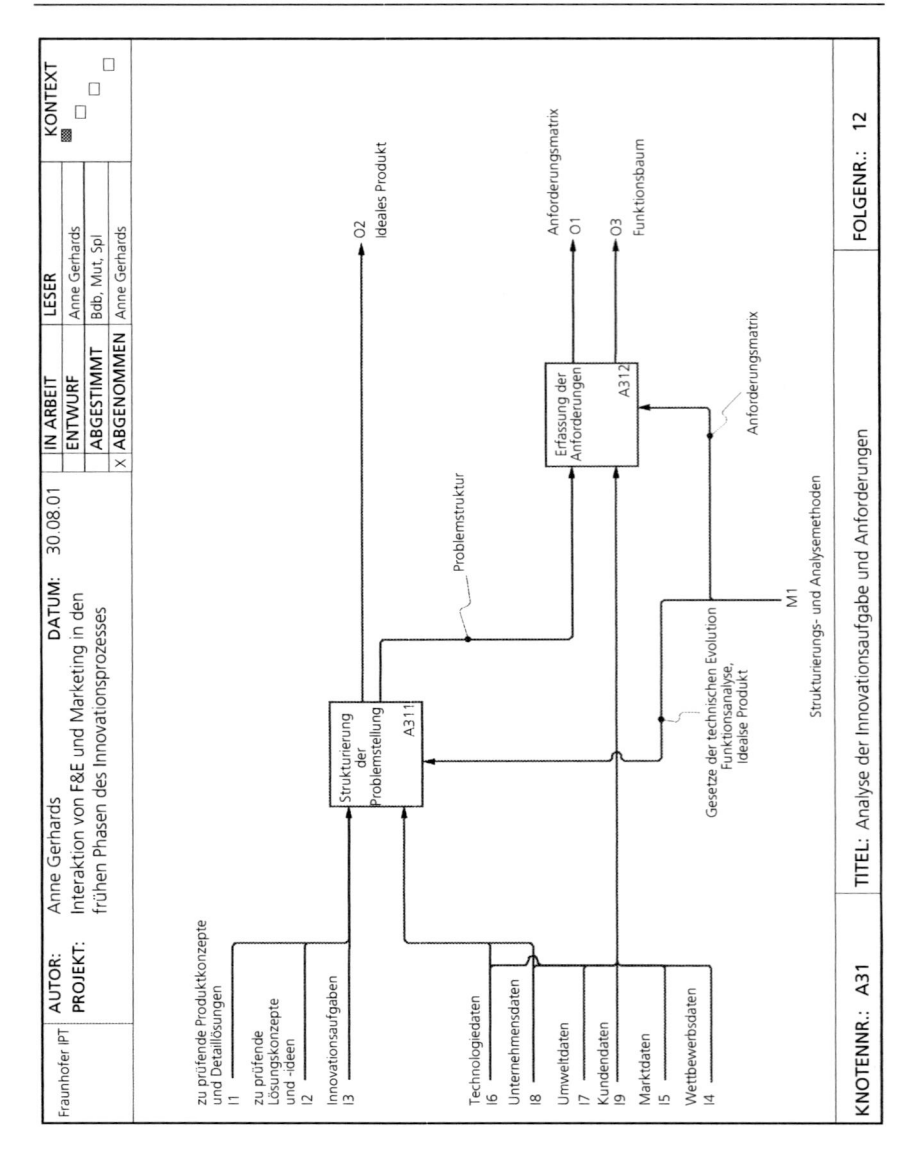

Anhang

Anhang A2:   SADT-Modell der Planungsaktivitäten (12)

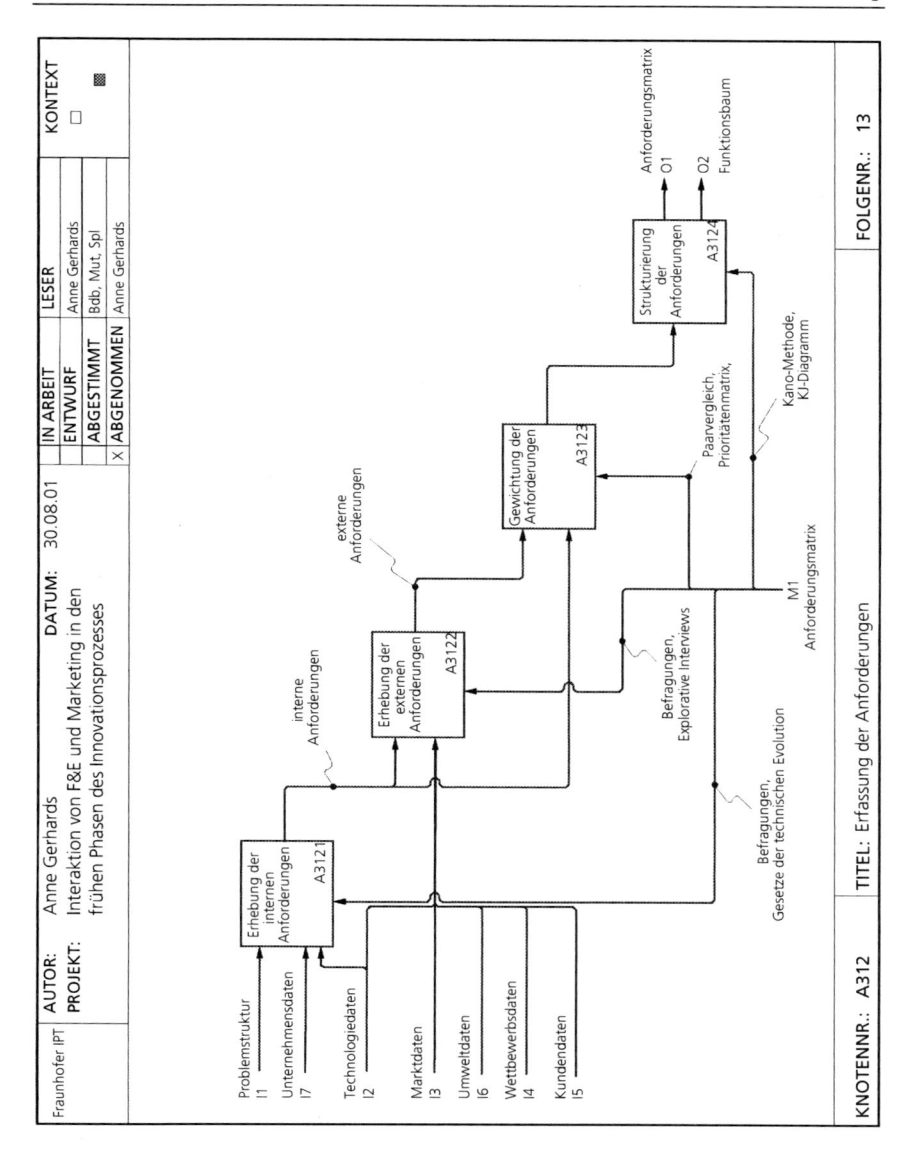

Anhang

Anhang A2: SADT-Modell der Planungsaktivitäten (13)

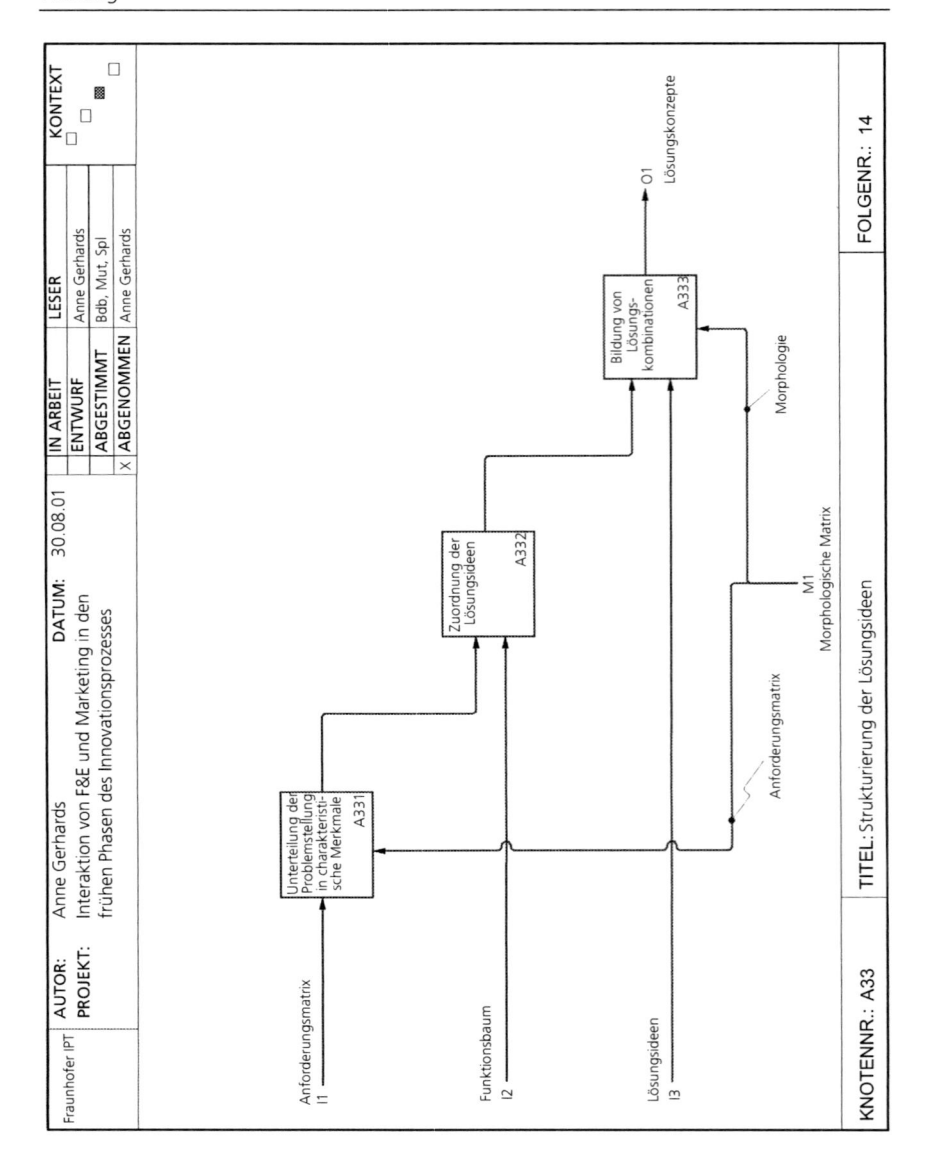

Anhang

Anhang A2:   SADT-Modell der Planungsaktivitäten (14)

A-18

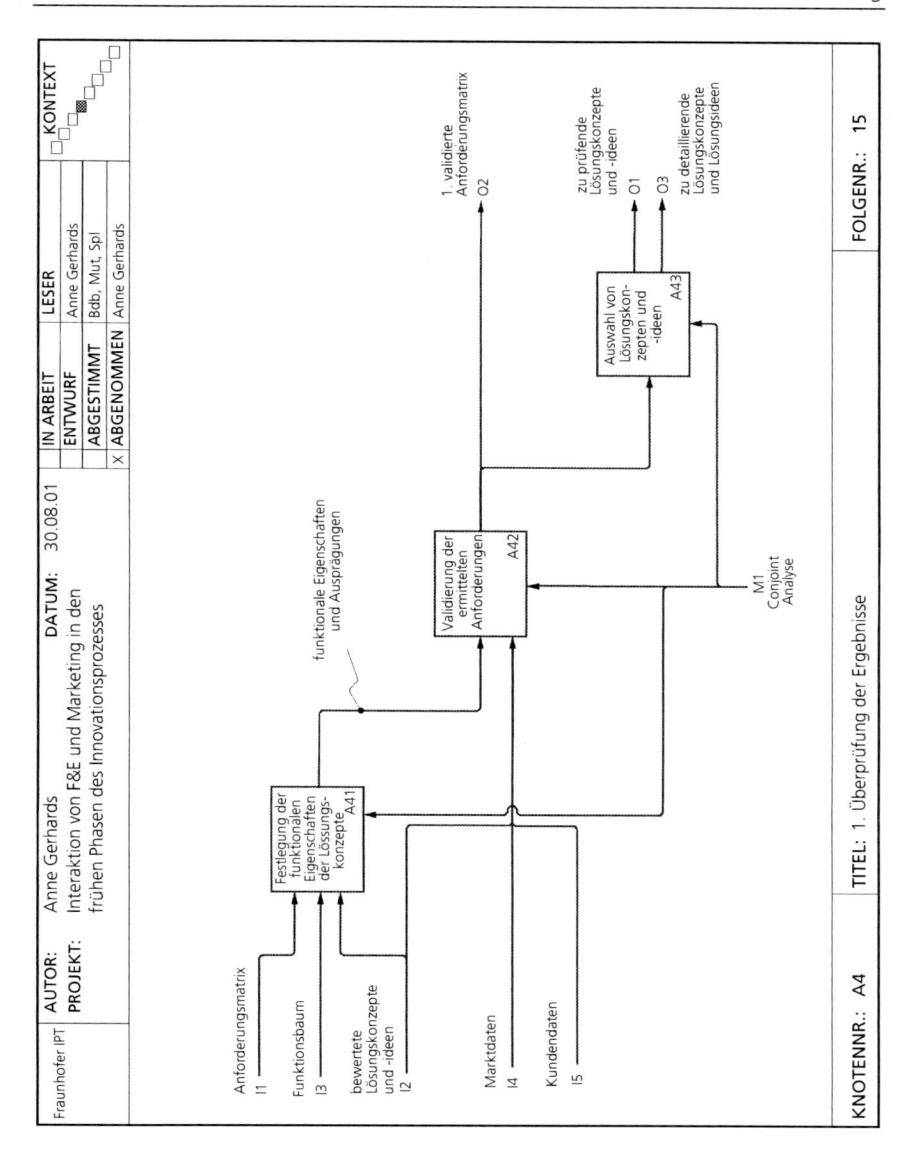

Anhang

Fraunhofer IPT	AUTOR:	Anne Gerhards	DATUM:	30.08.01	IN ARBEIT		LESER	KONTEXT
	PROJEKT:	Interaktion von F&E und Marketing in den frühen Phasen des Innovationsprozesses			ENTWURF		Anne Gerhards	
					ABGESTIMMT		Bdb, Mut, Spl	
					X ABGENOMMEN		Anne Gerhards	

Inputs:
- I1 Anforderungsmatrix
- Funktionsbaum I3
- bewertete Lösungskonzepte und -ideen I2
- Marktdaten I4
- Kundendaten I5

A41 Festlegung der funktionalen Eigenschaften der Lösungskonzepte

funktionale Eigenschaften und Ausprägungen

A42 Validierung der ermittelten Anforderungen

M1 Conjoint Analyse

O2 1. validierte Anforderungsmatrix

A43 Auswahl von Lösungskonzepten und -ideen

O1 zu prüfende Lösungskonzepte und -ideen
O3 zu detaillierende Lösungskonzepte und Lösungsideen

KNOTENNR.: A4	TITEL: 1. Überprüfung der Ergebnisse	FOLGENR.: 15

Anhang A2: SADT-Modell der Planungsaktivitäten (15)

A-19

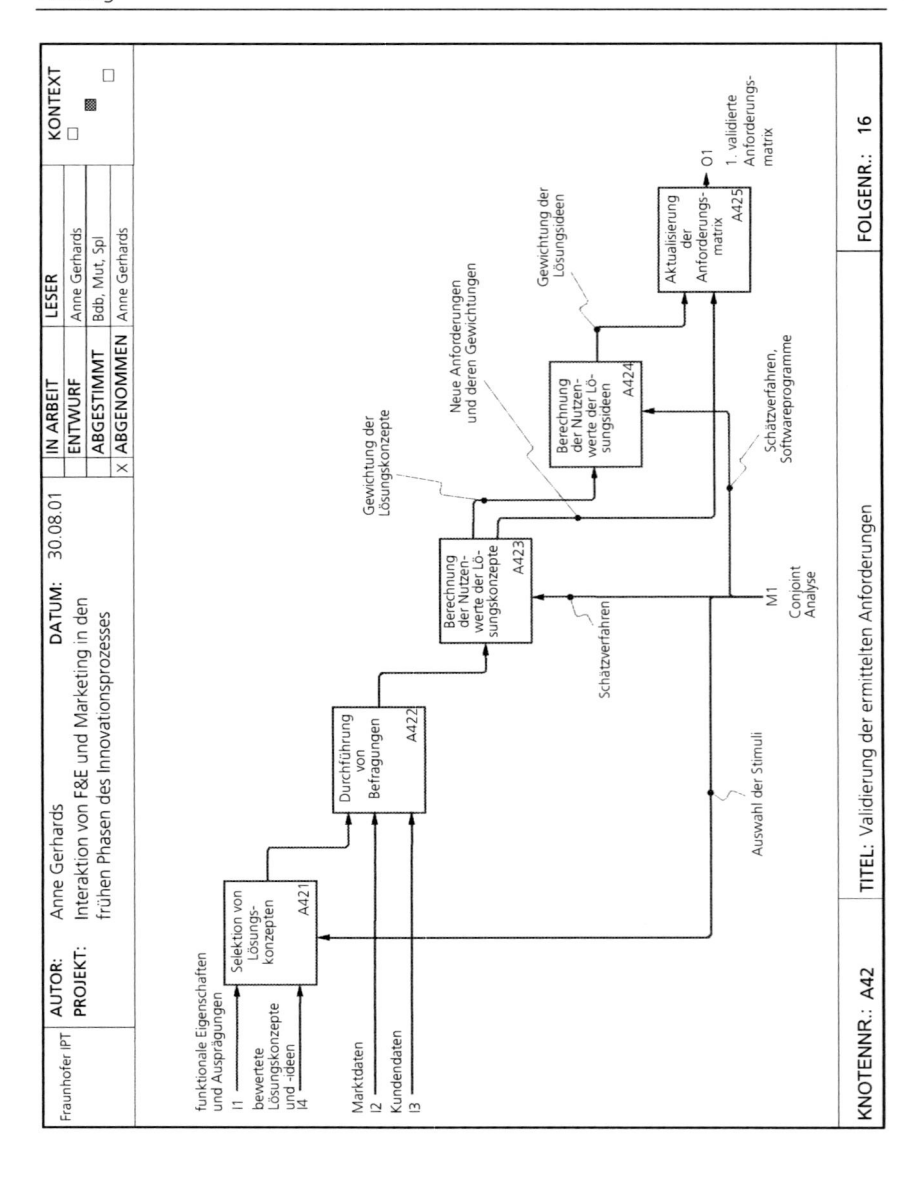

Anhang

Anhang A2: SADT-Modell der Planungsaktivitäten (16)

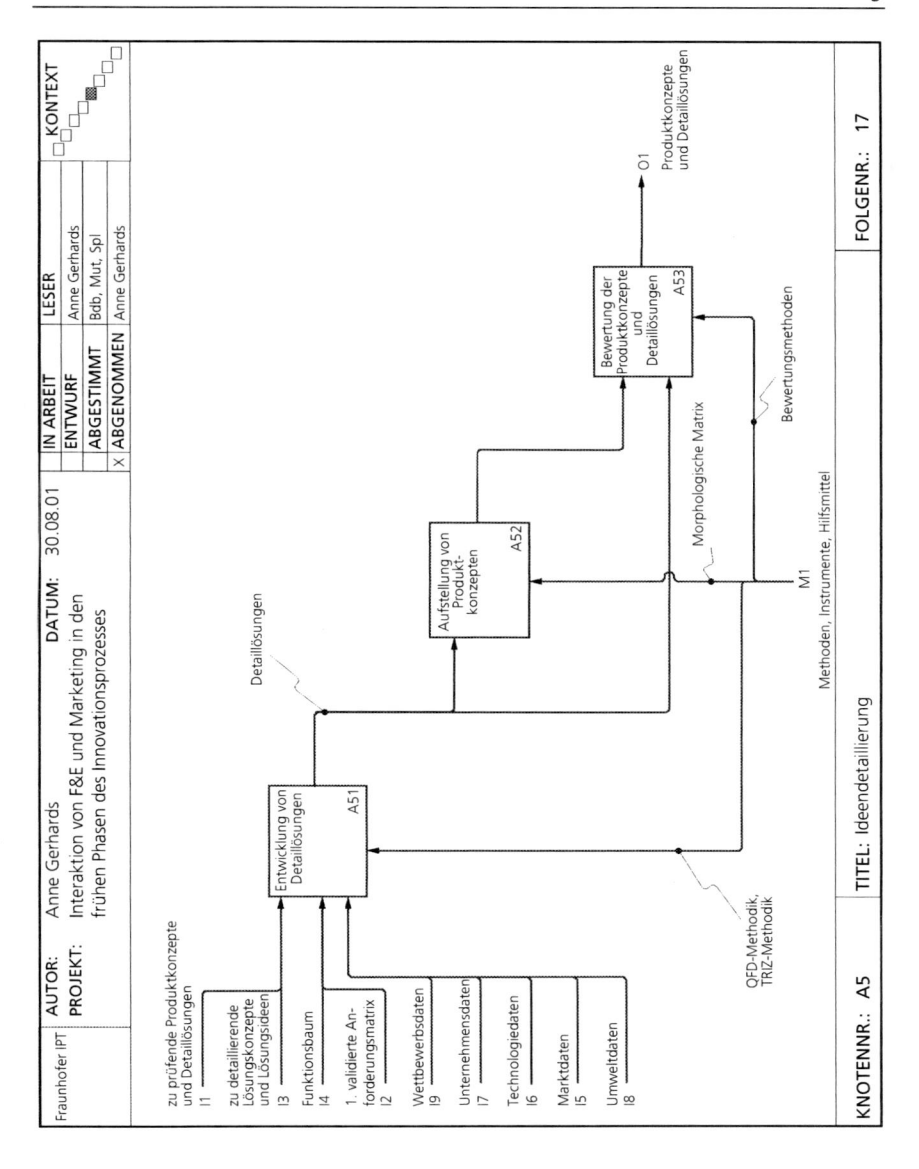

Anhang

Anhang A2: SADT-Modell der Planungsaktivitäten (17)

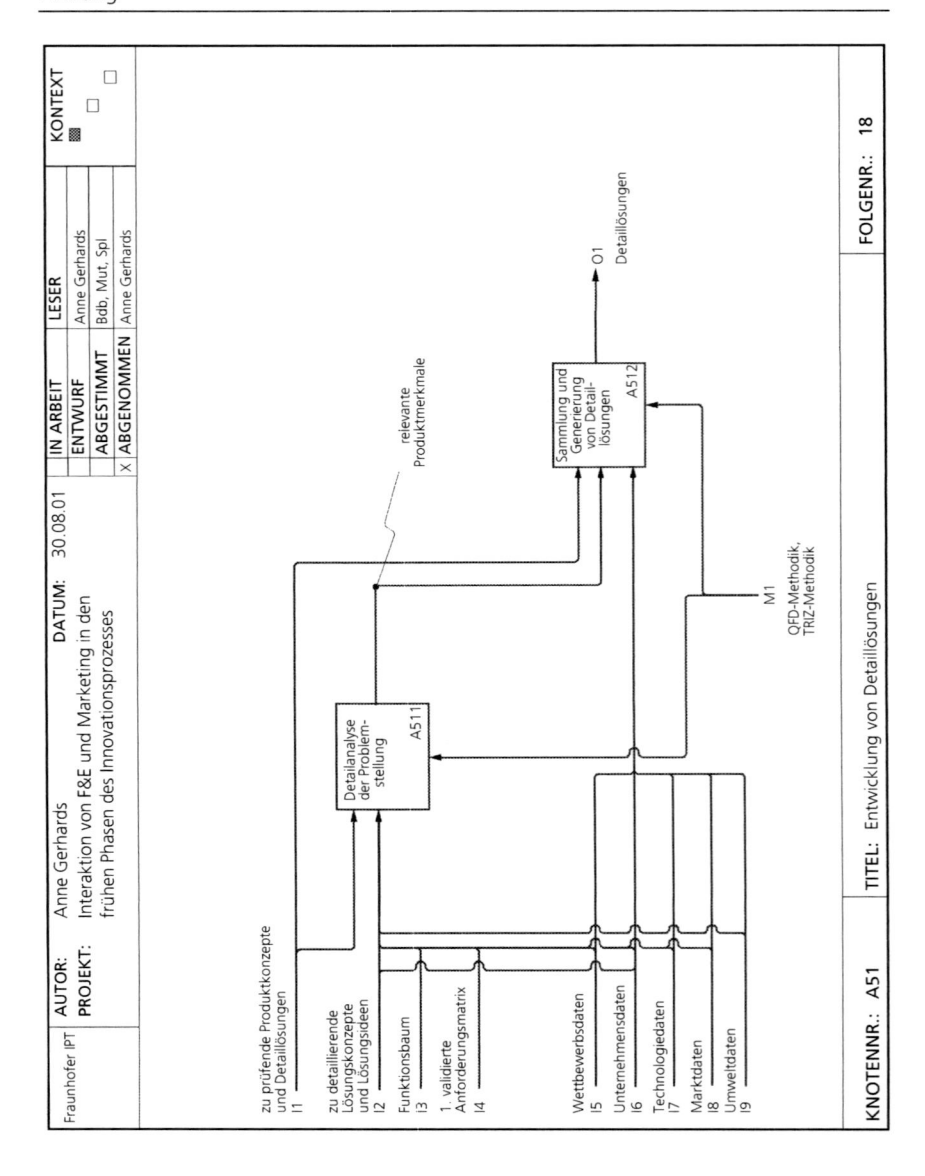

Anhang

Anhang A2:   SADT-Modell der Planungsaktivitäten (18)

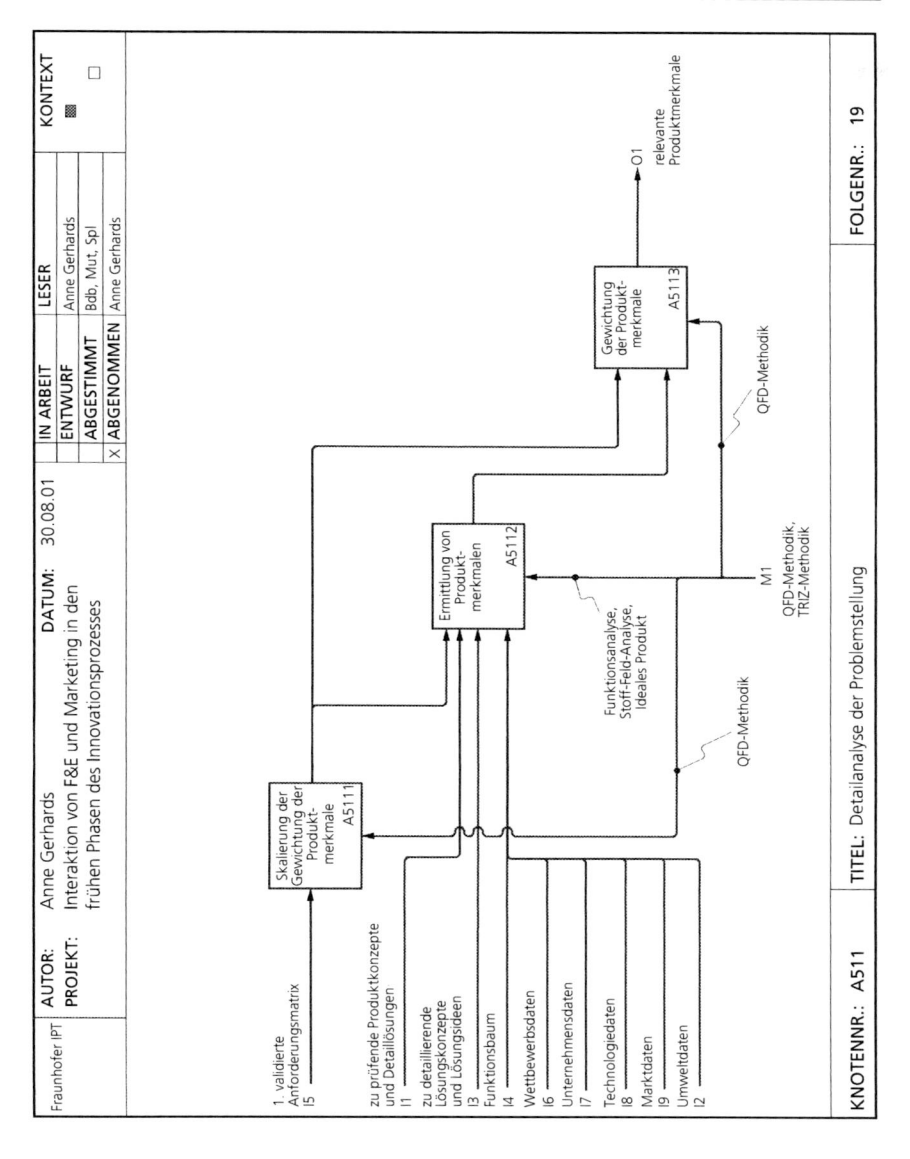

Anhang

Anhang A2: SADT-Modell der Planungsaktivitäten (19)

A-23

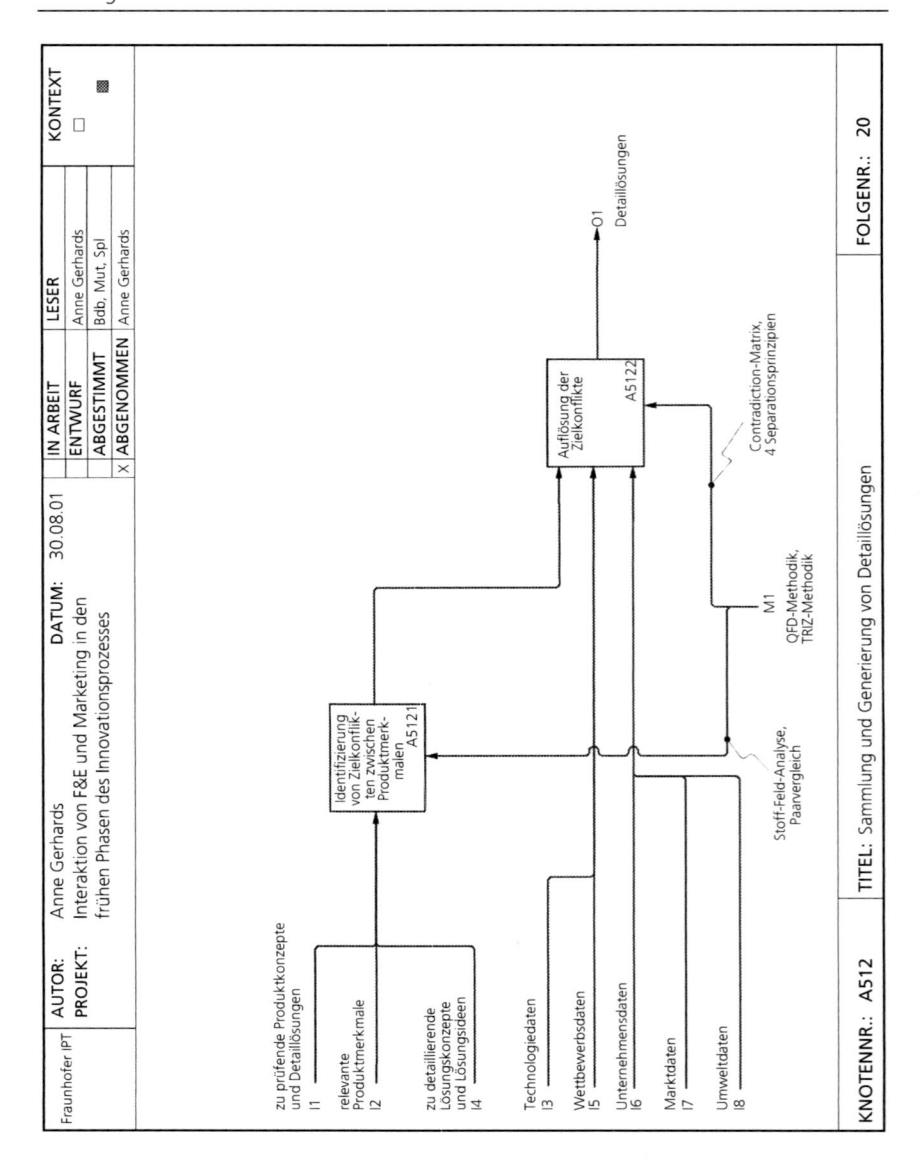

Anhang

Fraunhofer IPT	AUTOR:	Anne Gerhards	DATUM:	30.08.01	IN ARBEIT		LESER		KONTEXT
	PROJEKT:	Interaktion von F&E und Marketing in den frühen Phasen des Innovationsprozesses			ENTWURF		Anne Gerhards		☐
					ABGESTIMMT		Bdb, Mut, Spl		■
					X ABGENOMMEN		Anne Gerhards		

Inputs:
- I1: zu prüfende Produktkonzepte und Detaillösungen
- I2: relevante Produktmerkmale
- I4: zu detaillierende Lösungskonzepte und Lösungsideen
- I3: Technologiedaten
- I5: Wettbewerbsdaten
- I6: Unternehmensdaten
- I7: Marktdaten
- I8: Umweltdaten

Activities:
- A5121: Identifizierung von Zielkonflikten zwischen Produktmerkmalen
- A5122: Auflösung der Zielkonflikte

Mechanismen: Stoff-Feld-Analyse, Paarvergleich; M1 QFD-Methodik, TRIZ-Methodik; Contradiction-Matrix, 4 Separationsprinzipien

Output:
- O1: Detaillösungen

KNOTENNR.: A512	TITEL: Sammlung und Generierung von Detaillösungen	FOLGENR.: 20

Anhang A2: SADT-Modell der Planungsaktivitäten (20)

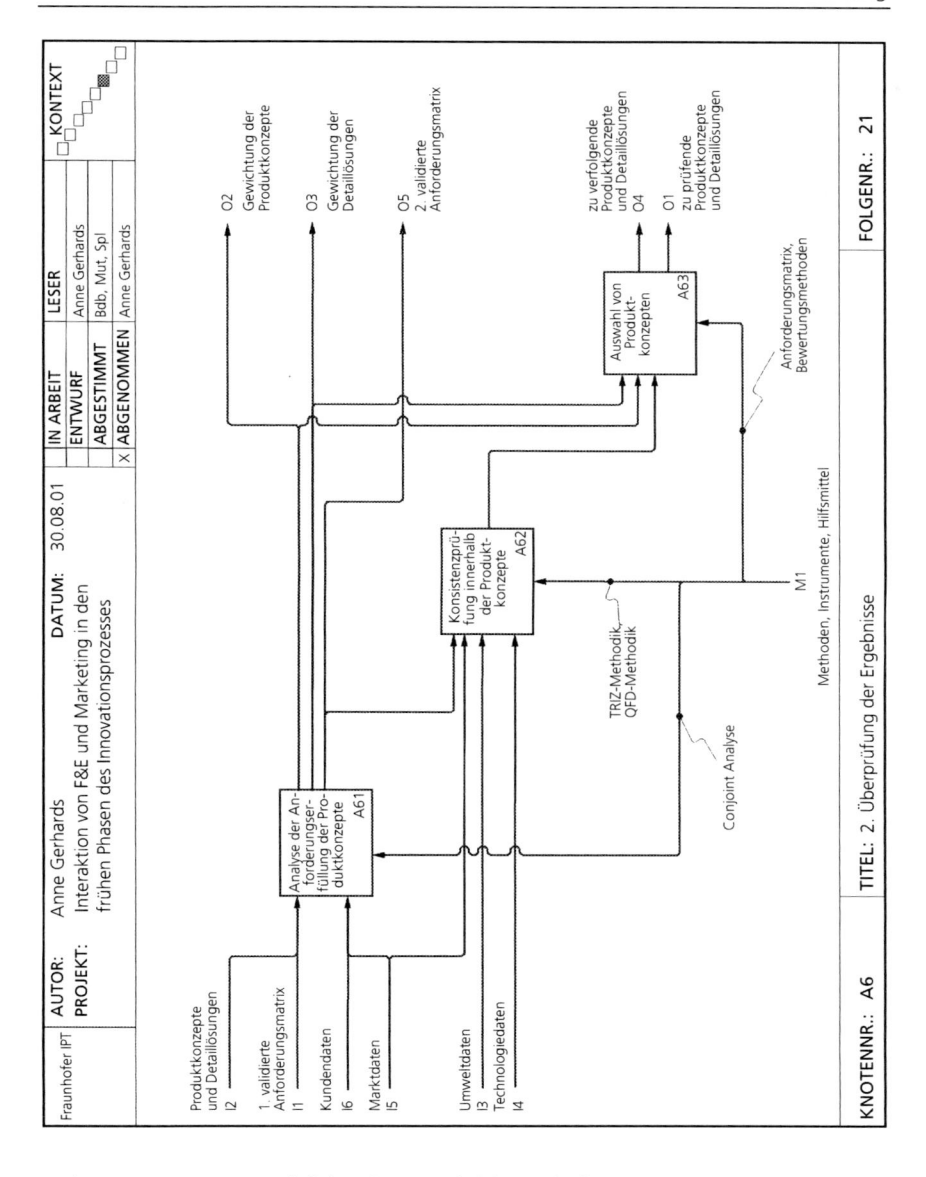

Anhang

Anhang A2:   SADT-Modell der Planungsaktivitäten (21)

A-25

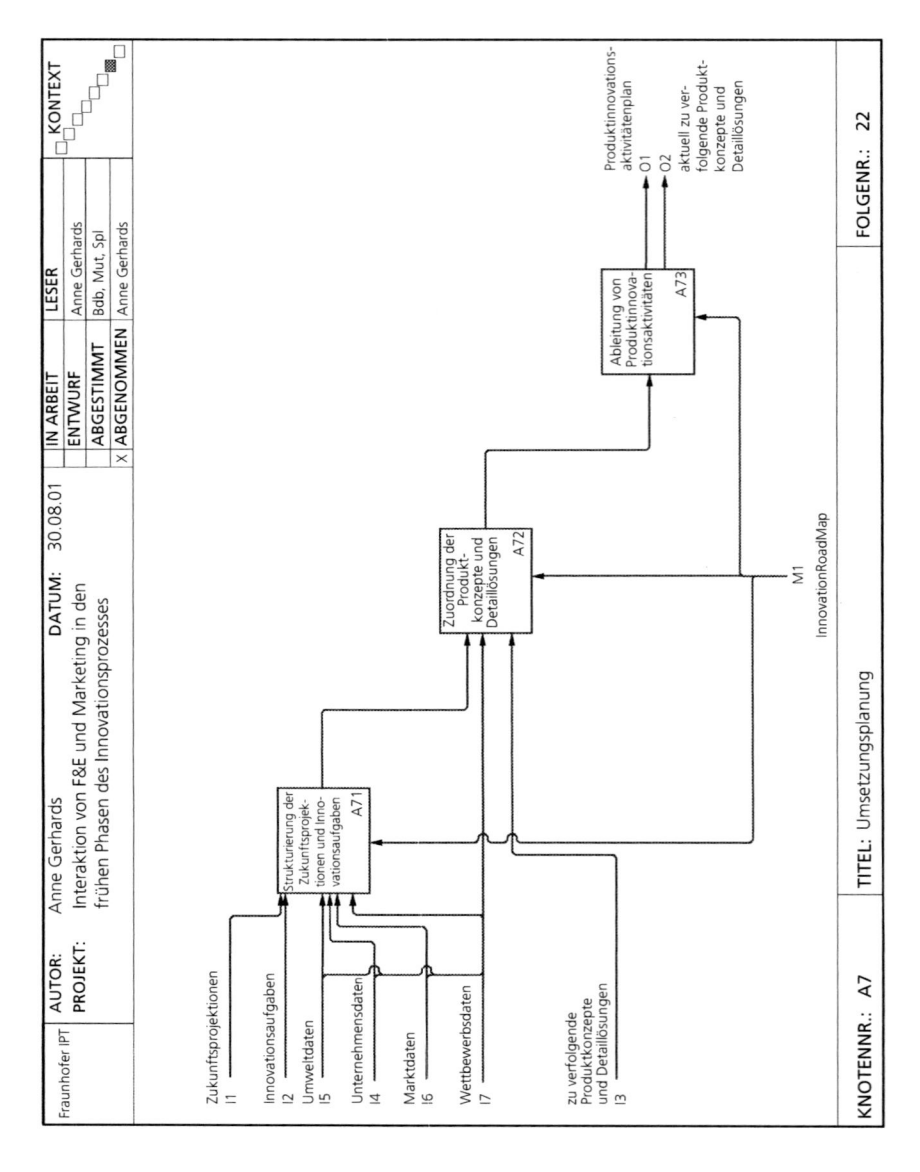

Anhang

Anhang A2: SADT-Modell der Planungsaktivitäten (22)

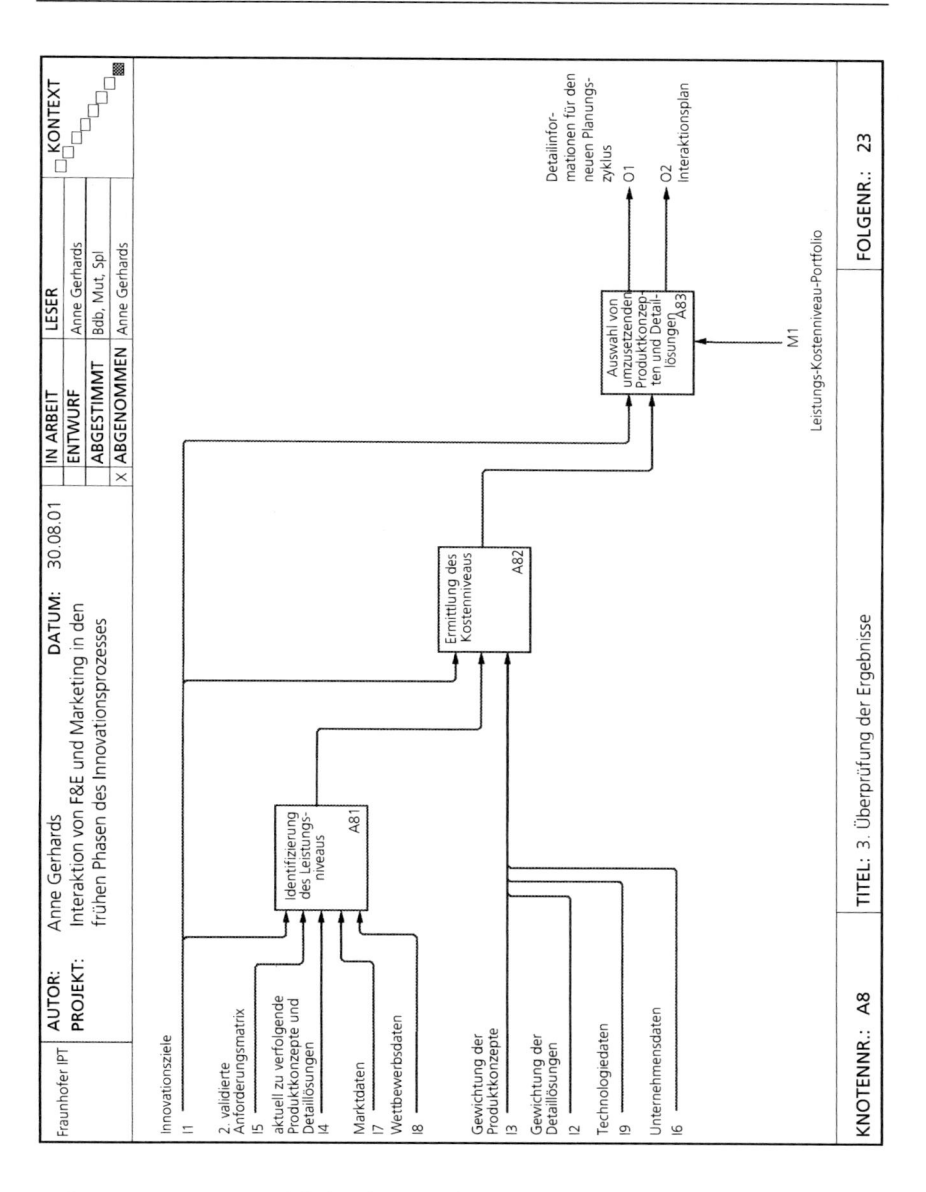

Anhang

Anhang A2: SADT-Modell der Planungsaktivitäten (23)

A-27

Anhang

B   Aufgaben im Planungsprozeß

B1   Aufgaben von F&E

B2   Aufgaben von Marketing

Anhang

		Aufgaben	Informationen	Phase im Innovationsprozeß
Strategische Analyse	**Technologische Umweltanalyse**	Technologiefrüherkennung und -prognose	Weiterentwicklungspotentiale neuer Technologien, Grenzen bekannter Technologien, Substitutionsbeziehung zwischen Technologien, zu erwartende Entwicklungsbrüche bei Technologien, Technologieprognosen	Zielbildung, Zukunftsanalyse
		Analyse bekannter Technologien		Zielbildung, Zukunftsanalyse, Umsetzungsplanung
		Abschätzung und Beurteilung mittelbarer und unmittelbarer Folgen von Technologien		Zielbildung, Zukunftsanalyse, 1. Überprüfung, 2. Überprüfung, 3. Überprüfung
		Analyse von Gesetzgebung und Normung		Zielbildung, Zukunftsanalyse, 1. Überprüfung, 2. Überprüfung, 3. Überprüfung
		Herleitung von Gestaltungs- und Handlungsmöglichkeiten		Zielbildung, Zukunftsanalyse, 1. Überprüfung, 2. Überprüfung, 3. Überprüfung
	Technologische Konkurrenzanalyse	Analyse der technologischen Situation hinsichtlich Produkten und Prozessen	Struktur der Wettbewerbsprodukte, Prozeßabläufe, Demonstratoren, Technologiebezogene Absichten und Strategien, Technologieposition	Zielbildung, Ideenfindung, 2. Überprüfung, 3. Überprüfung
		Analyse und Klassifizierung der Wettbewerbspatente		Zielbildung, Ideenfindung, 1. Überprüfung
		Analyse der Technologiebeschaffung und -verwertung		Zielbildung, Ideenfindung
		Identifikation der relevanten Technologiefelder		Zielbildung, Ideenfindung, 3. Überprüfung
		Beurteilung der wettbewerbsstrategischen Relevanz		Zielbildung, Ideenfindung, 1. Überprüfung, 2. Überprüfung
		Analyse bestehender F&E-Projekte im Bezug auf Neuheitsgrad, Komplexität, Synergien, Einsatzspektrum, Durchsetzbarkeit		Zielbildung, Ideenfindung
		Abschätzen des materiellen + immateriellen F&E-Potentials		Zielbildung, Ideenfindung, 2. Überprüfung, Umsetzungsplanung, 3. Überprüfung
		Identifizierung und Bewertung des Weiterentwicklungspotentials der Wettbewerbstechnologien		Zielbildung, Ideenfindung, 1. Überprüfung, Umsetzungsplanung, 3. Überprüfung

Anhang B1: Aufgaben von F&E (1)

Anhang

		Aufgaben	Informationen	Phase im Innovationsprozeß
Strategische Analyse	**Technologische Unternehmensanalyse**	Identifizierung und Klassifizierung von Technologiefeldern	Eigene Technologieposition, Relevante Technologiefelder, Priorisierung der Kernkompetenztechnologien, Neuheitsgrad, Komplexität, Synergien, Einsatzspektrum, Durchsetzbarkeit von F&E-Vorhaben des eigenen Unternehmens, Struktur der Produkte, Prozeßabläufe, Prototypen, Innovationsposition des Unternehmens, Handlungsableitung	Zielbildung, Umsetzungsplanung
		Analyse der technologischen Situation hinsichtlich Produkten und Prozessen		Zielbildung, Ideenfindung, 2. Überprüfung
		Inventarisierung der Aktivitäten und der bisherigen Ergebnisse		Zielbildung, Umsetzungsplanung
		Analyse der Technologiebeschaffung und -verwertung		Zielbildung, Ideenfindung, 2. Überprüfung
		Analyse und Klassifizierung der Patente		Zielbildung, Ideenfindung, 2. Überprüfung
		Identifizierung von technologischen Kernkompetenzen und Bewertung der Immitierbarkeit, Dauerhaftigkeit und Substituierbarkeit		Zielbildung, 2. Überprüfung, 3. Überprüfung
		Beurteilung der wettbewerbsstrategischen Relevanz		Zielbildung, 1. Überprüfung, 2. Überprüfung
		Beurteilung der Geschäftsfeldübergreifenden Anwendbarkeit von Kernkompetenzen		Zielbildung, 1. Überprüfung, Umsetzungsplanung
		Analyse bestehender F&E-Projekte im Bezug auf Neuheitsgrad, Komplexität, Synergien, Einsatzspektrum, Durchsetzbarkeit		Zielbildung, Ideenfindung, 1. Überprüfung, 2. Überprüfung
		Abschätzen des materiellen + immateriellen F&E-Potentials		Zielbildung, Ideenfindung, 1. Überprüfung, 2. Überprüfung, Umsetzungsplanung
		Identifizierung und Bewertung des Weiterentwicklungspotentials der Technologien		Zielbildung, Ideenfindung, 1. Überprüfung, 2. Überprüfung, Umsetzungsplanung, 3. Überprüfung

Anhang B1: Aufgaben von F&E (2)

Anhang

		Aufgaben	Informationen	Phase im Innovationsprozeß
Strategiebildung	Technologische Ziele und Optionen	Identifikation allgemeiner techn. Ziele	Grundlegende technologische Ziele und Optionen, Grundlegende technologische Innovationsziele und -optionen	Zielbildung
		Identifikation von Innovationszielen		Zielbildung, Zukunftsanalyse
		Bewertung und Priorisierung der Ziele und Optionen		Zielbildung, Zukunftsanalyse, Ideenfindung, 1. Überprüfung, 3. Überprüfung
	Erstellung von Suchfeldern	Gewichtung der Anforderungen an Suchfelder	Suchfeler, Charakterisierung der Suchfelder durch Funktion, Arbeitsprinzip, Stoff, Verfahren, Abnehmerbereich, Trend, Design	Zukunftsanalyse, Ideenfindung, 1. Überprüfung, 2. Überprüfung, 3. Überprüfung
		Prüfung der Übereinstimmung mit Zielsetzung		Zukunftsanalyse, Ideenfindung, 1. Überprüfung, 2. Überprüfung, 3. Überprüfung
		Beurteilung der Zukunftsträchtigkeit		Zukunftsanalyse, Ideenfindung, 1. Überprüfung, 2. Überprüfung, Umsetzungsplanung
		Beurteilung der Konformität mit Unternehmenspotential		Zukunftsanalyse, Ideenfindung, 1. Überprüfung, 2. Überprüfung, 3. Überprüfung
		Aufstellung und Bewertung möglicher Suchfelder		Zukunftsanalyse, Ideenfindung
F&E-Programmplanung	Präzisierung der Planungen	Auswahl von zu bearbeitenden Technologiefeldern	zu bearbeitende Technologiefelder und Potential	Zukunftsanalyse, Ideenfindung, 1. Überprüfung, Ideendetaillierung, Umsetzungsplanung
		Identifizierung von Machbarkeiten und Anforderungen an die Technologiefelder		Zukunftsanalyse, 1. Überpüfung, Ideendetaillierung, 2. Überprüfung, 3. Überprüfung
	Ideengenerierung	Analyse der Aufgaben	erste Sammlung von Ideen, Grobkonzepte, erste Ideenauswahl	Ideenfindung
		Identifizierung von Konzepten		Ideenfindung
		Identifizierung und Analyse von Funktionen		Ideenfindung
		Analyse potentiell bestehender Lösungen		Ideenfindung
		Ermittlung wesentlicher Anforderungen und Ziele		Ideenfindung, 1. Überprüfung
		Bewertung und Strukturierung der Ideen		Ideenfindung, 1. Überprüfung

Anhang B1: Aufgaben von F&E (3)

Anhang

		Aufgaben	Informationen	Phase im Innovationsprozeß
F&E-Programmplanung	Ideendetaillierung	Detaillierung der Konzepte	Termin der Verfügbarkeit eines verfügbaren Prototypen, F&E-Budgetierung, Entwicklungszeit, potentielle F&E-Projekte, Pflichtenheft	Ideendetaillierung
		Festlegung von absoluten und relativen Funktionsausprägungen		Ideendetaillierung
		Detaillierung der Funktionen		Ideendetaillierung
		Identifizierung von potentiellen F&E-Projekten		Umsetzungsplanung
		Abschätzung des Entwicklungsaufwands		Umsetzungsplanung
		Abschätzung der Entwicklungsdauer		Umsetzungsplanung

Anhang B1: Aufgaben von F&E (4)

Anhang

		Aufgaben	Informationen	Phase im Innovationsprozeß
Analysephase	**Markt**	Identifikation von Märkten	Entwicklung des Marktes/Entwicklungsstand, Wachstum, Elastizität, Sättigungsgrad, Marktaufteilung, Produktstärken, Bedürfnisstruktur, Infrastruktur, Wissenschaft, technischer Fortschritt	Zielbildung, 1. Überprüfung
		Abschätzung der Marktpotentiale		Zielbildung, Zukunftsanalyse, Ideenfindung, 1. Überprüfung, 2. Überprüfung
		Identifizierung der Marktanforderungen		Zielbildung, Ideenfindung, 1. Überprüfung, 3. Überprüfung
		Analyse der Marktstrukturen		Zielbildung, Zukunftsanalyse, Ideenfindung, 1. Überprüfung, 2. Überprüfung
		Gestaltung von Marktabsatzbeziehungen		Zukunftsanalyse
	Wettbewerb	Analyse der bisherigen Produktpositionierung	Marktstellung, Marktstärke, Differentierungsgrad, Sortimentstruktur, Programmstärke, Marktanteile, Lieferfähigkeit, Liefervorteile, Preisniveau	Zielbildung, 2. Überprüfung
		Analyse der bisherigen Produktgestaltung		Zielbildung, Ideenfindung, 1. Überprüfung, Ideendetaillierung, 2. Überprüfung
		Analyse der Struktur und des Verhaltens der Wettbewerber		Zielbildung, Zukunftsanalyse, Ideenfindung, 1. Überprüfung, 2. Überprüfung
		Konkurrenzanalyse/ Benchmarking		Zielbildung, Zukunftsanalyse, Ideenfindung, 1. Überprüfung
		Analyse der Preisentwicklung von Wettbewerbsprodukten am Markt		Zielbildung, Zukunftsanalyse, 3. Überprüfung
	Kunde	Definition und Identifikation von Zielgruppen	Bedürfnislage, Kaufkraft, Eignung, Strukturen	Zielbildung, Ideenfindung, 1. Überprüfung, 2. Überprüfung, 3. Überprüfung
		Analyse des Kundenverhaltens		Zielbildung, Zukunftsanalyse, Ideenfindung, 1. Überprüfung, 2. Überprüfung, 3. Überprüfung
		Identifizierung der Kaufmotivation		Zielbildung, Zukunftsanalyse, Ideenfindung, 1. Überprüfung, 2. Überprüfung, 3. Überprüfung
		Ermittlung der Kundenbedürfnisse		Zielbildung, Zukunftsanalyse, Ideenfindung, 1. Überprüfung, 2. Überprüfung, 3. Überprüfung

Anhang B2: Aufgaben von Marketing (1)

Anhang

		Aufgaben	Informationen	Phase im Innovationsprozeß
Analysephase	**Unternehmen**	Aufstellung der Produktvariationen und -differenzierungen	Preisniveau, Preisstreuung, Werbestrategie	Zielbildung, Ideendetaillierung
		Analyse des Produktprogramms		Zielbildung
		Einordnung der Produkte in den Lebenszyklus		Zielbildung
		Analyse der Unternehmensstruktur		Zielbildung
		Analyse der Stärken und Schwächen		Zielbildung, Ideenfindung, 1. Überprüfung, 2. Überprüfung, 3. Überprüfung
		Identifizierung der Chancen und Risiken		Zielbildung, Ideenfindung, 1. Überprüfung
		Analyse der Ressourcen		Zielbildung, 2. Überprüfung, 3. Überprüfung
		Analyse des Know-hows und der Erfahrungen		Zielbildung, Ideenfindung, 1. Überprüfung
		Analyse der unternehmensinternen Ziele		Zielbildung, 1. Überprüfung, 3. Überprüfung
Prognosephase	**Markt**	Ermittlung der zukünftigen Marktentwicklung	voraussichtliche Marktsituation, typische Marktbedingungen	Zukunftsanalyse, Umsetzungsplanung, 3. Überprüfung
		Ermittlung der zukünftigen Absatzentwicklung		Zukunftsanalyse, Umsetzungsplanung, 3. Überprüfung
	Wettbewerb	Analyse der Trends im Konkurrenzverhalten	Verhalten der Konkurrenz, Preise am Markt, Technologie- und Produkttrends	Zukunftsanalyse, 1. Überprüfung, Umsetzungsplanung, 3. Überprüfung
	Kunde	Analyse der Trends im Kundenverhalten (Nachfrage, Bedürfnisse)	Potentieller Verwenderkreis, potentieller Verwendungszweck	Zukunftsanalyse, Umsetzungsplanung, 3. Überprüfung
	Unternehmen	Ermittlung potentieller zukünftiger Stärken und Schwächen	Produktstärken, Marktstärken	Zukunftsanalyse, Umsetzungsplanung

Anhang B2: Aufgaben von Marketing (2)

Anhang

		Aufgaben	Informationen	Phase im Innovationsprozeß
Strategische Marketingplanung	**Markt**	Identifizierung relevanter Marktsegmente	Marktsegmente	Zielbildung, Zukunftsanalyse, Ideenfindung, 1. Überprüfung, Umsetzungsplanung
		Abgrenzung des zu bedienenden Marktes		Zielbildung, Ideenfindung, 1. Überprüfung, 2. Überprüfung, 3. Überprüfung
	Wettbewerb	Analyse der marktbezogenen Modifikationen		Zielbildung, Ideenfindung, 1. Überprüfung, Ideendetaillierung, Umsetzungsplanung
		Verhaltensweise		Zielbildung, Zukunftsanalyse, Umsetzungsplanung
	Unternehmen	Formulierung von Marketingstrategien	Marketingstrategie, Marktstellungsziele, Rentabilitäts- und Finanzziele, Prestige- und soziale Ziele, potentielles Produktprogramm, Einführungspläne, potentielle Verkaufspreise, grobes Marketingkonzept	Zielbildung, Zukunftsanalyse, Umsetzungsplanung
		Identifizierung der strategischen Ziele		Zielbildung, 2. Überprüfung, Umsetzungsplanung, 3. Überprüfung
		Formulierung von Produktzielen		Zielbildung, Zukunftsanalyse, Ideenfindung, 1. Überprüfung
		Generierung von Produktideen		Ideenfindung
		Erste Planung der Markteinführung		Ideendetaillierung, Umsetzungsplanung
		Gestaltung des Produktprogramms		Ideenfindung, Ideendetaillierung, Umsetzungsplanung
		Auswahl der Marketinginstrumente		Umsetzungsplanung
Operative Marketingplanung	**Markt**	Durchführung von Markttests	Informationen für Instrumentenauswahl d.h. Marketing-Mix, für Produkt-Mix (Produkt- und Programmstärke, Angebotsflexibilität), für Kommunikations-Mix (Bekanntheitsgrad und Eignung der Medien, für Konditionen-Mix (Preisniveau, Preissteigerung, Rabattstruktur), für Distributions-Mix (Distributionsdichte, Lieferfähigkeit, Liefervorteile)	2. Überprüfung, 3. Überprüfung
		Festlegung eines Marketing-Mixes		Umsetzungsplanung
	Unternehmen	Entwicklung eines Marketingkonzeptes		Umsetzungsplanung
		Erarbeitung eines Markteinführungsplans		Umsetzungsplanung
		Ermittlung der Marktkommunikation		Umsetzungsplanung
		Festlegung der Produktdetails (Kosten/Bugetierung, Produktspezifika)		3. Überprüfung
		Budgetierung der Pläne		3. Überprüfung

Anhang B2:   Aufgaben von Marketing (3)

A-35

C Beispiele für die Dokumentationsstruktur

C1 Innovationsdatenblatt

C2 Produktideendatenblatt

C3 Prinziplösungsdatenblatt

Anhang

	Innovationsdatenblatt		lfd. Nr.:

Orga

Verfasser:		Abteilung:		Datum:	TT, MM, JJ
Projektteam:					
Unternehmensbereich:					
Ansprechpartner Technik:			Ansprechpartner Marketing:		
Status:	1. Aufgaben-beschreibung	Ideen entwickelt	Ideen umgesetzt	verworfen	zurückgestellt
Datum:					
Begründung:					

Ideenbeschreibung

Kurztitel:

Zugehörige Zukunftsprojektionen:

Zugehörige Produktideen:

Aufgabenbeschreibung (Funktions-, Anwendungsbereiche etc.):

Beschreibung des Innovationspotentials:

Beschreibung des Unternehmenspotentials:

Beschreibung angrenzender Bereiche:

Anhang C1: Beispiel für ein Innovationsdatenblatt (1)

Anhang

| | Innovationsdatenblatt | lfd. Nr.: |

Technologie

Charakteristische Merkmale

Funktionale Anforderungen

Entwicklungstrends im Aufgabenbereich:

Technologisches Potential und Synergien:

Potentieller Projektumfang :

| Grundlagen-forschung | Neuentwicklung | Weiterentwicklung | Anpassung | Lösung vorhanden |

Vorhandene Unterlagen (Patente, Literatur, Protokolle, Zeichnungen etc.):

| Patentsituation: | bekannt | bekannt/ Verletzungsgefahr | nur unvollständig bekannt | nicht bekannt |

Bemerkungen

Anhang C1: Beispiel für ein Innovationsdatenblatt (2)

Anhang

| Innovationsdatenblatt | | lfd. Nr.: |

Markt

Marktanalyseaufwand: Marktanalyse intern: ja   nein

Investitionen [DM]:   Personal [M.St.]:   [DM]

Summe [DM]:   Zeitliche Dauer: [Wochen/Monate]

Segment / Branche :

potentielle Kunden: Wettbewerber:

Marktabschätzung: wachsend   stagnierend   rückläufig

Potentielle Markttrends:

Potentielle Wettbewerbsentwicklungen:

Marktbesonderheiten / Anmerkungen:

Anhang C1: Beispiel für ein Innovationsdatenblatt (3)

A-39

Anhang

	Produktideendatenblatt	lfd. Nr.:

<table>
<tr><td rowspan="7">**Orga**</td><td colspan="5">Verfasser: Abteilung: Datum: TT, MM, JJ</td></tr>
<tr><td colspan="5">Projektteam:</td></tr>
<tr><td colspan="5">eventueller Unternehmensbereich:</td></tr>
<tr><td colspan="5">Ansprechpartner Technik: Ansprechpartner Marketing:</td></tr>
<tr><td>Status:</td><td>Idee   Vorprojekt   F&E-Projekt   Serienentwicklung   verworfen   zurückgestellt</td></tr>
<tr><td colspan="5">Datum:</td></tr>
<tr><td colspan="5">Begründung:</td></tr>
</table>

	Kurztitel:
	Zugehörige Innovationsaufgabe:
	Zugehörige Prinziplösungen:

Ideenbeschreibung

Ideenbeschreibung (Funktion, Anwendung, Nutzen):

Wie sah die bisherige Lösung des Unternehmens aus?

Gibt es ähnliche Lösungen der Wettbewerber (falls vorhanden)?

Gibt es Lösungen mit ähnlichen Funktionen in anderen Branchen?

Wie könnte die Funktion noch gelöst werden?

Welcher neue Nutzen ergibt sich (Kundennutzen, berechnetete Nutzenwerte etc.)?

Anhang C2: Beispiel für ein Produktideendatenblatt (1)

Anhang

| **Produktideendatenblatt** | lfd. Nr.: |

Technologie

Produktmerkmale:

Technische Machbarkeitsanalyse? ja nein

Wenn nein, welche Versuche sind geplant?

Prototyp vorhanden? ja nein

Wenn nein, welcher Aufwand?

Projektumfang (Technologie, Werkstoff, Dienstleistung):

Grundlagenforschung | Neuentwicklung | Weiterentwicklung | Anpassung | Lösung vorhanden

Patentfähigkeit der eigenen Idee

nicht patentfähig | muß geklärt werden | Schutzverfahren läuft | Patentschutz erteilt

Vorhandene Unterlagen (Patente, Literatur, Normen, Gesetze, Protokolle, Zeichnungen etc.):

| Entwicklungsaufwand: | Patentsituation: | geklärt | ungeklärt |

Invest [DM]:

Personal [M.St.]: [DM]

Summe [DM]:

Zeitliche Dauer: [Wochen/Monate]

Bemerkungen

Anhang C2: Beispiel für ein Produktideendatenblatt (2)

A-41

Anhang

| | **Produktideendatenblatt** | lfd. Nr.: |

Marktanalyseaufwand:	Marktanalyse intern: ja nein
Investitionen [DM]:	Personal [M.St.]: [DM]
Summe [DM]:	Zeitliche Dauer: [Wochen/Monate]
Segment / Branche :	
potentielle Kunden:	Wettbewerber:
Marktabschätzung: wachsend stagnierend rückläufig	
Marktdaten:	
Absatz: [Stck./p.a.] D-Preis: [DM/Stck.]	
Umsatz: [DM/p.a.]	
angestrebte Marktanteile: 1. Jahr [%]: 2. Jahr [%]: 3. Jahr [%]:	
monetärer Nutzen (Rationalisierung / Umsatzsteigerung):	
Marktbesonderheiten / Anmerkungen:	

(Markt)

Anhang C2 : Beispiel für ein Produktideendatenblatt (3)

Anhang

| | Prinziplösungsdatenblatt | | lfd. Nr.: | | |

Orga

| Verfasser: | Abteilung: | Datum: | TT, MM, JJ |

Projektteam:

eventueller Unternehmensbereich:

Ansprechpartner Technik: Ansprechpartner Marketing:

| Status: | Idee | Vorprojekt | F&E-Projekt | Serien-entwicklung | verworfen | zurückgestellt |

Datum:

Begründung:

Kurztitel:

Zugehörige Innovationsaufgabe:

Zugehörige Produktidee:

Ideenbeschreibung

Beschreibung (Grundidee, Nutzen, Funktionen):

Bekannte Anwendungsfelder:

Ähnliche Lösung der Wettbewerber (falls vorhanden)?

Ähnliche Lösungen in anderen Branchen?

Wie könnte die Funktion noch gelöst werden?

Welcher neue Nutzen ergibt sich aus dem Prinzip (Kundennutzen, berechnetete Nutzenwerte etc.)?

Anhang C3:   Beispiel für ein Prinziplösungsdatenblatt (1)

Anhang

Prinziplösungsdatenblatt	lfd. Nr.:

Technologie

Technische Merkmale und Charakteristika:

Einordnung in Produktstruktur:

Technische Machbarkeitsanalyse?   ja   nein

Wenn nein, welche Versuche sind geplant?

Prototyp vorhanden?   ja   nein

Forschungsstand:

| Grundlagen-forschung | Neuentwicklung | Weiterentwicklung | Anpassung | Lösung vorhanden |

Patentfähigkeit der eigenen Idee

| nicht patentfähig | muß geklärt werden | Schutzverfahren läuft | Patentschutz erteilt |

Vorhandene Unterlagen (Patente, Literatur, Normen, Gesetze, Protokolle, Zeichnungen etc.):

| Entwicklungsaufwand: | | Patentsituation: | geklärt | ungeklärt |

Invest [DM]:

Personal [M.St.]:   [DM]

Summe [DM]:

Zeitliche Dauer: [Wochen/Monate]

Bemerkungen

Anhang C3: Beispiel für ein Prinziplösungsdatenblatt (2)

Anhang

	Prinziplösungsdatenblatt	lfd. Nr.:

Markt

Marktanalyseaufwand: Marktanalyse intern: ja   nein

Investitionen [DM]:   Personal [M.St.]:   [DM]

Summe [DM]:   Zeitliche Dauer: [Wochen/Monate]

Wettbewerbssituation (direkte Wettbewerber, Alternativlösungen, Wettbewerbsstärke etc.):

Abnehmersituation (potentielle Kunden, Verhalten, Nutzen, Bedeutung, Anwendungsbereich etc.):

Marktbesonderheiten / Anmerkungen:

Zeichnungen

Anhang C3: Beispiel für ein Prinziplösungsdatenblatt (3)

A-45

Anhang

D Datenblätter zu ausgewählten Methoden

Methoden und Instrumente / Phasen des Innovationsprozesses	Zielbildung	Zukunftsanalyse	Ideenfindung	1. Überprüfung der Ergebnisse	Ideendetaillierung	2. Überprüfung der Ergebnisse	Umsetzungsplanung	3. Überprüfung der Ergebnisse
Affinitätsdiagramm			E		E			
Analogiemethode		N	N		E			
Auswahlliste		N	N		E		E	
Benchmarking	E	E		E		E	E	
Bionik			E		E			
Brainstorming			E	E	E			
Conjoint Analyse				E		E		E
Delphi-Methode	E	E		N		N		N
Design Review	N	N						E
Erfahrungskurvenanalyse	N	N					E	E
Force-Fit-Methode		N	E		N			
Fragebogen		N	N	E	N	E		E
Funktionsanalyse			E		E			
Gewichtungsmethode								N
Heuristiken			E		N			
Informationsbeschaffungsplan	E	E	E	E	E	E	E	E
InnovationRoadMap							E	
Ishikawa-Diagramm			E		E			
Komponentenbaum					N		N	
Kosten-Nutzen-Analyse								N
Kräftefeld-Analyse		E	E		E		N	N
Listenreduzierung			N	E	E		N	
Methode 635			N	E	E			
Mind-Mapping				E	N			
Morphologische Matrix				E	E			
Nebenfeldintegration		N		E	E			
Paarvergleich				E	E		N	
Polaritätsprofil		N		E	E			
Prioritätenmatrix			N		E		E	
Problemlösungsbaum				E	N			
QFD				E	N	N	N	
SIL-Methode			N	E	N			
Synektik			N	E	N			
Szenariomanagement	N	E						
Target Costing						N		N
TILMAG-Methode			N	E	N			
Trendextrapolation		N						
TRIZ-Widerspruchmatrix			E		E			
Wertanalyse				N		E		E

N: nicht optimal; E: geeignet

Anhang D: Übersicht über ausgewählte Methoden und Instrumente

Bezeichnung	**Affinitätsdiagramm**
Art	Analysetechnik
Begründer	S. Shiba
Zielsetzung	Strukturierung und Klassifizierung einer großen Anzahl von Ideen (z.B. aus Brainstorming-Sitzung)
Kurzbeschreibung	Alle Ideen werden auf jeweils einen Zettel geschrieben. Diese Zettel werden an eine Wand geheftet. Es wird versucht, für verschiedene Ideen Oberbegriffe zu finden. Dies wird solange fortgeführt, bis alle Ideen in Gruppen und die Gruppen in weitere Obergruppierungen unterteilt sind. Es entsteht ein Strukturbaum, in dem die Ideen und ihre Relationen untereinander abgebildet sind.
Vor- und Nachteile	+ Klassifizierung von Ideen + 1. Auswahl von Ideen − Alleinstehende Hauptlösungen können in ihrer Wichtigkeit verkannt werden, da sie eventuell einer anderen Gruppe untergeordnet sind.
Aufwand	Teamarbeit Dauer je nach Anzahl der Lösungen
Eingangsinformationen	Lösungsideen, Detaillösungen
Ergebnis	Klassifizierung von Ideen; Schwerpunktbildung
Projektphase	Ideenfindung, Ideendetaillierung
Verwandte Methoden/Hilfsmittel	unbekannt
Literatur	*Brassard, M.:* Memory Jogger II

Bezeichnung	**Analogiemethode**
Art	Kreativitätstechnik
Begründer	unbekannt
Zielsetzung	Lösung von technischen Problemen durch Untersuchung von Vorbildern aus fachfremden Bereichen
Kurzbeschreibung	Bei der Analogiemethode handelt es sich um eine Kreativitätstechnik, die in Gruppen durchgeführt wird. Zunächst werden die gewollten Eigenschaften und Funktionen des technischen Betrachtungsbereiches festgelegt. Anschließend werden Vorbilder gesucht, die ähnliche Eigenschaften bzw. Funktionen aufweisen. Diese müssen nicht aus dem gleichen Fachbereich stammen. Das System, das diese Eigenschaften bzw. Funktionen besitzt bzw. hervorbringt wird untersucht, bevor anschließend die Übertragbarkeit der Wirkungsweise geprüft wird.
Vor- und Nachteile	+ Bei Auffindung von solchen Vorbildern, ist die Lösung bereits schon sehr weit fortgeschritten − Gewisse Einschränkung bei der Problemlösung, da nur Vorbilder oder Ähnliches untersucht werden
Aufwand	6-12 Personen Dauer ca. 1-2 Stunden
Eingangsinformationen	Trends, Innovationsaufgabe
Ergebnis	Zukunftsprojektionen, Ideen und Lösungsvorschläge
Projektphase	Zukunftsanalyse, Ideenfindung, Ideendetaillierung
Verwandte Methoden/Hilfsmittel	Bionik TRIZ
Literatur	*Haberfellner, R.:* Systems Engineering

Anhang

Bezeichnung	**Auswahlliste**
Art	Analysetechnik
Begründer	unbekannt
Zielsetzung	Überprüfung der grundsätzlichen Machbarkeit von Lösungen
Kurzbeschreibung	Die erarbeiteten Lösungsalternativen werden einer Checkliste von Grundsatzfragen unterzogen. Diese Fragen sollten lauten: 1. Erfüllt die Lösung die Anforderungen und Intentionen? 2. Ist die Verträglichkeit mit angrenzenden Lösungen gegeben? 3. Ist die Lösung grundsätzlich realisierbar? 4. Ist der Aufwand zulässig? 5. Ist die unmittelbare Sicherheit gegeben? 6. Ist die Lösung terminlich machbar? 7. Ist genügend Know-how vorhanden? Wenn die ersten beiden Fragen mit "nein" beantwortet werden, scheidet die Lösung grundsätzlich aus. Je mehr Fragen positiv beantwortet werden können, desto eher ist die Lösung durchführbar.
Vor- und Nachteile	+ Systematische und strukturierte Bewertung von Lösungsalternativen + Schnelle Bewertung der Lösungen durch standardisiertes Vorgehen − Einige Fragen sind zu allgemein und decken das Problem nicht genügend ab
Aufwand	Teamarbeit Dauer je nach Anzahl der Lösungen
Eingangsinformationen	Lösungsideen, Lösungskonzepte
Ergebnis	Machbarkeit von Lösungen
Projektphase	Zukunftsanalyse, Ideenfindung, Ideendetaillierung, Umsetzungsplanung
Verwandte Methoden/Hilfsmittel	Checkliste
Literatur	*Ehrlenspiel, K.* : Integrierte Produktentwicklung

Bezeichnung	**Benchmarking**
Art	Analysetechnik
Begründer	unbekannt
Zielsetzung	Bestimmung der anzustrebenden Ausprägung von Methoden, Verfahren, Produkten
Kurzbeschreibung	Benchmarking ist ein kontinuierlicher und sytematischer Prozeß zur Ermittlung von herausragenden Methoden und Aktivitäten, die eine Bestleistung ermöglichen. Bei dem Verfahren werden Kompetenzunternehmen analysiert und die Ausprägung bestimmter Meßgrößen mit denen des eigenen Unternehmens verglichen. Die Analyse wird von einem interdisziplinären Team durchgeführt, dessen Aufgabe es ist, einen Vergleich des eigenen Unternehmens mit solchen zu erstellen, die eine Aktivität ausgezeichnet beherrschen. Aus der Gegenüberstellung sollen marktorientierte und realistische Zielvorgaben für das eigene Unternehmen ermittelt, sowie Wege zur Erreichung der Ziele aufgezeigt werden. Nach mehrmaligem Durchlaufen des Prozesses können kritische Kenngrößen herausgefiltert und so ein geeignets Kennzahlensystem zur Messung der Zielerreichung aufgebaut werden.
Vor- und Nachteile	+ Steigerung der Wettbewerbsfähigkeit durch permanentes Lernen + Kenntnisse über Wettbewerbsverhalten − Unsichere Definition eines Klassenbesten − Schwierige Analyse der Geschäftsprozesse von Wettbewerbern
Aufwand	Dauer mehrere Wochen oder Monate
Eingangsinformationen	Aufgabenstellung, Problembereich
Ergebnis	Kennzahlensystem zur Messung der Zielerreichung
Projektphase	Innovationsprozeß
Verwandte Methoden/Hilfsmittel	nicht bekannt
Literatur	*Meyer, J.:* Benchmarking *Kamiske, G. F.:* Qualitätsmanagement von A-Z *Everheim/Schuh:* Produktion und Management

Anhang

Bezeichnung	**Bionik**
Art	Problemlösungstechnik
Begründer	J.E. Steel
Zielsetzung	Übertragung biologischer Strukturen, Mechanismen und Systeme auf technische Lösungen
Kurzbeschreibung	Im Idealfall wird ein interdisziplinäres Team aus dem technischen und biologischen Bereich zusammengestellt. Für die zu bearbeitenden Funktionen werden dann gemeinsam äquivalente Funktionen in der Natur gesucht. Dabei wird insbesondere analysiert, wie die Funktionen in der Natur gelöst werden. Anschließend wird versucht, die Lösung auf die technische Problemstellung zu übertragen.
Vor- und Nachteile	+ Findung von ungewöhnlichen und neuartigen Lösungen − Schwierigkeiten bei der Zusammensetzung des interdiziplinären Teams
Aufwand	Einzel- oder Teamarbeit Dauer je nach Bedarf naturwissenschaftliche Kenntnisse erforderlich
Eingangsinformationen	Problemstellung
Ergebnis	Ideen und Lösungsvorschläge
Projektphase	Ideenfindung, Ideendetaillierung
Verwandte Methoden/Hilfsmittel	TRIZ
Literatur	*Brauchlin, E.:* Problemlösungs- und Entscheidungsmethodik *Schlicksupp, H.:* Innovation, Kreativität und Ideenfindung *Ehrlenspiel, K. :* Integrierte Produktentwicklung

A-51

Anhang

Bezeichnung	**Brainstorming**
Art	Kreativitätstechnik
Begründer	A. Osborn
Zielsetzung	Ideen- bzw. Lösungsfindung durch Kreativitätsförderung
Kurzbeschreibung	Das Brainstorming dient dem schnellen Auffinden von möglichst vielen Ideen bzw. Lösungsvorschlägen in möglichst kurzer Zeit. Es handelt sich dabei um eine Gruppentechnik, bei der 6 bis 12 Personen interdisziplinär zusammenarbeiten. In der ersten Phase des Brainstormings - der kreativen Phase - äußert jede Person des Teams alle Ideen, die zu dem zuvor festgelegten Stichwort einfallen. Die Vorschläge dürfen von den anderen Mitgliedern des Teams nicht kritisiert werden. Alle Ideen sollten Beachtung finden, wobei die Qualität der Ideen im Vordergrund stehen sollte. In der zweiten Phase werden alle Vorschläge strukturiert und gemeinsam vom Team bewertet.
Vor- und Nachteile	+ Auffinden innovativer Vorschläge durch Verlassen herkömmlicher Denkschemata + Förderung der Kreativität der Teammitglieder − Aufwendiges Verfahren durch die Bewertung aller Vorschläge − Dominieren der Gruppe durch starke Persönlichkeiten − Unbedingte Einhaltung der Regeln (z.B. Kritikverbot in der kreativen Phase)
Aufwand	6-12 Mitarbeiter Dauer unbegrenzt
Eingangsinformationen	Innovationsaufgabe, Trends
Ergebnis	Zukunftsprojektionen, Innovationspotentiale, Ideen und Lösungsvorschläge
Projektphase	Zukunftsanalyse, Ideenfindung, Ideendetaillierung
Verwandte Methoden/Hilfsmittel	Brainwriting Dikussion 66 Synektik
Literatur	*Kamiske, G.F.:* Qualitätsmanagement von A-Z *Eversheim/Schuh:* Produktion und Management *Schlicksupp, H.:* Innovation, Kreativität und Ideenfindung *Haberfellner, R.:* Systems Engineering

Bezeichnung	Conjoint Analyse
Art	Analysemethode
Begründer	unbekannt
Zielsetzung	Ermittlung des Gesamtnutzens eines Produktes
Kurzbeschreibung	Die Conjoint Analyse dient dazu, die Akzeptanz eines Produktes und seiner Funktionen beim Kunden einschätzen zu können. Bei der Durchführung wird unterstellt, daß sich der Gesamtnutzen eines Produktes additiv aus den Nutzen der einzelnen Produktkomponenten zusammensetzt. Zunächst werden alle wichtigen Produktmerkmale und deren mögliche Ausprägungen ermittelt. Durch Kombination unterschiedlicher Ausprägungen der verschiedenen Merkmale werden mehrere Konzepte realisiert, die dem potentiellen Kunden zur Bewertung vorgestellt werden. Dieser ordnet die Konzepte nach seinen Präferenzen. Die Anzahl der Produktmerkmale muß sorgfältig geplant sein, so daß mathematisch aus der angebenen Rangfolge der Konzepte die zugrundeliegende Bewertung der einzelnen Merkmalsausprägungen ermittelt werden kann.
Vor- und Nachteile	+ Priorisierung einzelner Produktmerkmale + Gewichtung von Produktmerkmalen – Hoher Aufwand bei komplexen Produkten
Aufwand	Teamarbeit in der Anfangsphase Dauer bis zu Wochen und Monaten durch Befragung Auswerteprogramme hilfreich
Eingangsinformationen	Produktmerkmale und ihre Ausprägungen
Ergebnis	Bewertung und Priorisierung von Produktmerkmalen
Projektphase	Überprüfung der Ergebnisse
Verwandte Methoden/Hilfsmittel	Wertanalyse
Literatur	*Eversheim/Schuh:* Produktion und Management

Bezeichnung	**Delphi-Methode**
Art	Problemlösungs- und Analysetechnik
Begründer	H.L. Geschka
Zielsetzung	Nutzung von Expertenwissen zur Lösung oder Erstellung von Prognosen
Kurzbeschreibung	Bei der Delphi-Methode soll eine möglichst übereinstimmende Aussage mehrerer Personen über eine spezielle Fragestellung gefunden werden. Dabei gliedert sich die Vorgehensweise in fünf Schritte: 1. Befragung von internen und externen Experten bezüglich der zukünftigen Entwicklungen in einem Problemgebiet 2. Vergleichende Analyse und Auswertung aller Expertenmeinungen 3. Erstellung einer Zusammenfassung der Meinungen 4. Wiederholte Befragung aller Experten, nachdem diesen die Ergebnisse der vorhergehenden Fragerunde zur Verfügung gestellt wurden 5. Durchführung weiterer Iterationen, bis alle Experten einen Konsens gefunden haben
Vor- und Nachteile	+ Keine gegenseitige Beeinflussung der Befragten + Unbegrenzte Mitgliederzahl der Expertengruppe + Nutzung von verteiltem Expertenwissen − Hoher Zeitaufwand aufgrund der Befragung von externen Experten und mehrfach durchzuführender Abgleiche der Meinungen
Aufwand	Teamarbeit Dauer mehrere Wochen oder Monate Systematische Fragetechnik erforderlich
Eingangsinformationen	Problemstellung, Suchfelder
Ergebnis	Prognoseaussagen über Markt/ Technologie, Ideen, Lösungsvorschläge
Projektphase	Zielbildung, Zukunftsanalyse, Ideenfindung, Ideendetaillierung
Verwandte Methoden/Hilfsmittel	Fragebogentechnik Befragung
Literatur	*Haberfellner, R.:* Systems Engineering

Bezeichnung	**Design Review**
Art	Analysetechnik
Begründer	unbekannt
Zielsetzung	Frühzeitiges Erkennen von Schwachstellen
Kurzbeschreibung	Zum Abschluß von Konzeptionsphasen und Maßnahmen werden die erzielten Ergebnisse mittels Checklisten durch abteilungsübergreifende, projektferne Teams auf die Erfüllung aller Anforderungen sowie potentieller Fehler untersucht. Die Checklisten werden von den Teammitgliedern projektbezogen auf die Grundlage allgemeiner Fragenkataloge erstellt, die kontinuierlich antsprechend dem Erfahrungsstand aktualisiert werden. Die Ergebnisse werden dokumentiert. Für ermittelte Fehler werden die notwendigen Änderungen bzw. Maßnahmen veranlaßt.
Vor- und Nachteile	+ Nutzung von Erfahrungen mit bestehenden Produkten + Fehlervermeidung vor der Umsetzung + Höhere Entdeckungswahrscheinlichkeit durch projektfremde Teilnehmer – Nur vorgegebene Anforderungen und definierte Fragen werden überprüft
Aufwand	Teamarbeit mit projektfremden Teilnehmern Dauer ca. 2 Stunden
Eingangsinformationen	Konzepte
Ergebnis	Schwachstellen in Konzepten, Konzeptauswahl
Projektphase	Überprüfung der Ergebnisse
Verwandte Methoden/Hilfsmittel	Qualitätsbefragung
Literatur	*Pfeifer, T.:* Qualitätsmanagement *Reinhardt, G.:* Qualitätsmanagement

Bezeichnung	**Erfahrungskurvenanalyse**
Art	Analysetechnik
Begründer	Boston Consulting Group
Zielsetzung	Ermittlung der Preis- und Kostenentwicklung
Kurzbeschreibung	Der Erfahrungskurveneffekt besagt, daß die realen (nicht inflationierten) Stückkosten eines Produktes um einen relativ konstanten Betrag (potentiell 20-30%) zurückgehen, sobald sich die in kumulierten Produktmengen ausgedrückte Produkterfahrung verdoppelt. Dabei wird unterstellt, daß alle Kostensenkungspotentiale konsequent genutzt werden Lerneffekte, Betriebs- und Losgrößendegressionseffekte etc.). Dadurch können Aussagen zu der zukünftigen Kosten- und Preisentwicklung sowie Gewinnpotentiale gewonnen werden. Dementsprechend hat die Erfahrungsanalyse eine zentrale Bedeutung für die Prognose der Marktanteile und des Marktwachstums sowie für die Gestaltung der Preispolitik.
Vor- und Nachteile	+ Langfristige Prognose der Kostenentwicklung + Langfristige Prognose der Preisentwicklung + Langfristige Prognose der Gewinnpotentiale + Prognose über den preispolitischen Spielraum der Konkurrenten + Prognosen über das Marktwachstum der Konkurrenten − Aufwendiges Abschätzen der Erfahrungen
Aufwand	Teamarbeit Dauer je nach vorliegenden Daten
Eingangsinformationen	Herstellkosten, Erfahrungen
Ergebnis	Höhe des Kostensenkungspotentials, Stärke des Marktwachstums, Gewinnpotential
Projektphase	Zielbildung, Zukunftsanalyse, Überprüfung der Ergebnisse
Verwandte Methoden/Hilfsmittel	nicht bekannt
Literatur	*Meffert, H.:* Marketing

Bezeichnung	**Force-Fit-Methode**
Art	Kreativitätstechnik
Begründer	unbekannt
Zielsetzung	Generierung neuer Lösungsideen, durch Zusammenbringen zweier unterschiedlicher Begriffe mittels kreativer Denkprozesse
Kurzbeschreibung	Die Anwendung der Methode erfolgt als Spiel, bei dem das Team in zwei Mannschaften eingeteilt wird. Eine Mannschaft gibt der anderen ein möglichst weit von der Problematik entferntes Reizwort vor, aus dem diese in einem vorgegebenen Zeifenster einen Lösungsansatz erarbeiten muß. Für jeden Ansatz werden Punkte verteilt. Die erarbeiteten Lösungen werden anschließend auf ihr Problemlösungspotential hin untersucht.
Vor- und Nachteile	+ Erarbeitung von ungewöhnlichen Lösungsansätzen und -kombinationen − Hoher Zeitaufwand − Verifizierung und Überprüfung der Ergebnisse auf ihr Problemlösungspotential hin notwendig − Team muß sich auf Spielsituation einlassen
Aufwand	Teamarbeit Dauer ca. 1-2 Stunden
Eingangsinformationen	Innovationsaufgabe
Ergebnis	Ideen und Lösungsvorschläge
Projektphase	Zukunftsanalyse, Ideenfindung, Ideendetaillierung
Verwandte Methoden/Hilfsmittel	Reizwortanalyse
Literatur	*Brauchlin, E.:* Problemlösungs- und Entscheidungsmethodik *Schlicksupp, H.:* Innovation, Kreativität und Ideenfindung

Anhang

Bezeichnung	**Fragebogen**
Art	Analyseinstrument
Begründer	unbekannt
Zielsetzung	Informationsbeschaffung durch schriftliche Befragung
Kurzbeschreibung	Die Fragebogentechnik ist eine Methode der Informationsbeschaffung, bei der die befragten Personen Auskunft über einen bestimmten Sachverhalt geben sollen. Die vorgefertigten Fragebogen werden selbstständig durch die befragten Personen bearbeitet und anschließend durch die Befragenden ausgewertet.
Vor- und Nachteile	+ Einfache Art der Informationsbeschaffung bei einem großen Informatenkreis − Notwendigkeit der eindeutigen Fragestelllung zur Vermeidung von Mißverständnissen − Individuelle Beurteilungen sind kaum möglich
Aufwand	Einzel- oder Teamarbeit Dauer je nach Erfahrung und Komplexität des Problems Dauer der Befragung und Auswertung je nach Anzahl und Länge der Fragebogen
Eingangsinformationen	Ähnliche Problemstellungen
Ergebnis	Informationen
Projektphase	Zukunftsanalyse, Ideenfindung, Ideendetaillierung, Überprüfung der Ergebnisse
Verwandte Methoden/Hilfsmittel	Delphi-Methode Befragung
Literatur	*Berekhoven, L.:* Marktforschung

Bezeichnung	**Funktionsanalyse**
Art	Problemlösungs- und Analysetechnik
Begründer	unbekannt
Zielsetzung	Berücksichtigung vieler Funktionserfüllungsmöglichkeiten bei der Auswahl von verschiedenen Produktfunktionen
Kurzbeschreibung	Die Funktionsanalyse kann sowohl individuell als auch in einem Team angewandt werden. Sie ist vergleichbar mit der Anwendung der Morphologischen Matrix. In den Spalten einer Matrix werden nicht die möglichen Produktattribute sondern die Produktfunktionen aufgeführt. Zu jeder Funktion werden in einer Liste alternative Prinzipien angeboten, aus denen das für den Fall beste Funktionsprinzip auszuwählen ist.
Vor- und Nachteile	+ Findung einer Vielzahl möglicher und technisch machbarer Lösungen + Strukturiertes Vorgehen − Einschränkung der freien Ideenfindung und der Kreativität aufgrund des technischen Schwerpunktes (technische Machbarkeit) − Schwierigkeiten bei der Integration der verschiedenen technischen Lösungen für die Einzelfunktionen
Aufwand	Einzel- oder Teamarbeit Dauer je nach Bedarf
Eingangsinformationen	Innovationsaufgabe
Ergebnis	Ideen und Lösungsvorschläge für Produktfunktionen
Projektphase	Ideenfindung, Ideendetaillierung
Verwandte Methoden/Hilfsmittel	Morphologische Matrix
Literatur	*Bugdahl, V.:* Methoden der Entscheidungsfindung *Brauchlin, E.:* Problemlösungs- und Entscheidungsmethodik *Schlicksupp, H.:* Innovation, Kreativität und Ideenfindung

Anhang

Bezeichnung	**Gewichtungsmethode**
Art	Kalkulatorische Prognosemethode
Begründer	unbekannt
Zielsetzung	Schätzung der Projektkosten
Kurzbeschreibung	Die Methode kann sowohl individuell als auch im Team angewandt werden. Dabei arbeitet die Gewichtungsmethode analog zur Kurzkalkulation mit Ähnlichkeitsbeziehungen. Bei diesem Verfahren muß zunächst ein System derjenigen Faktoren erstellt werden, die den Aufwand entscheidend beeinflussen. Diese Faktoren sind objektiv (z.B. Vorliegen bestimmter Bedingungen) oder subjektiv (z.B. Personalqualität) zu bewerten. Einer solchen Bewertung liegen entsprechende Wertparameter zugrunde, die den zu erwartenden Gesamtaufwand nach vorgegebener mathematischer Verknüpfung liefern sollen. Innerhalb eines Verfahrens ist eine mathematische Verarbeitung von qualitativen Bewertungen notwendig. Die beschriebenen Probleme sollten jedoch berücksichtigt und dementsprechend Vorkehrungen (z.B. getrennte Schätzung von Projektteilen) getroffen werden, so daß wenigstens von Ebene zu Ebene eine Fehlererkennung und Anpassung möglich ist.
Vor- und Nachteile	+ Schnelle Angaben über ungefähre Projektkosten − Lokalisierung von Fehlern kaum möglich − Kaum Anpassungsmöglichkeiten an geänderte Entwicklungsbedingungen
Aufwand	Dauer je nach vorliegenden Informationen
Eingangsinformationen	Aufwand, Komplexität, Ressourcenbedarf
Ergebnis	Projektkostenabschätzung
Projektphase	Überprüfung der Ergebnisse
Verwandte Methoden/Hilfsmittel	Kurzkalkulation mit Ähnlichkeitsbeziehungen
Literatur	*Litke, H.-D.:* Projektmanagement

Bezeichnung	**Heuristiken**
Art	Problemlösungstechnik
Begründer	unbekannt
Zielsetzung	Unterstützung und Anleitung bei der Suche nach Lösungen auf der Basis von heuristischen Prinzipien
Kurzbeschreibung	Es werden verschiedene sogenannte heuristische Prinzipien angewandt, die den Denkprozeß duch bestimmte Techniken anregen sollen und auf den Zufall bauen. Beispiele für heuristische Prinzipien sind: Weglassen, Umkehren, Hinzufügen, Verkleinern, Vergrößern, Analogien bilden, Kombinieren, Verfremden, Metaphern suchen, ersetzen etc. Die Gruppe versucht, durch gezielte Anwendung eines dieser heuristischen Prinzipien eine Lösung oder einen Lösungsanstoß herbeizuführen.
Vor- und Nachteile	+ Denkprozesse können durch gezielte Anwendung der heuristischen Prinzipien gefördert werden + Auffinden von nicht naheliegenden Lösungen möglich − Keine Ergebnisgarantie aufgrund stochastischer Vorgehensweise − Keine strukturierte Vorgehensweise
Aufwand	Team von 4-10 Personen Dauer individuell Übung in der Anwendung der Prinzipien hilfreich
Eingangsinformationen	Problemstellung
Ergebnis	Ideen und Lösungsvorschläge
Projektphase	Ideenfindung, Ideendetaillierung
Verwandte Methoden/Hilfsmittel	Verbale Checklisten Checklisten zur Problemlösung Reizwortanalyse
Literatur	*Haberfellner, R.:* Systems Engineering

Anhang

Bezeichnung	**Informationsbeschaffungsplan**
Art	Analyseinstrument
Begründer	unbekannt
Zielsetzung	Übersicht über die zu beschaffenden Informationen
Kurzbeschreibung	Der Informationsbeschaffungsplan ist ein Hilfsmittel zur systematischen Erfassung aller relevanten Informationen innerhalb eines komplexen Projektes. In diesem Plan werden alle benötigten Informationen, deren Quellen, die Methoden zur Informationsbeschaffung, Zuständigkeiten etc. aufgelistet. Dadurch wird ein Überblick über die während der Informationsbeschaffung durchzuführenden Tätigkeiten geschaffen.
Vor- und Nachteile	+ Strukturierte Darstellung notwendiger Informationen − Gefahr der Unvollständigkeit bei neuartigen Problemen
Aufwand	Einzel- oder Teamarbeit Dauer individuell Erfahrung
Eingangsinformationen	Projekterfahrung
Ergebnis	Informationsübersicht
Projektphase	Innovationsprozeß
Verwandte Methoden/Hilfsmittel	Checkliste
Literatur	*Haberfellner, R.:* Systems Engineering

Bezeichnung	**InnovationRoadMap**
Art	Planungsmethode
Begründer	Fraunhofer IPT
Zielsetzung	Zeitliche Strukturieung der Planungsergebnisse im Innovationsprozeß
Kurzbeschreibung	Bei der InnovationRaodMap handelt es sich um eine Strukturierungsmethode für die im Innovationsprozeß ermittelten Ergebnisse. Sie wird durch die Achsen Markt, Technologie und Zeit (kurz-, mittel-, langfristig) aufgespannt. Hierdurch entstehen zwei Teilbereiche: Martk- und Technologiebereich. Letzterer ist in zwei Abschnitte unterteilt. Im seinem oberen Bereich werden die Produktkonzepte eingeordnet, im unteren die Detaillösungen. Bevor eine Einordnung stattfindet, werden die abgeleitete Zukunftsprojektionen und Innovationsaufgaben sowie die entwickelte Produktkonzepte und zu den Konzepten gehörenden Detaillösungen entpsrechend ihrer Umsetzbarkeit chronologisch strukturiert.
Vor- und Nachteile	+ Integration strategischer und operativer Ebenen + Visuelle Darstellung der Planungsaktivitäten + Langfirstiges Kontrollinstrument − Darstellung mehrerer Ebenen schwierig − Viele Vorarbeiten notwendig
Aufwand	Teamarbeit Dauer ca. 2-3 Stunden
Eingangsinformationen	Zeitliche Einordnung der Zukunftsprojektionen, Innovationsaufgaben, Konzepte, Detaillösungen
Ergebnis	Planungstabelle, Innovationsaktivitäten
Projektphase	Umsetzungsplanung
Verwandte Methoden/Hilfsmittel	Roadmapping
Literatur	*Brandenburg, F.:* Methodik zur Planung technologischer Produktinnovationen

Bezeichnung	**Ishikawa-Diagramm**
Art	Analysetechnik
Begründer	K. Ishikawa
Zielsetzung	Strukturierte graphische Gesamtdarstellung aller Haupt- und Nebenaspekte, die ein Problem beeinflussen
Kurzbeschreibung	Alle potentiellen und bekannten Ursachen, die zu einem bestimmten Problem führen, werden Top-down in Haupt- und Nebenursachen unterteilt. Die Darstellung der Ursachen erfolgt in einem Fischgrätendiagramm, in dem am rechten Ende des Diagramms die untersuchte Wirkung (das Problem) dargestellt und die einzelnen Ursachen dieser Wirkung vertikal versetzt entlang der Hauptwirkungslinie angeordnet werden. So ist es möglich, die Abhängigkeit der Einflußgrößen zur Zielgröße darzustellen und sowohl positive als auch negative Einflußgrößen zu identifizieren.
Vor- und Nachteile	+ Übersichtliche visuelle Darstellung der Problemstruktur + Strukturierte Betrachtung aller Ursachen − Sehr aufwendig bei komplexen Strukturen
Aufwand	Teamarbeit Dauer je nach Komplexität
Eingangsinformationen	Problemstellung, Lösungskonzept
Ergebnis	Strukturierte Darstellung von Ursachen- und Wirkzusammenhängen
Projektphase	Ideenfindung, Ideendetaillierung
Verwandte Methoden/Hilfsmittel	Ursachenmatrix Beziehungsdiagramm
Literatur	*Brassard, M.:* Memory Jogger II *Higgins, J.:* Innovationsmanagement

Anhang

Bezeichnung	**Komponentenbaum**
Art	Analysetechnik
Begründer	unbekannt
Zielsetzung	Darstellung der Komponentenstruktur technischer Systeme
Kurzbeschreibung	Ein Komponentenbaum dient der Darstellung der Struktur eines Systems. Ausgehend vom Gesamtsystem wird in einer iterativen Vorgehensweise jede Komponente des Systems auf ihre Funktion und ihr Ein- und Ausgabeverhalten hin untersucht. Nach der Analyse und Beschreibung weiterer Bedingungen (Leistungsziele, Umgebungsbedingungen etc.) wird die Komponente im Komponentenbaum abgebildet. Falls erforderlich, wird die Komponente in weitere Teilkomponenten zerlegt und die Analyse iteriert, bis der erforderliche Detaillierungsgrad des Komponentenbaumes erreicht ist.
Vor- und Nachteile	+ Übersichtliche Darstellung der Komponenten eines Systems + Mehrere Detaillierungsstufen für verschiedene Anwendungszwecke möglich − Gefahr der Unübersichtlichkeit
Aufwand	Einzel- oder Teamarbeit Dauer je nach Bedarf und Komplexität
Eingangsinformationen	Innovationsaufgabe und Detaillösungen
Ergebnis	Gesamtstruktur der Komponenten
Projektphase	Ideendetaillierung; Umsetzungsplanung
Verwandte Methoden/Hilfsmittel	Fehlerbaum
Literatur	*Pfeifer, T.:* Qualitätsmanagement

A-65

Anhang

Bezeichnung	**Kosten-Nutzen-Analyse**
Art	Bewertungsmethode
Begründer	unbekannt
Zielsetzung	Bewertung von Lösungen bezüglich des Kostenpotentials
Kurzbeschreibung	Mittels der Kosten-Nutzen-Analyse wird untersucht, ob der zu erwartende Nutzen einer Maßnahme bzw. Lösung die zu erwartenden Kosten rechtfertigt. Dabei müssen in einem Team für die verschiedenen Lösungsalternativen die bekannten Kosten und der potenzielle Nutzen berechnet oder geschätzt werden. Hierzu können verschiedene Verfahren wie bspw. Kostenschätzverfahren eingesetzt werden. Neben den direkten Kosten sind insbesondere auch Personalkosten und ähnliches zu berücksichtigen. Ermittelte Kosten und Nutzen werden ins Verhältnis gesetzt. Es wird die Lösung ausgewählt, bei der dieses Verhältnis am günstigsten ist.
Vor- und Nachteile	+ Direktes Einfließen des finanziellen Aspektes in die Lösung + Frühzeitige Berücksichtigung des Kostenaspektes von Lösungen − Qualitativ gute Lösungen mit einem ungünstigen Verhältnis werden nicht berücksichtigt − Ungenaue Ergebnisse durch schwer vorhersagbare Marktentwicklungen
Aufwand	Teamarbeit Dauer je nach Komplexität der Alternativen
Eingangsinformationen	Alternativen, analoge Lösungen mit bekannten Kosten
Ergebnis	Kosten-Nutzen-Verhältnisse und Auswahl von Lösungen
Projektphase	Überprüfung der Ergebnisse
Verwandte Methoden/Hilfsmittel	Kosten-Wirkungs-Analyse
Literatur	*Haberfellner, R.:* Systems Engineering *Horvath, P.:* Controlling

Bezeichnung	**Kräftefeld-Analyse**
Art	Bewertungsmethode
Begründer	K. Lewin
Zielsetzung	Ermittlung von unterstützenden und behindernden Einflußfaktoren auf eine Problemlösung
Kurzbeschreibung	In einem Diagramm werden auf der einen Seite eines Balkens alle Einflüsse und Kräfte aufgeführt, die eine Lösung vorantreiben oder sich in irgendeiner gearteten Weise positiv auf die Lösung auswirken. Auf der anderen Seite des Balkens werden alle negativen Kräfte aufgetragen. Ggf. können Kräfte und Einflüsse je nach Stärke gewichtet und in eine Reihenfolge gebracht werden.
Vor- und Nachteile	+ Strukturierte Übersicht der Einflußfaktoren + Vergleich über die Problemlösungskraft verschiedener Lösungsansätze – Unübersichtlich bei komplexen Problemen
Aufwand	Teamarbeit Dauer je nach Komplexität des Betrachtungsfeldes
Eingangsinformationen	Trends, Potentiale, Aufgaben, Problemstellungen
Ergebnis	Positive und negative Einflußfaktoren
Projektphase	Zukunftsanalyse, Ideenfindung, Ideendetaillierung, Umsetzungsplanung, Überprüfung der Ergebnisse
Verwandte Methoden/Hilfsmittel	nicht bekannt
Literatur	*Higgins, J.:* Innovationsmanagement *Brassard, M.:* Memory Jogger II

Bezeichnung	**Listenreduzierung**
Art	Analysetechnik
Begründer	unbekannt
Zielsetzung	Reduzierung einer großen Anzahl von Lösungsvorschlägen
Kurzbeschreibung	Um eine große Anzahl von Vorschlägen, z.B. das Ergebnis einer Brainstormingsitzung, auf ein handhabbares Maß zu reduzieren, wird mit dieser Technik über jeden Vorschlag einzeln abgestimmt. Jedes Gruppenmitglied hat pro Vorschlag eine Stimme. Ein Lösungsvorschlag muß daher eine vorher festgelegte Anzahl von Stimmen erhalten, damit er auf der Liste verbleibt.
Vor- und Nachteile	+ Schnelle Grobanalyse der erarbeiteten Lösungsalternativen − Lösungsalternativen können unterbewertet werden
Aufwand	Teamarbeit Dauer je nach Anzahl der Ideen
Eingangsinformationen	Ideen
Ergebnis	Erste Grobauswahl für Lösungsvorschläge
Projektphase	Zukunftsanalyse, Ideenfindung, Ideendetaillierung, Umsetzungsplanung
Verwandte Methoden/Hilfsmittel	nicht bekannt
Literatur	*Schlicksupp, H.:* Kreative Ideenfindung in der Unternehmung

Anhang

Bezeichnung	**Methode 635**
Art	Kreativitätstechnik
Begründer	B. Rohrbach
Zielsetzung	Aufgreifen und Weiterentwicklen von Ideen
Kurzbeschreibung	6 Personen erarbeiten und notieren zu einem genau definierten Problem jeweils 3 Lösungen innerhalb von ca. 5 Minuten. Danach werden die Blätter jeweils an die nächste Person weitergegeben und der Vorgang wiederholt. Jeder Teilnehmer erhält sukzessive die Blätter der anderen und ergänzt diese, bis nach 6 Durchgängen optimalerweise 108 Lösungsvorschläge zu dem formulierten Problem durch die Teammitglieder generiert wurden. Anschließend werden die Vorschläge analysiert und bewertet.
Vor- und Nachteile	+ Mitwirkung einer großen Zahl von Teilnehmern (Bildung mehrerer Gruppen) + Methodenabwicklung postalisch möglich + Dokumentation des Ergebnisses ohne Mehraufwand + Steigerung der Lösungsqualität durch Weiterentwicklung − Negative Auswirkung des Zeitdrucks auf die Kreativität − Mißverständnisse aufgrund der knappen Formulierungen der Ideen möglich − Fehlende anregende Wirkung bei der Abwicklung aufgrund des fehlenden direkten Austausches
Aufwand	6 Mitarbeiter Dauer ca. 1 Stunde
Eingangsinformationen	Innovationsaufgabe
Ergebnis	Ideen und Lösungsvorschläge
Projektphase	Ideenfindung, Ideendetaillierung
Verwandte Methoden/Hilfsmittel	Brainwriting Dikussion 66 Synektik
Literatur	*Eversheim, W.*: Produktionssystematik *Schlicksupp, H.*: Innovation, Kreativität und Ideenfindung *Haberfellner, R.*: Systems Engineering

Bezeichnung	**Mind-Mapping**
Art	Kreativitätstechnik
Begründer	T. Buzan
Zielsetzung	Kartographische Darstellung von Denkinhalten und des daraus folgenden Ideenflusses
Kurzbeschreibung	Das Hauptschlüsselwort für ein Problem wird in der Mitte eines Bogens notiert. Von dort aus breiten sich die Assoziationen und Ideen der Gruppe in Form von Ästen, Zweigen und Nebenzweigen über den gesamten Bogen aus. Jeder neue Einfall wird auf eine Linie (Zweig) ausgehend von dem ihn auslösenden Schlüsselwort geschrieben. Die visuelle Darstellung soll die Generierung neuer Ideen begünstigen, da sie den Verknüpfungen im menschlichen Gehirn entsprechen soll.
Vor- und Nachteile	+ Förderung derKkreativität durch die Nutzung denkpsychologischer Grundsätze + Gleichzeitige Dokumentation durch die Darstellungsform – Keine systematische Erfassung von Zusammenhängen aufgrund der Assoziationsbindung
Aufwand	Teamarbeit Dauer ca. 30-40 min.
Eingangsinformationen	Innovationsaufgabe
Ergebnis	Ideen und Lösungsvorschläge
Projektphase	Ideenfindung, Ideendetaillierung
Verwandte Methoden/Hilfsmittel	Lotusblütentechnik
Literatur	*Brauchlin, E.:* Problemlösungs- und Entscheidungsmethodik *Higgins, J.:* Innovationsmanagement

Methodenbezeichnung	**Morphologische Matrix**
Methodenart	Problemlösungsmethode
Methodenbegründer	F. Zwicky
Zielsetzung	Systematische Entwicklung neuer Ideen durch direkte Konfrontation verschiedener Attributsausprägungen
Kurzbeschreibung	Die Methode kann sowohl individuell als auch im Team angewandt werden. Dabei erfolgt zunächst die Sammlung aller Attribute eines Produktes. Danach werden Modifikationen bzw. Lösungsansätze für die einzelnen Produktattribute erarbeitet. Auf einer zweidimensionalen Matrix werden auf der vertikalen Achse die ursprünglichen Produktattribute eingetragen. Auf der horizontalen Achse werden Checklisten mit Hinweisen zu verschiedenen Modifikationen der Produktattribute aufgeführt. Für jedes Attribut wird dann eine geeignete Modifikation ausgewählt, so daß neue Produktideen bzw. -variationen generiert werden.
Vor- und Nachteile	+ Erarbeitung komplexer Lösungsstrukturen + Hohe Wiederverwendbarkeit der erarbeiteten Matrizen – Entscheidungsschwierigkeiten aufgrund der hohen Anzahl von potentiellen Lösungen – Keine Entscheidungsunterstützung bei der Auswahl von Lösungen – Hoher Zeitaufwand bei der Erstellung der Matrix
Aufwand	Einzel- oder Teamarbeit Dauer je nach Anzahl der Ideen und Komplexität des Betrachtungsfeldes
Eingangsinformationen	Lösungsideen, Detaillösungen
Ergebnis	Lösungs- und Produktkonzepte, Strukturierung von Ideen
Projektphase	Ideenfindung, Ideendetaillierung
Verwandte Methoden/Hilfsmittel	Morphologischer Kasten Attribute Listing
Literatur	*Haberfellner, R.:* Systems Engineering *Schlicksupp, H.:* Innovation, Kreativität und Ideenfindung *Higgins, J.:* Innovationsmanagement

Bezeichnung	**Nebenfeldintegration**
Art	Kreativitätstechnik
Begründer	unbekannt
Zielsetzung	Erabeitung von Lösungsansätzen unter Berücksichtigung der Umfeld- bzw. Randbedingungen
Kurzbeschreibung	Bei der Nebenfeldintegration handelt es sich um eine Kreativitätstechnik, die sowohl individuell als auch in Gruppen durchgeführt werden kann. Dabei werden zunächst Nebenfelder der gesuchten Lösung, also Bereiche der Wechselwirkung bestimmt. Anschließend werden durch Assoziation aus den Nebenfeldern jeweils 5 bis ca. 15 Elemente gesucht. Von den in den Nebenfeldern gefundenen Elementen wird auf die Gestaltung der Lösung rückgeschlossen.
Vor- und Nachteile	+ Erfolgreiche Methode bei Problemen, die durch Wechselwirkung mit der Problemfeldumgebung entstehen + Ganzheitliche Betrachtungsweise der Problemstellung + Einbeziehung der Umfeld- und Randbedingungen − Möglichkeit falscher Annahmen durch Rückschlüsse aus den Nebenfeldern auf das Hauptproblem
Aufwand	Einzel- oder Teamarbeit Dauer individuell
Eingangsinformationen	Trends, Innovationsaufgabe, Unternehmenspotentiale
Ergebnis	Zukunftsprojektionen, Innovationsaufgaben, Lösungsideen und -vorschläge
Projektphase	Zukunftsanalyse, Ideenfindung, Ideendetaillierung
Verwandte Methoden/Hilfsmittel	nicht bekannt
Literatur	*Schlicksupp, H.:* Kreative Ideenfindung in der Unternehmung *Schlicksupp, H.:* Innovation, Kreativität und Ideenfindung

Bezeichnung	**Paarvergleich**
Art	Bewertungsmethode
Begründer	unbekannt
Zielsetzung	Ermittlung einer Rangfolge von Merkmalen
Kurzbeschreibung	Mittels des paarweisen Vergleiches wird eine größere Anzahl von Merkmalen ihrer Wichtigkeit nach geordnet. Durch den direkten Vergleich von jeweils zwei Merkmalen wird ein jedes mit jedem anderen verglichen und entweder als wichtiger, gleichbedeutend oder weniger wichtig beurteilt. Durch die Summation der einzelnen Gewichtungen ergibt sich eine Gesamtrangfolge aller Merkmale. Als Eingangsinformation muß eine Aufstellung der zu gewichtenden Merkmale sowie eine Liste der zu beurteilenden Kriterien vorliegen. Die Ergebnisse des paarweisen Vergleiches können auf verschiedene Arten normiert werden, so daß die Gewichtung der Merkmale direkt bei der Durchführung weiterer Methoden, z.B. Target Costing, übernommen werden können.
Vor- und Nachteile	+ Einfache Erstellung einer Rangfolge − Einsatz nur bei Vergleich von wenigen Eigenschaften sinnvoll, nicht geeignet für komplexe Vergleiche
Aufwand	Teamarbeit Dauer je nach Anzahl der zu bewertenden Merkmale
Eingangsinformationen	Ideen, Konzepte
Ergebnis	Priorisierung von Merkmalen
Projektphase	Ideenfindung, Ideendetaillierung, Umsetzungsplanung
Verwandte Methoden/Hilfsmittel	Prioritätenmatrix
Literatur	*Eversheim/Schuh:* Produktion und Management

Bezeichnung	**Polaritätsprofil**
Art	Bewertungsmethode
Begründer	unbekannt
Zielsetzung	Darstellung mehrerer Alternativen bezüglich ihrer Kriterienerfüllung
Kurzbeschreibung	Für jede Lösungsalternative werden bestimmte Eigenschaften und Kriterien nach einem Notenschlüssel beurteilt und die Ergebnisse auf einer Skala eingetragen. Die Skalenprodukte der einzelnen Kriterien werden verbunden und ergeben so ein Beurteilungsprofil. Die Beurteilungsprofile der Lösungsalternativen können leicht visuell verglichen werden.
Vor- und Nachteile	+ Gute graphische Vergleichsmöglichkeit der verschiedenen Lösungsansätze − Hoher Zeitaufwand bei vielen Lösungsansätzen
Aufwand	Dauer je nach Anzahl der Kriterien und der Alternativen
Eingangsinformationen	Trends, Potentiale, Lösungsideen
Ergebnis	Auswahl von Lösungen auf Basis von Kriterienerfüllung
Projektphase	Zukunftsanalyse, Ideenfindung, Ideendetaillierung
Verwandte Methoden/Hilfsmittel	Polarprofile (Es werden keine parallelen Skalen sondern Polarkoordinaten verwendet.)
Literatur	*Haberfellner, R.:* Systems Engineering

Anhang

Bezeichnung	**Prioritätenmatrix**
Art	Bewertungsmethode
Begründer	S. Marjano
Zielsetzung	Entscheidungsfindung bei weniger als 10 Alternativen
Kurzbeschreibung	In einer Matrix werden mehrere Lösungsalternativen mittels gewichteter Kriterien bewertet. Dabei werden die Alternativen untereinander geschrieben und jeder zwei Zeilen zugeordnet. In der ersten Zeile steht ausschließlich die Nummer der betreffenden Alternative. In der zweiten, zu der betreffenden Alternative gehörigen Zeile, stehen die Nummern der noch zu vergleichenden Lösungsalternativen. Die betrachtete Lösungsalternative wird nun mit sich selbst und jeder anderen in der Matrix noch folgenden Alternative einem paarweisen Vergleich unterzogen. Die Nummer der wichtigeren Lösungsalternative wird mit der Gewichtung 1 beleg., die unwichtigere der beiden bleibt unbewertet. Sind beide gleichwertig, wird jede Lösungsalternative mit 0,5 bewertet. Für jede Alternative gibt es abschließend eine Gesamtpunktebewertung, die als Entscheidungsgrundlage herangezogen werden kann.
Vor- und Nachteile	+ Übersichtliche Entscheidungsgrundlage, die durch die Kriteriengewichtung zu ausgewogenen Entscheidungen führt − Unübersichtlichkeit bei mehr als zehn Alternativen
Aufwand	Einzel- oder Teamarbeit Dauer je nach Anzahl der Alternativen
Eingangsinformationen	Lösungsalternativen
Ergebnis	Gewichtung der Lösungsalternativen
Projektphase	Ideenfindung, Ideendetaillierung
Verwandte Methoden/Hilfsmittel	Paarvergleich
Literatur	*Higgins, J.:* Innovationsmanagement *Brassard, M.:* Memory Jogger II

Bezeichnung	**Problemlösungsbaum**
Art	Problemlösungs- und Analysetechnik
Begründer	unbekannt
Zielsetzung	Graphische Darstellung von komplexen Zusammenhängen und Sachverhalten
Kurzbeschreibung	Die Methode kann sowohl im Team als auch individuell angewandt werden. Mittels des Problemlösungsbaumes können theoretische Alternativen in verschiedenen Abstraktionsstufen visuell hervorgerufen werden. Die Vorgehensweise gliedert sich dabei in fünf Schritte: 1. Dekompensation der Problemstruktur 2. Aufbau des Problembaums 3. Definition der relevanten Problempfade 4. Erstellen einer visuellen Übersicht über die Struktur 5. Dokumentation
Vor- und Nachteile	+ Visuelle Übersicht über die Problemstruktur + Strukturierte Dokumentation der Problemstruktur − Sehr aufwendig bei komplexen Produkten
Aufwand	Einzel- oder Teamarbeit Dauer komplexitätsabhängig
Eingangsinformationen	Innovationsaufgabe, Problemstellung
Ergebnis	Erkennen von Zusammenhängen, Problemstruktur
Projektphase	Ideenfindung, Ideendetaillierung
Verwandte Methoden/Hilfsmittel	Funktionsanalyse
Literatur	*Brassard, M.:* Memory Jogger II *Schlicksupp, H.:* Innovation, Kreativität und Ideenfindung *Haberfellner, R.:* Systems Engineering

Anhang

Bezeichnung	Quality Function Deployment (QFD)
Art	Analysetechnik
Begründer	Y. Akao
Zielsetzung	Übersetzung der Kundenanforderungen in technische Merkmale
Kurzbeschreibung	Mit der QFD werden Kundenanforderungen über vier Phasen in technische Merkmale transformiert (Produkt, Bauteile, Prozesse, Parameter). In einer Matrix (House of Quality) werden die gewichteten Anforderungen den Merkmalen gegenübergestellt und die Stärke der Abhängigkeiten festgestellt. Die Merkmalsbedeutung wird über die Gewichtung und die Stärke der Abhängigkeit von den Anforderungen berechnet. Hierdurch ist die Methodik durchgängig anwendbar. Darüber hinaus werden die Korrelationen der Merkmale untereinander im sog. Dach jeweiligen Matrix festgehalten. Des weitern werden technische und marktliche Positionierungen im Vergleich zum Wettbewerber in der Matrix dokumentiert. Bei der Durchführung der nachfolgenden Stufe werden die Merkmale der ersten Matrix zu den Anforderungen der zweiten Matrix usw.
Vor- und Nachteile	+ Systematische Fokussierung auf relevante Produktmerkmale + Durchgängige Anwendbarkeit in allen Phasen + Stufenweise Detaillierung − Subjektive, teilweise divergente Bewertungen − Hoher Aufwand
Aufwand	Teamarbeit Dauer je nach Komplexität der Aufgabenstellung und Kenntnis der Anforderung
Eingangsinformationen	Kundenanforderungen, Problemstellung
Ergebnis	Machbarkeit von Lösungen
Projektphase	Ideenfindung, Ideendetaillierung
Verwandte Methoden/Hilfsmittel	nicht bekannt
Literatur	*Pfeifer, T.:* Qualitätsmanagement *Akao, Y.:* Quality Function Deployment

Bezeichnung	**SIL-Methode**
Art	Kreativitätstechnik
Begründer	Batelle Institut, Frankfurt
Zielsetzung	Zusammenführung von Einzellösungen zu einer Gesamtlösung
Kurzbeschreibung	Bei der SIL-Methode (Systematische Integration von Lösungselementen) handelt es sich um eine Gruppentechnik. Jedes Gruppenmitglied überlegt sich zu einem definierten Problem eine potentielle Lösung. Zwei Gruppenmitglieder tragen ihre Lösungen vor, die dann gemeinsam von dem gesamten Team zu einer Gesamtlösung zusammengeführt werden. So wird mit jedem weiteren Lösungsvorschlag verfahren, bis in einer vorgegebenen Zeit eine Gesamtlösung für die vorgegebene Problemstellung entstanden ist.
Vor- und Nachteile	+ Einbindung von interdisziplinärem Wissen bei der Lösungserarbeitung + Integration mehrerer Lösungen zu einer Gesamtlösung – Hoher Zeitaufwand durch sequentielle Integration der Lösungsansätze – Kein systematisches Erarbeiten und Strukturieren der Lösungsansätze
Aufwand	Teamarbeit Dauer je nach Vereinbarung
Eingangsinformationen	einzelne Lösungsideen und -elemente
Ergebnis	Zukunftsprojektionen, Potentiale, Innovationsaufgaben, Lösungskonzepte, Produktkonzepte
Projektphase	Zukunftsanalyse, Ideenfindung, -detaillierung
Verwandte Methoden/Hilfsmittel	nicht bekannt
Literatur	*Schlicksupp, H.:* Kreative Ideenfindung in der Unternehmung *Schlicksupp, H.:* Innovation, Kreativität und Ideenfindung *Higgins, J.:* Innovationsmanagement

Bezeichnung	Synektik
Art	Kreativitätstechnik
Begründer	W.J.J. Gordon
Zielsetzung	Intensivierung der Aktivitäten zur Lösungssuche
Kurzbeschreibung	Das Vorgehen besteht aus 4 Phasen: **Präparation**: Nach dem Einstieg in das Problem mit spontanen Lösungsideen werden zur Förderung der Erzeugung an sich problemfremder Strukturen und deren Kombination sachlich unpassende Elemente der Verfremdungen vorgenommen. **Inkubation**: Durch persönliche (Wie fühle ich mich?), symbolische und widersprüchliche (bildhaft oder schlagwortartig) sowie phantastische (märchenhaft) Verfremdungen werden Analogien aus der Technik ermittelt. **Illumination**: Die Analogien werden hinsichtlich ihrer Eignung überprüft **Verifikation**: Es werden abschließend Lösungskonzepte erarbeitet
Vor- und Nachteile	+ Intensives erarbeiten von Lösungskonzepten + Kreieren von nicht leicht erkennbaren und naheliegenden Lösungen − Überwinden der Hemmungen vor persönlichen Analogien − Viel Übung erforderlich für das Erkennen fremder Strukturen und das Kominieren von Elementen − Hoher Erklärungsbedarf
Aufwand	Teilnehmerzahl < 10 Personen max. Dauer < 40 min
Eingangsinformationen	Trends, Innovationsaufgabe, Suchfeld, Strategie
Ergebnis	Zukunftsprojektionen, Innovationspotentiale, Ideen und Lösungsvorschläge
Projektphase	Ideenfindung, Ideendetaillierung
Verwandte Methoden/Hilfsmittel	Brainstorming Kärtchentechnik Methode 635
Literatur	*Haberfellner, R.:* Systems Engineering *Brauchlin, E.:* Problemlösungs- und Entscheidungsmethodik *Higgins, J.:* Innovationsmanagement

Bezeichnung	**Szenariomanagement**
Art	Analysemethode
Begründer	H. Kahn
Zielsetzung	Entwicklung von zukunftsrobusten Leitbildern, Zielen und Strategien
Kurzbeschreibung	Das Szenariomanagement wird in Szenarioprojekten durchgeführt, wobei zwei Aufgaben unterschieden werden: Unterstützung unternehmerischer Entscheidungen sowie Erstellung von alternativen Zukunftsbildern. Die Vorgehensweise gliedert sich in fünf Phasen: **Szenariovorbreitung** mit Projektbeschreibung und Gestaltungfeldanalyse, **Szenariofeldanalyse** mit Bildung von Einflußbereichen und -faktoren sowie Erarbeitung von Schlüsselfaktoren, **Szenarioprognostik** mit Aufbereitung von Schlüsselfaktoren und Bildung von Zukunftsprojektionen, **Szenariobildung** mit Projektionsbündelung, Rohszenariobildung, Zukunfsraum-Mapping und Szenariobeschreibung, **Szenariotransfer** mit Auswirkungsanalyse, Eventualplanung und Robustplanung
Vor- und Nachteile	+ Berücksichtigung von mehreren Entwicklungsmöglichkeiten − Kaum eindeutige Handlungsempfehlungen − Fehlende Verknüpfung zur operativen Umsetzungsplanung − Keine Unterstützung bei der systematischen Ableitung von Innovationsideen
Aufwand	Teamarbeit Dauer mehrere Wochen
Eingangsinformationen	Umfeldinformationen, Unternehmenspotentiale
Ergebnis	Zukunftsprojektionen
Projektphase	Zielbildung, Zukunftsanalyse
Verwandte Methoden/Hilfsmittel	nicht bekannt
Literatur	*Kahn, H.:* The Year 2000 *Gausemeier, J.:* Szenario-Management

Bezeichnung	**Target Costing**
Art	Kalkulatorische Prognosemethode
Begründer	unbekannt
Zielsetzung	Ermittlung der Herstellkosten für Systemkomponenten
Kurzbeschreibung	Das Grundprinzip besteht darin, daß die Herstellkosten eines Produktes nicht durch die Produktion des Erzeugnisses festgelegt werden, sondern daß die Kosten vielmehr durch den Markt und den definierten Gewinn bestimmt werden. Im ersten Schritt des Target Costing (Zielkostenmanagement) wird der erzielbare Preis am Markt mittels Methoden der Marktforschung oder durch Vergleich mit Wettbewerbsprodukten (z.B. durch wettbewerbsorientiertes Benchmarking) ermittelt. Daraus werden die Zielkosten für das Gesamtsystem berechnet und in einem nächsten Schritt die Zielkosten der Einzelkomponenten bestimmt.
Vor- und Nachteile	+ Große Überdeckung von Produktkosten und -eigenschaften mit funktionalen Anforderungen durch Kundenorientierung
Aufwand	Teamarbeit Dauer je nach Komplexität und Erfahrung
Eingangsinformationen	vergleichbare Produkte, Marktkenntnisse; Zielpreis, Konzepte, Detaillösungen
Ergebnis	erste Kostenabschätzung, ausgewählte Ideen
Projektphase	Ideendetaillierung, Überprüfung der Ergebnisse
Verwandte Methoden/Hilfsmittel	nicht bekannt
Literatur	*Eversheim/Schuh:* Produktion und Management *Horvath, P.:* Controlling *Ehrlenspiel, K.:* Integrierte Produktentwicklung

Bezeichnung	**TILMAG-Methode**
Art	Kreativitätstechnik
Begründer	H. Schlicksupp
Zielsetzung	Ermittlung neuer Lösungsideen durch mehrstufigen Assoziationsprozeß
Kurzbeschreibung	Die TILMAG-Methode (Transformation idealer Lösungselemente durch Matrizen der Assoziations- und Gemeinsamkeitsbildung) gliedert sich in mehrere Stufen: 1. Ermittlung von Merkmalen der idealen Lösung 2. Suche von Assoziationen zu den Merkmalen der idealen Lösung 3. Ableiten der Lösungsmöglichkeiten aus den Assoziationen 4. Suche nach Gemeinsamkeiten zwischen Assoziationen und Lösungsmöglichkeiten 5. Verbinden von Gemeinsamkeiten zu Gesamtlösungen
Vor- und Nachteile	+ Zielgerichtete Annäherung an Ideallösung – Nur anwendbar, wenn Ideallösung erkennbar
Aufwand	Teamarbeit Dauer ca. 1-2 Stunden
Eingangsinformationen	Innovationsaufgabe
Ergebnis	Ideen und Lösungsvorschläge
Projektphase	Zukunftsanalyse, Ideenfindung, Ideendetaillierung
Verwandte Methoden/Hilfsmittel	nicht bekannt
Literatur	*Schlicksupp, H.:* Kreative Ideenfindung in der Unternehmung *Schlicksupp, H.:* Innovation, Kreativität und Ideenfindung

Bezeichnung	**Trendextrapolation**
Art	Analysetechnik/ Prognoseverfahren
Begründer	unbekannt
Zielsetzung	Erstellung von Prognosen bezüglich der zukünftigen Trends
Kurzbeschreibung	Bei der Trendextrapolation wird von Vergangenheitsbeobachtungen ausgegangen. Es wird unterstellt, daß diese auch in Zukunft gelten. Dabei können unterschiedliche Funktionstypen gewählt werden. Beim linearen Trend wird davon ausgegangen, daß sich die lineare Entwicklung in der Vergangenheit auch in der Zukunft fortsetzt. Beim exponentiellen Trend wird unterstellt, daß der relative Zuwachs konstant bleibt. Möglich ist auch ein logistischer Trend. Die logistische Kurve unterstellt ein anfängliches langsames Wachstum, das bis zum Wendepunkt der Kurve progressiv zunimmt, um danach nur noch degressiv zu steigen und nach dem Maximum zu fallen.
Vor- und Nachteile	+ Nachvollziehbare, systematische Ableitung − sehr aufwendig
Aufwand	Teamarbeit Dauer, je nach Komplexität, Wochen und Monate
Eingangsinformationen	Vergangenheitsdaten, Beobachtungswerte
Ergebnis	zukünftige Trends
Projektphase	Zukunftsanalyse
Verwandte Methoden/Hilfsmittel	nicht bekannt
Literatur	*Koppelmann, U.*: Produktmarketing *Meffert, H.*: Marketing

Bezeichnung	**TRIZ-Widerspruchsmatrix**
Art	Problemlösungsmethode
Begründer	Altschuller, G.
Zielsetzung	Überwindung sich widersprechender Produkteigenschaften
Kurzbeschreibung	In der Widerspruchsmatrix sind 39 technische Standardparameter einander gegenübergestellt, deren Felder eine für die jeweilige Kombination geeignete Auswahl aus 40 innovativen Lösungsprinzipien enthalten. Diese stellen allgemeine, abstrakte Ansätze zur Lösungsfindung bei Zielkonflikten zwischen den Parametern dar. Zeichnet sich ein reales technisches Problem durch einen Zielkonflikt aus, d.h. durch mindestens zwei zu optimierende Eigenschaftsparameter, deren gleichzeitige Realisierung mit bekannten technischen Mitteln keinen zufriedenstellenden Kompromiß erlaubt, so wird zunächst der technische Widerspruch analysiert. Die beiden Eigenschaften, die zu diesem Widerspruch führen, werden dahingehend abstrahiert, daß zwei der technischen Standardparameter anwendbar sind. Mittels der Matrix können Lösungsprinzipien gefunden werden, die anschließend auf die reale Widerspruchssituation übertragen und detailliert werden, wodurch eine Lösung des konkreten Problems ermittelt werden kann.
Vor- und Nachteile	+ Strukturierte und einfache Ermittlung von Lösungsideen + Neue Anregungen zu Problemlösungen – Detaillierung der Lösungsprinzipien erfordert Erfahrung
Aufwand	Teamarbeit Dauer je nach Vereinbarung und Bedarf Kenntnis der Methode erforderlich
Eingangsinformationen	Anwendungsbereich, technischer Zielkonflikt
Ergebnis	Ideen und Lösungsvorschläge
Projektphase	Ideenfindung, Ideendetaillierung
Verwandte Methoden/Hilfsmittel	WOIS Bionik
Literatur	*Altschuller, G.:* Erfinden - Wege zur Lösung technischer Probleme *Terninko, J.:* TRIZ

Bezeichnung	**Wertanalyse**
Art	Analysemethode
Begründer	L.D. Miles
Zielsetzung	Kostenoptimierung von Funktionen eines Objektes bei gleichzeitiger Nutzensteigerung des Objektes
Kurzbeschreibung	Die Wertanalyse wird zum einen zur Kostenreduzierung bei bereits bestehenden Produkten (Wertverbesserung) und zum anderen zur Vermeidung von unnötigen Kosten bei entstehenden Produkten (Wertgestaltung) eingesetzt. Dem Vorgehen ist ein Arbeitsplan mit den folgenden Schritten (DIN 69910) zugrunde gelegt 1. Projekte vorbereiten (Aufgaben strukturieren) 2. Objektsituation analysieren (Aufgabe analysieren) 3. Sollzustand festlegen (Aufgabe formulieren) 4. Lösungsideen entwickeln (Lösungssuche) 5. Lösungen festlegen (Lösungen analysieren, beurteilen) Die Bearbeitung der Arbeitsschritte erfolgt in interdisziplinären Teams
Vor- und Nachteile	+ Funktionsorientieres Vorgehen + Systematische Erforschung tiefliegender Kostenursachen + Ganzheitliche Betrachtung des Objektes − Sehr zeitaufwendig − Erfahrungsintensiv
Aufwand	Teamarbeit Dauer je nach Komplexität
Eingangsinformationen	Grobkonzept des Objektes
Ergebnis	Funktions- und Kostenstruktur des Objektes
Projektphase	Überprüfung der Ergebnisse
Verwandte Methoden/Hilfsmittel	Conjoint Analyse
Literatur	*Stippel, N.:* Innovationscontrolling *Ehrlenspiel, K.:* Integrierte Produktentwicklung

E Elemente der TRIZ-Methodik

Ein anspruchvolles technisches Problem zeichnet sich durch einen nicht lösbaren Zielkonflikt aus, d.h. durch mindestens zwei zu optimierende Parameter, deren gleichzeitige Realisierung mit bekannten technischen Mitteln nicht möglich ist bzw. keinen zufriedenstellenden Kompromiß erlaubt [vgl. ALTS84, S. 23]. Zur Beschreibung der Widersprüche wurden 39 Systemparameter bzw. technische Standardparameter benannt, mit deren Hilfe sich die meisten Widersprüche bei hinreichender Abstraktion beschreiben lassen. Diese Standardparameter wurden in der sogenannten Widerspruchsmatrix bzw. Contradiction-Matrix einander gegenübergestellt. Bei der Lösungssuche wird in den Zeilen der Parameter ausgesucht, der eine Verbesserung erfahren soll. In der Spalte wird der Parameter ausgewählt, der eine Verschlechterung erfährt. Altschuller identifizierte 40 Innovationsprinzipien, die in den analysierten Patenten zur Problemlösung herangezogen wurden und ordnete sie den entsprechenden Widersprüchen in der Widerspruchsmatrix zu. Es gibt Felder, die mehrere Prinzipen enthalten, aber es existieren auch leere Felder, d.h. bis dato wurde zur Lösung des betreffenden Widerspruchs kein aussagekräftiges und abstrahierbares Patent gefunden [vgl. TERN98, S. 124]. Die vorgeschlagenen Lösungen werden dann auf das konkrete Problem adaptiert.

E1 Die 39 technischen Standardparameter

1. Masse/Gewicht eines beweglichen Objektes:

Die von der Schwerkraft verursachte Kraft, die ein bewegtes Objekt auf die ihn vor dem Fallen bewahrende Auflage ausübt. Ein bewegtes Objekt verändert seine Position aus sich hieraus oder aufgrund externer Kräfte.

2. Masse/Gewicht eines unbeweglichen Objektes:

Die von der Schwerkraft verursachte Kraft, die ein stationäres Objekt auf seine Auflage ausübt. Ein stationäres Objekt verändert seine Position weder aus sich heraus noch aufgrund externer Kräfte.

3. Länge eines beweglichen Objektes:

Länge, Höhe oder Breite eines Körpers in Bewegungsrichtung. Die Bewegung kann intern oder durch externe Kräfte verursacht sein.

4. Länge eines unbeweglichen Objektes:

Länge, Höhe oder Breite eines Körpers in der durch keine Bewegung gekennzeichneten Richtung.

5. Fläche eines beweglichen Objektes:

Ebene bzw. Teilebene eines Objektes, welche aufgrund interner oder externer Kräfte ihre räumliche Position verändert.

6. Fläche eines unbeweglichen Objektes:

Ebene bzw. Teilebene eines Objektes, welche aufgrund interner oder externer Kräfte ihre räumliche Position nicht verändern kann.

7. Volumen eines beweglichen Objektes:

Volumen eines Objektes, welches aufgrund interner oder externer Kräfte seine räumliche Position verändert.

8. Volumen eines unbeweglichen Objektes:

Volumen eines Objektes, welches aufgrund interner oder externer Kräfte seine räumliche Position nicht verändern kann.

9. Geschwindigkeit:

Das Tempo, mit dem eine Aktion oder ein Prozeß zeitlich vorangebracht wird.

10. Kraft:

Die Fähigkeit, physikalische Veränderungen an einem Objekt hervorrufen zu können. Die Veränderung kann vollständig oder teilweise, permanent oder temporär sein.

11. Spannung oder Druck:

Die Intensität der auf ein Objekt einwirkenden Kräfte, gemessen als Kompression oder Spannung pro Fläche.

12. Form:

Die äußerliche Erscheinung oder Kontur eines Objektes. Die Form kann sich vollständig oder teilweise, permanent oder temporär aufgrund einwirkender Kräfte verändern.

13. Stabilität der Zusammensetzung des Objektes:

Die Widerstandsfähigkeit eines ganzen Objektes gegen aufgezwungene Formänderungen.

14. Festigkeit:

Die Fähigkeit eines Objektes, innerhalb definierter Grenzen Kräfte oder Belastungen auszuhalten, ohne zerstört zu werden.

15. Haltbarkeit eines beweglichen Objektes:

Die Zeitspanne, während der ein sich räumlich bewegendes Objekt in der Lage ist, seine Funktion erfolgreich zu erfüllen.

16. Haltbarkeit eines unbeweglichen Objektes:

Die Zeitspanne, während der ein räumlich fixiertes Objekt in der Lage ist, seine Funktion erfolgreich zu erfüllen.

17. Temperatur:

Der Verlust oder Gewinn von Wärme als mögliche Gründe für Veränderungen an einem Objekt während des geforderten Funktionsablaufes.

18. Helligkeit:

Lichtenergie pro beleuchteter Fläche, Qualität und Charakteristik des Lichtes, Grad der Ausleuchtung.

19. Energieverbrauch eines beweglichen Objektes:

Der Energiebedarf eines sich aufgrund interner oder externer Kräfte räumlich bewegenden Objektes.

20. Energieverbrauch eines unbeweglichen Objektes:

Der Energiebedarf eines sich trotz äußerer Kräfte räumlich nicht bewegenden Objektes.

21. Leistung, Kapazität:

Das für die betreffende Aktion benötigte Verhältnis aus Aufwand und Zeit. Dient zur Charakterisierung benötigter, aber unverwünschter Veränderungen in der Leistung eines Systems.

22. Energieverluste:

Unfähigkeit eines Objektes Kräfte auszuüben, insbesondere wenn nicht gearbeitet oder produziert wird.

23. Materialverluste:

Abnahme oder Verschwinden von Material, insbesondere wenn nicht gearbeitet oder produziert wird.

24. Informationsverlust:

Abnahme oder Verlust an Informationen oder Daten.

25. Zeitverlust:

Zunehmender Zeitbedarf zur Erfüllung einer vorgegebenen Funktion.

26. Materialmenge:

Die benötigte Zahl an Elementen oder die benötigte Menge eines Elementes für die Erzeugung eines Objektes.

27. Zuverlässigkeit (Sicherheit):

Die Fähigkeit, über eine bestimmte Zeit oder Zyklenanzahl die vorgegebene Funktion erfüllen zu können.

28. Meßgenauigkeit:

Der Grad an Übereinstimmung zwischen gemessenem und wahrem Wert der zu messenden Eigenschaft.

29. Fertigungsgenauigkeit:

Das Maß an Übereinstimmung mit Spezifikationen.

30. Äußere negative Einflüsse auf das Objekt:

Die auf ein Objekt einwirkenden, Qualität und Effizienz beeinflussenden äußeren Faktoren.

31. Negative Nebeneffekte des Objektes:

Intern erzeugte Effekte, die die Qualität und Effizienz eines Objektes beeinträchtigen.

32. Fertigungsfreundlichkeit:

Komfort und Einfachheit, mit der ein Produkt erzeugt werden kann.

33. Bedienkomfort:

Komfort und Einfachheit, mit der ein Objekt bedient oder benutzt werden kann.

34. Reparaturfreundlichkeit:

Komfort und Einfachheit, mit der ein Objekt nach Beschädigung oder Abnutzung wieder in den arbeitsfähigen Zustand zurückversetzt werden kann.

35. Anpassungsfähigkeit:

Die Fähigkeit, sich an veränderliche externe Bedingungen anpassen zu können.

36. Kompliziertheit der Struktur:

Anzahl und Diversität der Einzelbestandteile einschließlich deren Verknüpfung. Weiterhin ist hier die Schwierigkeit, ein System als Benutzer zu beherrschen, gemeint.

Anhang

37. Komplexität in der Kontrolle der Steuerung:

Anzahl und Diversität von Elementen bei der Steuerung und Kontrolle des Systems, aber auch der Aufwand, mit akzeptabler Genauigkeit zu messen.

38. Automatisierungsgrad:

Die Fähigkeit, ohne menschliche Interaktion zu funktionieren.

39. Produktivität (Funktionalität):

Das Verhältnis zwischen Zahl der abgeschlossenen Aktionen und des dazu notwendigen Zeitbedarfes.

E2 Die 40 Innovationsprinzipien

1. Segmentierung

a. Zerlege ein Objekt in unabhängige Teile.
b. Führe das Objekt zerlegbar aus.
c. Erhöhe den Grad an Unterteilung.

Beispiele:

A. Zerlegbare Möbel, modulare Computer, faltbare Meßlatte.
B. Gartenschläuche können für variable Reichweiten aneinander gekoppelt werden.

2. Abtrennung

a. Entfernung oder Abtrennung des störenden Teiles eines Objektes.
b. Den notwendigen Teil bzw. die wesentliche Eigenschaft alleine einsetzen.

Beispiel:

A. Das Benutzen von auf Band aufgezeichneten Vogelstimmen zur Verbesserung der Sicherheit auf Flughäfen.

3. Örtliche Qualität

a. Übergang von homogener Struktur des Objektes oder seiner Umgebung zu einer heterogenen Struktur.
b. Die verschiedenen Teile eines Systems sollen verschiedene Funktionen erfüllen.
c. Jede Komponente eines Systems unter für sie individuell optimalen Bedingungen einsetzen.

Beispiele:
A. Zur Bekämpfung von Staub im Untertage-Bergbau wird um die Werkzeuge ein kegelförmiger Wasservorhang gesprüht. Je kleiner die Tropfen, desto besser wird der Staub gebunden. Leider tendieren sehr kleine Tröpfchen zur Nebelbildung, was die Arbeit insgesamt erschwert. Lösung nach Innovationsprinzip Nr. 3 ist, einen Kegel kleinster Tröpfchen mit einem Mantel aus größeren Tropfen zu umgeben.
B. Führe Bleistift und Radierer in einer Einheit zusammen.

4. Asymmetrie

a. Ersetze symmetrische Formen durch asymmetrische.
b. Erhöhe den Grad der Asymmetrie, wenn diese schon vorliegt.

Beispiele:
A. Eine Seite des Reifens ist verstärkt, um häufigen Kontakt mit dem Bordstein besser zu überstehen.
B. Schüttet man nassen Sand durch einen Trichter, bildet dieser oft einen Brückenbogen über der Öffnung aus, was zu reduziertem und unregelmäßigem Durchfluß führt. Ein asymmetrischer Trichter löst dieses Problem.

5. Kopplung

a. Gruppiere gleichartige oder zur Zusammenarbeit bestimmte Objekte räumlich zusammen.
b. Vertakte gleichartige oder zur Zusammenarbeit bestimmte Objekte, d. h. kopple sie zeitlich.

Beispiel:
A. Ein Rotations-Trockenbagger hat Dampfdüsen, um den Untergrund in einem Schritt aufzutauen und zu erweichen.

6. Universalität

a. Das System erfüllt mehrere unterschiedliche Funktionen, wodurch andere Systeme oder Objekte überflüssig werden.

Beispiele:
A. Klappsofa läßt sich vom Sofa für den Tag zum Bett für die Nacht umwandeln.
B. Der Minivan-Sitz läßt sich für das Sitzen, Schlafen oder Lasten transportieren jeweils in eine günstige Form umbauen.

7. Verschachtelung

a. Ein Objekt befindet sich im Inneren eines anderen Objektes, das sich ebenfalls im Inneren eines dritten befindet.
b. Ein Objekt paßt in oder durch den Hohlraum eines anderen.

Beispiele:
A. Steckpuppe, Matrjoschka.
B. Teleskop-Antenne.
C. Stapelbare Stühle.
D. Druckminenbleistift mit integriertem Minenvorrat.

8. Gegengewicht

a. Das Gewicht des Objektes kann durch Kopplung an ein anders, entsprechend tragfähiges Objekt kompensiert werden.
b. Das Gewicht des Objektes kann durch aerodynamische oder hydraulische Kräfte kompensiert werden.

Beispiele:
A. Boot mit Tragflügel.
B. Rennwagen haben einen Heckflügel, um die Bodenhaftung zu erhöhen.

9. Vorgezogene Gegenaktion

a. Vor der Ausführung einer Aktion muß eine erforderliche Gegenaktion vorab ausgeführt werden.
b. Muß ein Objekt in Spannung sein, dann muß vorab die Gegenspannung erzeugt werden.

Beispiele:
A. Vorgespannte Betonstützen bei Brücken.
B. Verstärkte Stütze: Zur Erhöhung der Stabilität wird diese aus mehreren Rohren zusammengesetzt, die vorher um einen bestimmten Winkel verdreht wurden.

10. Vorgezogene Aktion

a. Führe die notwendige Aktion - teilweise oder ganz - im voraus aus.
b. Ordne Objekte so an, daß sie ohne Zeitverlust vom richtigen Ort aus arbeiten können.

Beispiele:
A. Bastelmesser, dessen Klinge Kerben enthält, wodurch man stumpfe Teile wegbrechen kann.
B. Klebstoff in einer Flasche ist nur schlecht sauber und gleichmäßig applizierbar. Das Aufbringen auf ein Band (Klebestreifen) erleichtert dies.

11. Vorbeugemaßnahme

a. Kompensiere die schlechte Zuverlässigkeit eines Systems durch vorher ergriffene Maßnahmen.

Beispiel:
A. Zur Vermeidung von Ladendiebstahl werden an den Waren magnetisch codierte Etiketten angebracht. Damit der Kunde mit der Ware das Geschäft verlassen kann, muß das Etikett an der Kasse erst entmagnetisiert werden.

12. Äquipotential

a. Verändere die Bedingungen so, daß das Objekt mit konstantem Energiepotential arbeiten kann, also bspw. weder angehoben noch abgesenkt werden muß.

Beispiel:
A. Motorenöl am Auto wird über einer Grube gewechselt, wodurch teure Hebemaschinen überflüssig werden.

13. Funktionsumkehr

a. Implementiere anstelle der durch Spezifikation diktierten Aktion die genau gegenteilige Aktion.
b. Mache ein unbewegtes Objekt beweglich oder ein bewegliches unbeweglich.
c. Stelle das System „auf den Kopf", kehre es um.

Beispiel:
A. Abrasives Reinigen von Teilen durch Vibration der Teile selbst statt durch Vibration des Abrasivums (z.B. Sand beim Sandstrahlen)

14. Krümmung

a. Ersetze lineare Teile oder flache Oberflächen durch gebogene, kubische Strukturen durch sphärische.
b. Benutze Rollen, Kugeln, Spiralen.
c. Ersetze lineare Bewegungen durch rotierende, nutze die Zentrifugalkraft aus.

Beispiel:
A. Eine PC-Maus benutzt eine Kugelkonstruktion zur Umsetzung einer linearen, biaxialen Bewegung in einen Vektor.

15. Dynamisierung

a. Gestalte ein System oder dessen Umgebung so, daß es sich automatisch unter allen Betriebszuständen auf eine optimale Performance einstellt.
b. Zerteile ein System in Elemente, die sich untereinander optimal arrangieren können.
c. Mache ein unbewegliches Objekt beweglich, verstellbar oder austauschbar.

Beispiele:
A. Die bewegliche Verbindung zwischen Blitzlampe und Blitzgerät.
B. Ein Transportschiff hat eine zylindrische Rumpfform. Um den Tiefgang bei voller Ladung zu reduzieren, wird es aus zwei mit einem Gelenk verbundenen Halbzylindern gefertigt, die bei Bedarf aufgeklappt werden können.

16. Partielle oder überschüssige Wirkung

a. Wenn es schwierig ist, 100% einer geforderten Funktion zu erreichen, verwirkliche etwas mehr oder weniger, um so das Problem deutlich zu vereinfachen.

Beispiele:
A. Die Lackierung eines Zylinders geschieht durch Eintauchen in Farbe. Leider wird er dabei zunächst mit mehr Farbe bedeckt, als erwünscht ist. Überschüssige Farbe läßt sich leicht und schnell durch Rotation entfernen.
B. Um aus einem Pulver-Vorratsgefäß einen gleichmäßigen Nachstrom des Pulvers zu gewährleisten, ist der Behälterausgang im Inneren als aufrecht stehender Trichter ausgebildet, der kontinuierlich überfüllt wird.

17. Höhere Dimensionen

a. Umgehe Schwierigkeiten bei der Bewegung eines Objekts entlang einer Linie durch eine zweidimensionale Bewegung (in einer Ebene). Analog wird ein Bewegungsproblem in der Ebene vereinfacht durch Übergang in die dritte Dimension.
b. Ordne Objekte in mehreren statt einer Ebene an.
c. Plaziere das Objekt geneigt oder kippe es.
d. Nutze Projektionen in die Nachbarschaft oder auf die Rückseite des Objekts.

Beispiel:
A. Gewächshaus mit konkavem Reflektor an der Nordseite des Objektes, um auch in diesen Teil des Gebäudes durch Lichtreflexion das Tageslicht besser ausnutzen zu können.

18. Mechanische Schwingungen

a. Versetze ein Objekt in Schwingung.
b. Oszilliert das Objekt bereits, erhöhe die Frequenz.
c. Benutze die Resonanzfrequenz(en).
d. Ersetze mechanische Schwingungen durch Piezovibrationen.
e. Setze Ultraschall in Verbindung mit elektromagnetischen Feldern ein.

Beispiele:
A. Statt mit einer gewöhnlichen Handsäge, wird der Gipsverband mit einem oszillierenden Messer entfernt.
B. Gußmassen werden Vibrationen ausgesetzt, um deren Verteilung und Homogenität zu fördern.

19. Periodische Wirkung

a. Übergang von kontinuierlicher zu periodischer Wirkung.
b. Liegt bereits eine periodische Aktion vor, verändere deren Frequenz.
c. Benutze Pausen zwischen einzelnen Impulsen, um andere Aktionen einfügen zu können.

Beispiele:
A. Angerostete Schrauben lassen sich besser mit Kraftimpulsen als mit kontinuierlich hoher Kraft am Schraubenschlüssel lösen.
B. Eine Warnleuchte wird besser wahrgenommen, wenn sie pulsiert.

20. Kontinuität

a. Führe eine Aktion ohne Unterbrechung aus, alle Komponenten sollen ständig mit gleichmäßiger Belastung arbeiten.
b. Schalte Leerläufe und Unterbrechungen aus.

Beispiel:

A. Ein Bohrer kann am Kopf Schneiden für beide Richtungen haben, was erlaubt, den Bohrprozeß in beiden Richtungen auszuführen.

21. Durcheilen kritischer Prozeßschritte

a. Führe schädliche oder gefährliche Aktionen mit sehr hoher Geschwindigkeit durch.

Beispiel:

A. Ein Schneidgerät für dünnwandige Plastikröhrchen arbeitet mit sehr hoher Geschwindigkeit (der Schnitt erfolgt schneller als die für eine Deformierung notwendige Zeit).

22. Schädliches in Nützliches verwandeln

a. Nutze schädliche Faktoren oder Effekte - speziell aus der Umgebung - positiv aus.
b. Beseitige einen schädlichen Faktor durch Kombination mit einem anderen schädlichen Faktor.
c. Verstärke einen schädlichen Einfluß soweit, bis er aufhört, schädlich zu sein.

Beispiele:

A. Sand und Schotter frieren zusammen, wenn sie bei niedrigen Temperaturen transportiert werden. Schockgefrieren mit flüssigem Stickstoff zersprödet das Eis, so daß Schütten wieder möglich ist.
B. Beim Erwärmen von Metallstücken mit hochfrequenter Wechselspannung wird nur die Oberfläche heiß. Dieser negative Effekt läßt sich zur thermischen Oberflächenbehandlung pfiffig einsetzen.

23. Rückkopplung

a. Führe eine Rückkopplung ein.
b. Ist eine Rückkopplung vorhanden, ändere sie oder kehre sie um.

Beispiele:

A. Der Wasserdruck am Ausgang eines Brunnens wird durch Druckmessung und dadurch gesteuerte Zuschaltung einer Pumpe bei zu niedrigem Druck aufrecht erhalten.
B. Zur Herstellung definierter Eis-Wasser-Gemische müssen Eis und Wasser separat quantifiziert und dann gemischt werden. Besser ist es, zuerst das schlechter dosierbare Eis auszuwiegen und diesen Meßwert direkt für die Steuerung eines Wasser-Dispensors zu nutzen.
C. Geräte zur Eliminierung von Lärm zeichnen diesen auf, verschieben die Phase und strahlen ihn wieder aus, um so durch gegenphasige Überlagerung das Lärmsignal zu löschen.

24. Vermittler

a. Nutze ein Zwischenobjekt, um die Aktion weiterzugeben oder auszuführen.
b. Verbinde das System zeitweise mit einem anderem, leicht zu entfernenden Objekt.

Beispiel:
A. Um Energieverluste bei der Elektrolyse von Schmelzen zu vermeiden, werden gekühlte Elektroden und diese umgebende Metallschmelzen mit niedrigem Siedepunkt als Mediator zur heißen Schmelze hin verwendet.

25. Selbstversorgung

a. Das System soll sich selbst bedienen und Hilfs- sowie Reparaturfunktionen selbst ausführen.
b. Nutze Abfall und Verlustenergie.

Beispiele:
A. Um abrasives Material gleichmäßig auf den zermalmenden Rollen zu verteilen und diese vor dem Abtrag zu schützen, werden sie aus dem identischen Material wie das Abrasivum gefertigt.
B. In einem elektrischen Schweißbrenner wird der Draht durch eine spezielle Vorrichtung geschoben. Eine kreative Vereinfachung stellt hier der über den Schweißstrom und eine Magnetspule gesteuerte Drahtvorschub dar.

26. Kopieren

a. Benutze eine billige, einfache Kopie anstatt eines teuren, zerbrechlichen oder schlecht handhabbaren Objektes.
b. Ersetze ein System oder Objekt durch eine optische Kopie oder Abbildung. Hierbei kann der Maßstab (vergrößern, verkleinern) verändert werden.
c. Werden bereits optische Kopien benutzt, dann gehe zu infraroten oder ultravioletten Abbildern über.

Beispiel:
A. Die Höhe sehr großer Objekte (Bauwerke...) kann über Vermessung ihres Schattens ermittelt werden.

27. Billige Kurzlebigkeit

a. Ersetze ein teures System durch ein Sortiment billiger Teile, wobei auf einige Eigenschaften (Langlebigkeit, z.B.) verzichtet wird.

Beispiele:
A. Wegwerfwindeln.
B. Eine Einweg-Mausefalle besteht aus einem mit einem Köder versehenen Plastikrohr. Die Maus läuft durch eine enge trichterförmige Öffnung in die Falle. Durch den Trichter kann die Maus auf umgekehrtem Weg nicht mehr heraus.

28. Mechanik ersetzen

a. Ersetze ein mechanisches System durch ein optisches, akustisches oder geruchsbasierendes System.
b. Benutze elektrische, magnetische oder elektromagnetische Felder.
c. Ersetze Felder: stationäre durch bewegliche, konstante durch periodische, strukturlose durch strukturierte.
d. Setze Felder in Verbindung mit ferromagnetischen Teilchen ein.

Beispiel:

A. Um die Haltekraft eines metallischen Überzuges auf einem Thermoplast zu erhöhen, wird der Beschichtungsprozeß in Gegenwart eines elektromagnetischen Feldes ausgeführt, wodurch das Metall mit höherer Kraft angepreßt wird.

29. Pneumatik und Hydraulik

a. Ersetze feste, schwere Teile eines Systems durch gasförmige oder flüssige. Nutze Wasser oder Luft zum Aufpumpen, Luftkissen oder hydrostatische Elemente.

Beispiele:

A. Um den Zug in einem Industriekamin zu erhöhen, wird er innen spiralig mit einem porösen Rohr, durch das Luft geleitet wird, ausgestattet. Die aus diesen Poren strömende Luft erzeugt ein Luftkissen innen im Kamin, wodurch er besser zieht.
B. Zum Postversand zerbrechlicher Dinge werden Packmaterialien mit Luftpolstern (Luftblasenfolie) oder geschäumte Packungen verwendet.

30. Flexible Hüllen und dünne Filme

a. Ersetze übliche Konstruktionen durch flexible Hüllen oder dünne Filme.
b. Isoliere ein Objekt von der Umwelt durch einen dünnen Film oder eine Membran.

Beispiel:

A. Um Wasserverlust an Pflanzen zu reduzieren, werden die Blätter mit Polyethylen-Spray behandelt. Das Polyethylen härtet aus und führt zu besserem Pflanzenwachstum, weil zwar Sauerstoff diese Schutzschicht passieren kann, Wasserdampf jedoch schlecht.

31. Poröse Werkstoffe

a. Gestalte ein Objekt porös oder füge poröse Materialien (Einsätze, Überzüge...) zu.
b. Ist ein Objekt bereits porös, dann fülle die Poren mit einem vorteilhaften Stoff im voraus.

Beispiele:

A. Um das aufwendige Hineinpumpen von Kühlmittel in eine Maschine zu vermeiden, werden Teile der Maschine mit porösem Material (porös pulverisierter Stahl) gefüllt, das in Kühlmittel bereits eingeweicht wurde. Im Betrieb der Maschine verdampft das Kühlmittel sofort und führt so zu schneller, gleichmäßiger Kühlung.

Anhang

32. Farbveränderung

a. Verändere die Farbe eines Objekts oder die der Umgebung.
b. Verändere die Durchsichtigkeit eines Objektes oder die der Umgebung.
c. Nutze zur Beobachtung schlecht sichtbarer Objekte oder Prozesse geeignete Farbzusätze.
d. Existieren derartige Farbzusätze bereits, setze Leuchtstoffe, Lumineszente oder anderweitig markierte Substanzen ein.

Beispiele:

A. Ein transparentes Pflaster erlaubt es, die Wunde zu inspizieren, ohne den Verband zu entfernen.
B. In Stahlwerken schützt ein Wasservorhang die Arbeiter vor zu großer Hitze. Aber Wasser absorbiert nur die IR-Strahlung (Hitze), nicht die gleißende Helligkeit des sichtbaren Lichts. Dessen Intensität läßt sich ohne Beeinträchtigung der Transparenz durch Zugabe eines Farbstoffes in das Wasser reduzieren.

33. Homogenität

a. Fertige interagierende Objekte aus demselben oder aus ähnlichem Material.

Beispiel:

A. Um abrasives Material gleichmäßig auf den zermalmenden Rollen zu verteilen und diese vor dem Abtrag zu schützen, werden sie aus dem identischem Material wie das Abrasivum gefertigt.

34. Beseitigung und Regeneration

a. Beseitige oder verwerte (ablegen, auflösen, verdampfen) diejenigen Teile des Systems, die ihre Funktion erfüllt haben oder unbrauchbar geworden sind.
b. Stelle verbrauchte Systemteile unmittelbar - im Arbeitsgang - wieder her.

Beispiele:

A. Patronenhülse wird nach dem Schuß ausgeworfen.
B. Booster-Raketen trennen sich nach Erfüllen ihrer Aufgabe von der Hauptrakete ab.

35. Veränderung des Aggregatzustandes

a. Ändere den Aggregatzustand eines Objekts: fest, flüssig, gasförmig, aber auch quasiflüssig oder ändere Eigenschaften wie Konzentration, Dichte, Elastizität, Temperatur.

Beispiel:

A. In einem Transportsystem für spröde, zerbröselnde Materialien wird die Transportschraube aus elastischem Material gefertigt. Dadurch kann die Steigung dieser Schraube und damit bei fixer Drehzahl die Transportgeschwindigkeit verändert werden.

36. Phasenübergang

a. Nutze die Effekte während des Phasenüberganges einer Substanz aus: Volumenveränderung, Wärmeentwicklung oder -absorption.

Beispiel:

A. Um gerippte Rohre gleichmäßig zu dehnen, werden sie mit Wasser gefüllt und gefroren.

37. Wärmeausdehnung

a. Nutze die thermische Expansion oder Kontraktion von Materialien aus.
b. Benutze Materialien mit unterschiedlichem Wärmeausdehnungskoeffizienten.

Beispiel:

A. Um das Dach eines Gewächshauses automatisch zu öffnen und zu schließen, werden die Fenster mit bimetallischen Streben versehen. Beim Temperaturwechsel biegen sich die Streben und schließen oder öffnen hierdurch die Fenster.

38. Starkes Oxidationsmittel

a. Ersetze normale Luft durch sauerstoffangereicherte Luft.
b. Ersetze angereicherte Luft durch reinen Sauerstoff.
c. Setze Luft oder Sauerstoff ionisierenden Strahlen aus.
d. Benutze Ozon.

Beispiel:

A. Um mehr Licht aus einer Fackel zu erhalten, wird sie mit Sauerstoff statt mit Luft versorgt.

39. Inertes Medium

a. Ersetze die übliche Umgebung durch eine inerte.
b. Führe den Prozeß im Vakuum aus.

Beispiel:

A. Um die Selbstentzündung von Baumwolle im Lager zu vermeiden, wird diese auf dem Transport zum Lager mit inertem (schwer entflammbarem) Gas behandelt.

40. Verbundmaterialien

a. Ersetze homogene Stoffe mit Verbundmaterialien.

Beispiel:

A. Hochbeanspruchte Tragflächen von Militärflugzeugen werden zwecks hoher Festigkeit und geringem Gewicht aus Kunststoff und Kohlefasern in Form eines Verbundmaterials gefertigt.

Anhang

E3 Die Contradiction-Matrix

Problemfaktor → Optimierungsfaktor		1 Gewicht eines bewegten Objekts	2 Gewicht eines stationären Objekts	3 Länge eines bewegten Objekts	4 Länge eines stationären Objekts	5 Fläche eines bewegten Objekts	6 Fläche eines stationären Objekts	7 Volumen eines bewegten Objekts	8 Volumen eines stationären Objekts	9 Geschwindigkeit	10 Kraft	11 Druck oder Spannung	12 Form	13 Stabilität eines Objekts
1	Gewicht eines bewegten Objekts	+	-	15, 8, 29, 34	-	29, 17, 38, 34	-	29, 2, 40, 28	-	2, 8, 15, 38	8, 10, 18, 37	10, 36, 37, 40	10, 14, 35, 40	1, 35, 19, 39
2	Gewicht eines stationären Objekts	-	+	-	10, 1, 29, 35	-	35, 30, 13, 2	-	5, 35, 14, 2	-	8, 10, 19, 35	13, 29, 10, 18	13, 10, 29, 14	26, 39, 1, 40
3	Länge eines bewegten Objekts	8, 15, 29, 34	-	+	-	15, 17, 4	-	7, 17, 4, 35	-	13, 4, 8	17, 10, 4	1, 8, 35	1, 8, 10, 29	1, 8, 15, 34
4	Länge eines stationären Objekts	-	35, 28, 40, 29	-	+	-	17, 7, 10, 40	-	35, 8, 2, 14	-	28, 10	1, 14, 35	13, 14, 15, 7	39, 37, 35
5	Fläche eines bewegten Objekts	2, 17, 29, 4	-	14, 15, 18, 4	-	+	-	7, 14, 17, 4	-	29, 30, 4, 34	19, 30, 35, 2	10, 15, 36, 28	5, 34, 29, 4	11, 2, 13, 39
6	Fläche eines stationären Objekts	-	30, 2, 14, 18	-	26, 7, 9, 39	-	+	-	-	-	1, 18, 35, 36	10, 15, 36, 37	-	2, 38
7	Volumen eines bewegten Objekts	2, 26, 29, 40	-	1, 7, 4, 35	-	1, 7, 4, 17	-	+	-	29, 4, 38, 34	15, 35, 36, 37	6, 35, 36, 37	1, 15, 29, 4	28, 10, 1, 39
8	Volumen eines stationären Objekts	-	35, 10, 19, 14	19, 14	35, 8, 2, 14	-	-	-	+	-	2, 18, 37	24, 35	7, 2, 35	34, 28, 35, 40
9	Geschwindigkeit	2, 28, 13, 38	-	13, 14, 8	-	29, 30, 34	-	7, 29, 34	-	+	13, 28, 15, 19	6, 18, 38, 40	35, 15, 18, 34	28, 33, 1, 18
10	Kraft	8, 1, 37, 18	18, 13, 1, 28	17, 19, 9, 36	28, 10	19, 10, 15	1, 18, 36, 37	15, 9, 12, 37	2, 36, 18, 37	13, 28, 15, 12	+	18, 21, 11	10, 35, 40, 34	35, 10, 21
11	Druck oder Spannung	10, 36, 37, 40	13, 29, 10, 18	35, 10, 36	35, 1, 14, 16	10, 15, 36, 28	10, 15, 36, 37	6, 35, 10	35, 24	6, 35, 36	36, 35, 21	+	35, 4, 15, 10	35, 33, 2, 40
12	Form	8, 10, 29, 40	15, 10, 26, 3	29, 34, 5, 4	13, 14, 10, 7	5, 34, 4, 10	-	14, 4, 15, 22	7, 2, 35	35, 15, 34, 18	35, 10, 37, 40	34, 15, 10, 14	+	33, 1, 18, 4
13	Stabilität eines Objekts	21, 35, 2, 39	26, 39, 1, 40	13, 15, 1, 28	37	2, 11, 13	39	28, 10, 19, 39	34, 28, 35, 40	33, 15, 28, 18	10, 35, 21, 16	2, 35, 40	22, 1, 18, 4	+
14	Festigkeit	1, 8, 40, 15	40, 26, 27, 1	1, 15, 8, 35	15, 14, 28, 26	3, 34, 40, 29	9, 40, 28	10, 15, 14, 7	9, 14, 17, 15	8, 13, 26, 14	10, 18, 3, 14	10, 3, 18, 40	10, 30, 35, 40	13, 17, 35
15	Haltbarkeit eines bewegten Objekts	19, 5, 34, 31	-	2, 19, 9	-	3, 17, 19	-	10, 2, 19, 30	-	3, 35, 5	19, 2, 16	19, 3, 27	14, 26, 28, 25	13, 3, 35
16	Haltbarkeit eines stationären Objekts	-	6, 27, 19, 16	-	1, 40, 35	-	-	-	35, 34, 38	-	-	-	-	39, 3, 35, 23
17	Temperatur	36, 22, 6, 38	22, 35, 32	15, 19, 9	15, 19, 9	3, 35, 39, 18	35, 38	34, 39, 40, 18	35, 6, 4	2, 28, 36, 30	35, 10, 3, 21	35, 39, 19, 2	14, 22, 19, 32	1, 35, 32
18	Helligkeit	19, 1, 32	2, 35, 32	19, 32, 16	-	19, 32, 26	-	2, 13, 10	-	10, 13, 19, 6	26, 19, 6	-	32, 30	32, 3, 27
19	Energieverbrauch eines bewegten Objekts	12, 18, 2, 8, 31	-	12, 28	-	15, 19, 25	-	35, 13, 18	-	8, 35, 35	16, 26, 21, 2	23, 14, 25	12, 2, 29	19, 13, 17, 24

Anhang E3: Contradiction-Matrix Teil 1

Anhang

	Problemfaktor → Optimierungsfaktor ↓	14 Festigkeit	15 Haltbarkeit eines bewegten Objekts	16 Haltbarkeit eines stationären Objekts	17 Temperatur	18 Helligkeit	19 Energieverbrauch eines bewegten Objekts	20 Energieverbrauch eines stationären Objekts	21 Leistung	22 Energieverschwendung	23 Materialverschwendung	24 Informationsverlust	25 Zeitverschwendung	26 Materialmenge
1	Gewicht eines bewegten Objekts	28, 27, 18, 40	5, 34, 31, 35	-	6, 29, 4, 38	19, 1, 32	35, 12, 34, 31	-	12, 36, 18, 31	6, 2, 34, 19	5, 35, 3, 31	10, 24, 35	10, 35, 20, 28	3, 26, 18, 31
2	Gewicht eines stationären Objekts	28, 2, 10, 27	-	2, 27, 19, 6	28, 19, 32, 22	19, 32, 35	-	18, 19, 28, 1	15, 19, 18, 15	18, 19, 28, 15	5, 8, 13, 30	10, 15, 35	10, 20, 35, 26	19, 6, 18, 26
3	Länge eines bewegten Objekts	8, 35, 29, 34	19	-	10, 15, 19	32	8, 35, 24		1, 35	7, 2, 35, 39	4, 29, 23, 10	1, 24	15, 2, 29	29, 35
4	Länge eines stationären Objekts	15, 14, 28, 26	-	1, 10, 35	3, 35, 38, 18	3, 25	-		12, 8	6, 28	10, 28, 24, 35	24, 26,	30, 29, 14	
5	Fläche eines bewegten Objekts	3, 15, 40, 14	6, 3	-	2, 15, 16	15, 32, 19, 13	19, 32		19, 10, 32, 18	15, 17, 30, 26	10, 35, 2, 39	30, 26	26, 4	29, 30, 6, 13
6	Fläche eines stationären Objekts	40	-	2, 10, 19, 30	35, 39, 38		-		17, 32	17, 7, 30	10, 14, 18, 39	30, 16	10, 35, 4, 18	2, 18, 40, 4
7	Volumen eines bewegten Objekts	9, 14, 15, 7	6, 35, 4	-	34, 39, 10, 18	2, 13, 10	35		35, 6, 13, 18	7, 15, 13, 16	36, 39, 34, 10	2, 22	2, 6, 34, 10	29, 30, 7
8	Volumen eines stationären Objekts	9, 14, 17, 15	-	35, 34, 38	35, 6, 4		-		30, 6		10, 39, 35, 34		35, 16, 32 18	35, 3
9	Geschwindigkeit	8, 3, 26, 14	3, 19, 35, 5	-	28, 30, 36, 2	10, 13, 19	8, 15, 35, 38	-	19, 35, 38, 2	14, 20, 19, 35	10, 13, 28, 38	13, 26		10, 19, 29, 38
10	Kraft	35, 10, 14, 27	19, 2		35, 10, 21	-	19, 17, 10	1, 16, 36, 37	19, 35, 18, 37	14, 15	8, 35, 40, 5		10, 37, 36	14, 29, 18, 36
11	Druck oder Spannung	9, 18, 3, 40	19, 3, 27		35, 39, 19, 2	-	14, 24, 10, 37		10, 35, 14	2, 36, 25	10, 36, 3, 37		37, 36, 4	10, 14, 36
12	Form	30, 14, 10, 40	14, 26, 9, 25		22, 14, 19, 32	13, 15, 32	2, 6, 34, 14		4, 6, 2	14	35, 29, 3, 5		14, 10, 34, 17	36, 22
13	Stabilität eines Objekts	17, 9, 15	13, 27, 10, 35	39, 3, 35, 23	35, 1, 32	32, 3, 27, 16	13, 19	27, 4, 29, 18	32, 35, 27, 31	14, 2, 39, 6	2, 14, 30, 40		35, 27	15, 32, 35
14	Festigkeit		27, 3, 26		30, 10, 40	35, 19	19, 35, 10	35	10, 26, 35, 28	35	35, 28, 31, 40		29, 3, 28, 10	29, 10, 27
15	Haltbarkeit eines bewegten Objekts	27, 3, 10		-	19, 35, 39	2, 19, 4, 35	28, 6, 35, 18		19, 10, 35, 38		28, 27, 3, 18	10	20, 10, 28, 18	3, 35, 10, 40
16	Haltbarkeit eines stationären Objekts		-		19, 18, 36, 40		-		16		27, 16, 18, 38	10	28, 20, 10, 16	3, 35, 31
17	Temperatur	10, 30, 22, 40	19, 13, 39	19, 18, 36, 40		32, 30, 21, 16	19, 15, 3, 17		2, 14, 17, 25	21, 17, 35, 38	21, 36, 29, 31		35, 28, 21, 18	3, 17, 30, 39
18	Helligkeit	35, 19	2, 19, 6		32, 35, 19		32, 1, 19	32, 35, 1, 15	32	13, 16, 1, 6	13, 1	1, 6	19, 1, 26, 17	1, 19
19	Energieverbrauch eines bewegten Objekts	5, 19, 9, 35	28, 35, 6, 18		19, 24, 3, 14	2, 15, 19		-	6, 19, 37, 18	12, 22, 15, 24	35, 24, 18, 5		35, 38, 19, 18	34, 23, 16, 18

Anhang E3:   Contradiction-Matrix Teil 2

Anhang

Problemfaktor ↓ / Optimierungsfaktor →	27 Zuverlässigkeit	28 Meßgenauigkeit	29 Fertigungsgenauigkeit	30 äußere negative Einflüsse auf das Objekt	31 negative Nebeneffekte des Objekts	32 Fertigungsfreundlichkeit	33 Bedienungsfreundlichkeit	34 Reparaturfreundlichkeit	35 Anpassungsfähigkeit	36 Komplexität in der Struktur	37 Komplexität in der Kontrolle/Steuerung	38 Automatisierungsgrad	39 Produktivität
1 Gewicht eines bewegten Objekts	1, 3, 11, 27	28, 27, 35, 26	28, 35, 26, 18	22, 21, 18, 27	22, 35, 31, 39	27, 28, 1, 36	35, 3, 2, 24	2, 27, 28, 11	29, 5, 15, 8	26, 30, 36, 34	28, 29, 26, 32	26, 35, 18, 19	35, 3, 24, 37
2 Gewicht eines stationären Objekts	10, 28, 8, 3	18, 26, 28	10, 1, 35, 17	2, 19, 22, 37	35, 22, 1, 39	28, 1, 9	6, 13, 1, 32	2, 27, 28, 11	19, 15, 29	1, 10, 26, 39	25, 28, 17, 15	2, 26, 35	1, 28, 15, 35
3 Länge eines bewegten Objekts	10, 14, 29, 40	28, 32, 4	10, 28, 29, 37	1, 15, 17, 24	17, 15	1, 29, 17	15, 29, 35, 4	1, 28, 10	14, 15, 1, 16	1, 19, 26, 24	35, 1, 26, 24	17, 24, 26, 16	14, 4, 28, 29
4 Länge eines stationären Objekts	15, 29, 28	32, 28, 3	2, 32, 10	1, 18		15, 17, 27	2, 25	3	1, 35	1, 26	26		30, 14, 7, 26
5 Fläche eines bewegten Objekts	29, 9	26, 28, 32, 3	2, 32	22, 33, 28, 1	17, 2, 18, 39	13, 1, 26, 24	15, 17, 13, 16	15, 13, 10, 1	15, 30	14, 1, 13	2, 36, 26, 18	14, 30, 28, 23	10, 26, 34, 2
6 Fläche eines stationären Objekts	32, 35, 40, 4	26, 28, 32, 3	2, 29, 18, 36	27, 2, 39, 35	22, 1, 40	40, 16	16, 4	16	15, 16	1, 18, 36	2, 35, 30, 18	23	10, 15, 17, 7
7 Volumen eines bewegten Objekts	14, 1, 40, 11	26, 26, 28	25, 28, 2, 16	22, 21, 27, 35	17, 2, 40, 1	29, 1, 40	15, 13, 30, 12	10	15, 29	26, 1	29, 26, 4	35, 34, 16, 24	10, 6, 2, 34
8 Volumen eines stationären Objekts	2, 35, 16		35, 10, 19, 27	34, 39, 19, 27	30, 18, 35, 4	35		1		1, 31	2, 17, 26		35, 37, 10, 2
9 Geschwindigkeit	11, 35, 27, 28	28, 32, 1, 24	10, 28, 32, 25	1, 28, 35, 23	2, 24, 35, 21	35, 13, 8, 1	32, 28, 13, 12	34, 2, 28, 27	15, 10, 26	10, 28, 4, 34	3, 34, 4, 34	10, 18	
10 Kraft	3, 35, 13, 21	35, 10, 23, 24	28, 29, 37, 36	1, 35, 40, 18	13, 3, 36, 24	15, 37, 18, 1	1, 28, 3, 25	15, 1, 11	15, 17, 18, 20	26, 35, 10, 18	36, 37, 10, 19	2, 35	3, 28, 35, 37
11 Druck oder Spannung	10, 13, 19, 35	6, 28, 25	3, 35	22, 2, 37	2, 33, 27, 18	1, 35, 16	11	2	35	19, 1, 35	2, 36, 37	35, 24	10, 14, 35, 37
12 Form	10, 40, 16	28, 32, 1	32, 30, 40	22, 1, 2, 35	35, 1	1, 32, 17, 28	32, 15, 26	2, 13, 1	1, 15, 29	16, 29, 1, 28	15, 13, 39	15, 1, 32	17, 26, 34, 10
13 Stabilität eines Objekts		13	18	35, 24, 30, 18	35, 40, 27, 39	35, 19	32, 35, 30	2, 35, 10, 16	35, 30, 34, 2	2, 35, 22, 26	35, 22, 39, 23	1, 8, 35	23, 35, 40, 3
14 Festigkeit	11, 3	3, 27, 16	3, 27	18, 35, 37, 1	15, 35, 22, 2	11, 3, 10, 32	32, 40, 25, 2	27, 11, 3	15, 3, 32	2, 13, 25, 28	27, 3, 15, 40	15	29, 35, 10, 14
15 Haltbarkeit eines bewegten Objekts	11, 2, 13	3	3, 27, 16, 40	22, 15, 33, 28	21, 39, 16, 22	27, 1, 4	12, 27	29, 10, 27	1, 35, 13	10, 4, 29, 15	19, 29, 39, 35	6, 10	35, 17, 14, 19
16 Haltbarkeit eines stationären Objekts	34, 27, 6, 40	10, 26, 24		17, 1, 40, 33	22	35, 10	1	1	2		25, 34, 6, 35	1	20, 10, 16, 38
17 Temperatur	19, 35, 3, 10	32, 19, 24	24	22, 33, 35, 2	22, 35, 2, 24	26, 27	26, 27	4, 10, 16	2, 18, 27	2, 17, 16	3, 27, 35, 31	26, 2, 19, 16	15, 28, 35
18 Helligkeit		11, 15, 32	3, 32	15, 19	35, 19, 32, 39	19, 35, 28, 26	28, 26, 19	15, 17, 13, 16	15, 1, 1, 32	6, 32, 13	32, 15	2, 26, 10	2, 25, 16
19 Energieverbrauch eines bewegten Objekts	19, 21, 11, 27	3, 1, 32		1, 35, 6, 27	2, 35, 6	28, 26, 30	19, 35	1, 15, 17, 28	15, 17, 13, 16	2, 29, 27, 28	35, 38	32, 2	12, 28, 35

Anhang E3:   Contradiction-Matrix Teil 3

		1	2	3	4	5	6	7	8	9	10	11	12	13
	Problemfaktor → Optimierungsfaktor ↓	Gewicht eines bewegten Objekts	Gewicht eines stationären Objekts	Länge eines bewegten Objekts	Länge eines stationären Objekts	Fläche eines bewegten Objekts	Fläche eines stationären Objekts	Volumen eines bewegten Objekts	Volumen eines stationären Objekts	Geschwindigkeit	Kraft	Druck oder Spannung	Form	Stabilität eines Objekts
20	Energieverbrauch eines stationären Objekts	-	19, 9, 6, 27	-	-	-	-	-	-	-	36, 37			27, 4, 29, 18
21	Leistung	8, 36, 38, 31	19, 26, 17, 27	1, 10, 35, 37		19, 38	17, 32, 13, 38	35, 6, 38	30, 6, 25	15, 35, 2	26, 2, 36, 35	22, 10, 35	29, 14, 2, 40	35, 32, 15, 31
22	Energieverschwendung	15, 6, 19, 28	19, 6, 18, 9	7, 2, 6, 13	6, 38, 7	15, 26, 17, 30	17, 7, 30, 18	7, 18, 23	7	16, 35, 38	36, 38			14, 2, 39, 6
23	Materialverschwendung	35, 6, 23, 40	35, 6, 22, 32	14, 29, 10, 39	10, 28,24	35, 2, 10, 31	10, 18, 39, 31	1, 29, 30, 36	3, 39, 18, 31	10, 13, 28, 38	14, 15, 18, 40	3, 36, 37, 10	29, 35, 3, 5	2, 14, 30, 40
24	Informationsverlust	10, 24, 35	10, 35, 5	1, 26	26	30, 26	30, 16		2, 22	26, 32				
25	Zeitverschwendung	10, 20, 37, 35	10, 20, 26, 5	15, 2, 29	30, 24, 14, 5	26, 4, 5, 16	10, 35, 17, 4	2, 5, 34, 10	35, 16, 32, 18		10, 37, 36,5	37, 36,4	4, 10, 34, 17	35, 3, 22, 5
26	Materialmenge	35, 6, 18, 31	27, 26, 18, 35	29, 14, 35, 18		15, 14, 29	2, 18, 40, 4	15, 20, 29		35, 29, 34, 28	35, 14, 3	10, 36, 14, 3	35, 14	15, 2, 17, 40
27	Zuverlässigkeit	3, 8, 10, 40	3, 10, 8, 28	15, 9, 14, 4	15, 29, 28, 11	17, 10, 14, 16	32, 35, 40, 4	3, 10, 14, 24	2, 35, 24	21, 35, 11, 28	8, 28, 10, 3	10, 24, 35, 19	35, 1, 16, 11	
28	Meßgenauigkeit	32, 35, 26, 28	28, 35, 25, 26	28, 26, 5, 16	32, 28, 3, 16	26, 28, 32, 3	26, 28, 32, 3	32, 13, 6		28, 13, 32, 24	32, 2	6, 28, 32	6, 28, 32	32, 35, 13
29	Fertigungsgenauigkeit	28, 32, 13, 18	28, 35, 27, 9	10, 28, 29, 37	2, 32, 10	28, 33, 29, 32	2, 29, 18, 36	32, 23, 2	25, 10, 35	10, 28, 32	28, 19, 34, 36	3, 35	32, 30, 40	30, 18
30	äußere negative Einflüsse auf das Objekt	22, 21, 27, 39	2, 22, 13, 24	17, 1, 39, 4	1, 18	22, 1, 33, 28	27, 2, 39, 35	22, 23, 37, 35	34, 39, 19, 27	21, 22, 35, 28	13, 35, 39, 18	22, 2, 37	22, 1, 3, 35	35, 24, 30, 18
31	negative Nebeneffekte des Objekts	19, 22, 15, 39	35, 22, 1, 39	17, 15, 16, 22		17, 2, 18, 39	22, 1, 40	17, 2, 40	30, 18, 35, 4	35, 28, 3, 23	35, 28, 1, 40	2, 33, 27, 18	35, 1	35, 40, 27, 39
32	Fertigungsfreundlichkeit	28, 29, 15, 16	1, 27, 36, 13	1, 29, 13, 17	15, 17, 27	13, 1, 26, 12	16, 40	13, 29, 1, 40	35	35, 13, 8, 1	35, 12	35, 19, 1, 37	1, 28, 13, 27	11, 13, 1
33	Bedienungsfreundlichkeit	25, 2, 13, 15	6, 13, 1, 25	1, 17, 13, 12		1, 17, 13, 16	18, 16, 15, 39	1, 16, 35, 15	4, 18, 39, 31	18, 13, 34	28, 13, 35	2, 32, 12	15, 34, 29, 28	32, 35, 30
34	Reparaturfreundlichkeit	2, 27, 35, 11	2, 27, 35, 11	1, 28, 10, 25	3, 18, 31	15, 13, 32	16, 25	25, 2, 35, 11	1	34, 9	1, 11, 10	13	1, 13, 2, 4	2, 35
35	Anpassungsfähigkeit	1, 6, 15, 8	19, 15, 29, 16	35, 1, 29, 2	1, 35, 16	35, 30, 29, 7	15, 16	15, 35, 29		35, 10, 14	15, 17, 20	35, 16	15, 37, 1, 8	35, 30, 14
36	Komplexität in der Struktur	26, 30, 34, 36	2, 26, 35, 39	1, 19, 26, 24	26	14, 1, 13, 16	6, 36	34, 26, 6	1, 16	34, 10, 28	26, 16	19, 1, 35	29, 13, 28, 15	2, 22, 17, 19
37	Komplexität in der Kontrolle/Steuerung	27, 26, 28, 13	6, 13, 28, 1	16, 17, 26, 24	26	2, 13, 18, 17	2, 39, 30, 16	29, 1, 4, 16	2, 18, 26, 31	3, 4, 16, 35	30, 28, 40, 19	35, 36, 37, 32	27, 13, 1, 39	11, 22, 39, 30
38	Automatisierungsgrad	28, 26, 18, 35	28, 26, 35, 10	14, 13, 17, 28	23	17, 14, 13		35, 13, 16		28, 10	2, 35	13, 35	15, 32, 1, 13	18, 1
39	Produktivität	35, 26, 24, 37	28, 27, 15, 3	18, 4, 28, 38	30, 7, 14, 26	10, 26, 34, 31	10, 35, 17, 7	2, 6, 34, 10	35, 37, 10, 2		28, 15, 10, 36	10, 37, 14	14, 10, 34, 40	35, 3, 22, 39

Anhang E3: Contradiction-Matrix Teil 4

Anhang

		14	15	16	17	18	19	20	21	22	23	24	25	26
	Problemfaktor → Optimierungsfaktor	Festigkeit	Haltbarkeit eines bewegten Objekts	Haltbarkeit eines stationären Objekts	Temperatur	Helligkeit	Energieverbrauch eines bewegten Objekts	Energieverbrauch eines stationären Objekts	Leistung	Energieverschwendung	Materialverschwendung	Informationsverlust	Zeitverschwendung	Materialmenge
20	Energieverbrauch eines stationären Objekts	35				19, 2, 35, 32	-	+		28, 27, 18, 31				3, 35, 31
21	Leistung	26, 10, 28	19, 35, 10, 38	16	2, 14, 17, 25	16, 6, 19	16, 6, 19, 37		+	10, 35, 38	28, 27, 18, 38	10, 19	35, 20, 10, 6	4, 34, 19
22	Energieverschwendung	26			19, 38, 7	1, 13, 32, 15			3, 38	+	35, 27, 2, 37	19, 10	10, 18, 32, 7	7, 18, 25
23	Materialverschwendung	35, 28, 31, 40	28, 27, 3, 18	27, 16, 18, 38	21, 36, 39, 31	1, 6, 13	35, 18, 24, 5	28, 27, 12, 31	28, 27, 18, 38	35, 27, 2, 31	+		15, 18, 35, 10	6, 3, 10, 24
24	Informationsverlust		10	10		19			10, 19	19, 10		+	24, 26, 28, 32	24, 28, 35
25	Zeitverschwendung	29, 3, 28, 18	20, 10, 28, 18	28, 20, 10, 16	35, 29, 21, 18	1, 19, 26, 17	35, 38, 19, 18	1	35, 20, 10, 6	10, 5, 18, 32	35, 18, 10, 39	24, 26, 28, 32	+	35, 38, 18, 16
26	Materialmenge	14, 35, 34, 10	3, 35, 10, 40	3, 35, 31	3, 17, 39		34, 29, 16, 18	3, 35, 31	35	7, 18, 25	6, 3, 10, 24	24, 28, 35	35, 38, 18, 16	+
27	Zuverlässigkeit	11, 28	2, 35, 3, 25	34, 27, 6, 40	3, 35, 10	11, 32, 13	21, 11, 27, 19	36, 23	21, 11, 26, 31	10, 11, 35	10, 35, 29, 39	10, 28	10, 30, 4	21, 28, 40, 3
28	Meßgenauigkeit	28, 6, 32	28, 6, 32	10, 26, 24	6, 19, 28, 24	6, 1, 32	3, 6, 32		3, 6, 32	26, 32, 27	10, 16, 31, 28		24, 34, 28, 32	2, 6, 32
29	Fertigungsgenauigkeit	3, 27	3, 27, 40		19, 26	3, 32	32, 2		32, 2	13, 32, 2	35, 31, 10, 24		32, 26, 28, 18	32, 30
30	äußere negative Einflüsse auf das Objekt	18, 35, 37, 1	22, 15, 33, 28	17, 1, 40, 33	22, 33, 35, 2	1, 19, 32, 13	1, 24, 6, 27	10, 2, 22, 37	19, 22, 31, 2	21, 22, 35, 2	33, 22, 19, 40	22, 10, 2	35, 18, 34	35, 33, 29, 31
31	negative Nebeneffekte des Objekts	15, 35, 22, 2	15, 22, 33, 31	21, 39, 16, 22	22, 35, 2, 24	19, 24, 39, 32	2, 35, 6	19, 22, 18	2, 35, 18	21, 35, 2, 22	10, 1, 34	10, 21, 29	1, 22	3, 24, 39, 1
32	Fertigungsfreundlichkeit	1, 3, 10, 32	27, 1, 4	35, 16	27, 26, 18	28, 24, 27, 1	28, 26, 27, 1	1, 4	27, 1, 12, 24	19, 35	15, 34, 33	32, 24, 18, 16	35, 28, 34, 4	35, 23, 1, 24
33	Bedienungsfreundlichkeit	32, 40, 3, 28	29, 3, 8, 25	1, 16, 25	26, 27, 13	13, 17, 1, 24	1, 13, 24		35, 34, 2, 10	2, 19, 13	28, 32, 2, 24	4, 10, 27, 22	4, 28, 10, 34	12, 35
34	Reparaturfreundlichkeit	11, 1, 2, 9	11, 29, 28, 27	1	4, 10	15, 1, 13	15, 1, 28, 16		15, 10, 32, 2	15, 1, 32, 19	2, 35, 34, 27		32, 1, 10, 25	2, 28, 10, 25
35	Anpassungsfähigkeit	35, 3, 32, 6	13, 1, 35	2, 16	27, 2, 3, 35	6, 22, 26, 1	19, 35, 29, 13		19, 1, 29	18, 15, 1	15, 10, 2, 13		35, 28	3, 35, 15
36	Komplexität in der Struktur	2, 13, 28	10, 4, 28, 15		2, 17, 13	24, 17, 13	27, 2, 29, 28		20, 19, 30, 34	10, 35, 13, 2	35, 10, 28, 29		6, 29	13, 3, 27, 10
37	Komplexität in der Kontrolle/Steuerung	27, 3, 15, 28	19, 29, 39, 25	25, 34, 6, 35	3, 27, 35, 16	2, 24, 26	35, 38	19, 35, 16	18, 1, 16, 10	35, 3, 15, 19	1, 18, 10, 24	35, 33, 27, 22	18, 28, 32, 9	3, 27, 29, 18
38	Automatisierungsgrad	25, 13	6, 9		26, 2, 19	8, 32, 19	2, 32, 13		28, 2, 27	23, 28	35, 10, 18, 5	35, 33	24, 28, 35, 30	35, 13
39	Produktivität	29, 28, 10, 18	35, 10, 2, 18	20, 10, 16, 38	35, 21, 28, 10	26, 17, 19, 1	35, 10, 38, 19	1	35, 20, 10	28, 10, 29, 35	28, 10, 35, 23	13, 15, 23		35, 38

Anhang E3: Contradiction-Matrix Teil 5

Anhang

Problemfaktor → Optimierungsfaktor ↓		27 Zuverlässigkeit	28 Meßgenauigkeit	29 Fertigungsgenauigkeit	30 äußere negative Einflüsse auf das Objekt	31 negative Nebeneffekte des Objekts	32 Fertigungsfreundlichkeit	33 Bedienungsfreundlichkeit	34 Reparaturfreundlichkeit	35 Anpassungsfähigkeit	36 Komplexität in der Struktur	37 Komplexität in der Kontrolle/Steuerung	38 Automatisierungsgrad	39 Produktivität
20	Energieverbrauch eines stationären Objekts	10, 36, 23			10, 2, 22, 37	19, 22, 18	1, 4					19, 35, 16, 25		1, 6
21	Leistung	19, 24, 26, 31	32, 15, 2	32, 2	19, 22, 31, 2	2, 35, 18	26, 10, 34	26, 35, 10	35, 2, 10, 34	19, 17, 34	20, 19, 30, 34	19, 35, 16	28, 2, 17	28, 35, 34
22	Energieverschwendung	11, 10, 35	32		21, 22, 35, 2	21, 35, 2, 22		35, 32, 1	2, 19		7, 23	35, 3, 15, 23	2	28, 10, 29, 35
23	Materialverschwendung	10, 29, 39, 35	16, 34, 31, 28	35, 10, 24, 31	33, 22, 30, 40	10, 1, 34, 29	15, 34, 33	32, 28, 2, 24	2, 35, 34, 27	15, 10, 2	35, 10, 28, 24	35, 18, 10, 13	35, 10, 18	28, 35, 10, 23
24	Informationsverlust	10, 28, 23			22, 10, 1	10, 21, 22	32	27, 22				35, 33	35	13, 23, 15
25	Zeitverschwendung	10, 30, 4	24, 34, 28, 32	24, 26, 28, 18	35, 18, 34	35, 22, 18, 39	35, 28, 34, 4	4, 28, 10, 34	32, 1, 10	35, 28	6, 29	18, 28, 32, 10	24, 28, 35, 30	
26	Materialmenge	18, 3, 28, 40	13, 2, 28	33, 30	35, 33, 29, 31	3, 35, 40, 39	29, 1, 35, 27	35, 29, 25, 10	2, 32, 10, 25	15, 3, 29	3, 13, 27, 10	3, 27, 29, 18	8, 35	13, 29, 3, 27
27	Zuverlässigkeit	+	32, 3, 11, 23	11, 32, 1	27, 35, 2, 40	35, 2, 40, 26		27, 17, 40	1, 11	13, 35, 8, 24	13, 35, 1	27, 40, 28	11, 13, 27	1, 35, 29, 38
28	Meßgenauigkeit	5, 11, 1, 23	+		28, 24, 22, 26	3, 33, 39, 10	6, 35, 25, 18	1, 13, 17, 34	1, 32, 13, 11	13, 35, 2	27, 35, 10, 34	26, 24, 32, 28	28, 2, 10, 34	10, 34, 28, 32
29	Fertigungsgenauigkeit	11, 32, 1		+	26, 28, 10, 36	4, 17, 34, 26		1, 32, 35, 23	25, 10		26, 2, 18		26, 28, 18, 23	10, 18, 32, 39
30	äußere negative Einflüsse auf das Objekt	27, 24, 2, 40	28, 33, 23, 26	26, 28, 10, 18	+		24, 35, 2	2, 25, 28, 39	35, 10, 2	35, 11, 22, 31	22, 19, 29, 40	22, 19, 29, 40	33, 3, 34	22, 35, 13, 24
31	negative Nebeneffekte des Objekts	24, 2, 40, 39	3, 33, 26	4, 17, 34, 26		+					19, 1, 31	2, 21, 27, 1	2	22, 35, 18, 39
32	Fertigungsfreundlichkeit		1, 35, 12, 18		24, 2		+	2, 5, 13, 16	35, 1, 11, 9	2, 13, 15	27, 26, 1	6, 28, 11, 1	8, 28, 1	35, 1, 10, 28
33	Bedienungsfreundlichkeit	17, 27, 8, 40	25, 13, 2, 34	1, 32, 35, 23	2, 25, 28, 39		2, 5, 12	+	12, 26, 1, 32	15, 34, 1, 16	32, 26, 12, 17		1, 34, 12, 3	15, 1, 28
34	Reparaturfreundlichkeit	11, 10, 1, 16	10, 2, 13	25, 10	35, 10, 2, 16		1, 35, 11, 10	1, 12, 26, 15	+	7, 1, 4, 16	35, 1, 13, 11		34, 35, 7, 13	1, 32, 10
35	Anpassungsfähigkeit	35, 13, 8, 24	35, 5, 1, 10		35, 11, 32, 31		1, 13, 31	15, 34, 1, 16	1, 16, 7, 4	+	15, 29, 37, 28	1	27, 34, 35	35, 28, 6, 37
36	Komplexität in der Struktur	13, 35, 1	2, 26, 10, 34	26, 24, 32	22, 19, 29, 40	19, 1	27, 26, 1, 13	27, 9, 26, 24	1, 13	29, 15, 28, 37	+	15, 10, 37, 28	15, 1, 24	12, 17, 28
37	Komplexität in der Kontrolle/Steuerung	27, 40, 28, 8	26, 24, 32, 28		22, 19, 29, 28	2, 21	5, 28, 11, 29	2, 5	12, 26	1, 15	15, 10, 37, 28	+	34, 21	35, 18
38	Automatisierungsgrad	11, 27, 32	28, 26, 10, 34	28, 26, 18, 23	2, 33	2	1, 26, 13	1, 12, 34, 3	1, 35, 13	27, 4, 1, 35	15, 24, 10	34, 27, 25	+	5, 12, 35, 26
39	Produktivität	1, 35, 10, 38	1, 10, 34, 28	18, 10, 32, 1	22, 35, 13, 24	35, 22, 18, 39	35, 28, 2, 24	1, 28, 7, 10	1, 32, 10, 25	1, 35, 28, 37	12, 17, 28, 24	35, 18, 27, 2	5, 12, 35, 26	+

Anhang E3: Contradiction-Matrix Teil 6

A-105

Lebenslauf

Persönliches: Anne Gerhards
geboren am 7. August 1968 in Bonn
Staatsangehörigkeit: deutsch
Familienstand: verheiratet mit Dr.-Ing. Frank Brandenburg

Schulbildung: 08/1975 - 06/1979: Grundschule Schenkendorf Koblenz

08/1979 - 06/1988: Bischöfliches Gymnasium Koblenz
Abschluß: Allgemeinen Hochschulreife vom 21. Juni 1988

Studium: 10/1988 - 10/1994:
Maschinenbau an der RWTH Aachen, Fachrichtung Verfahrenstechnik
Diplomzeugnis vom 10. Oktober 1994

08/1995 - 03/1999
Wirtschaftswissenschaftliches Aufbaustudium an der Fernuniversität Hagen, Gesamthochschule, Schwerpunkt Organisation und Planung
Diplomzeugnis vom 25. März 1999

Berufstätigkeit: 07/1988 - 06/1992:
26 Wochen Praktikum in verschiedenen Industrieunternehmen

02/1992 - 12/1992:
Studentische Mitarbeiterin bei der FEV Motorentechnik GmbH & Co. KG, Aachen

08/1993 - 03/1994:
Studentische Mitarbeiterin an der RWTH Aachen, Lehrstuhl für Angewandte Thermodynamik, Prof. Pischinger

02/1995 - 03/1995:
Praktische Tätigkeit bei der Patent- und Rechtsanwaltskanzlei Cohausz Hase Dawidowicz & Partner, Düsseldorf

07/1995 - 08/1995:
Praktische Tätigkeit im Sachverständigenbüro Böhm & Beise, Koblenz

09/1995 - 03/1997:
Wissenschaftliche Hilfskraft am Fraunhofer-Institut für Produktionstechnologie IPT, Aachen, Abteilung „Planung & Organisation", Prof. Eversheim

04/1997 - 12/2001:
Wissenschaftliche Mitarbeiterin am Fraunhofer-Institut für Produktionstechnologie IPT, Aachen, Abteilung „Planung & Organisation", Prof. Eversheim
Promotion: 7. Dezember 2001

Aachen, im Dezember 2001